보배로운 교사 생활

작은학교에서 학교혁신을 꿈꾸다

보배로운 교사 생활

작은학교에서 학교혁신을 꿈꾸다

초판 1쇄 인쇄 2020년 12월 12일
초판 1쇄 발행 2020년 12월 22일

지은이 이성호, 문지라, 정수현, 최민지, 박은욱
펴낸이 김승희
펴낸곳 도서출판 살림터

기획 정광일
편집 정태화
북디자인 이순민

인쇄.제본 (주)신화프린팅
종이 (주)명동지류

주소 서울시 양천구 목동동로 293. 22층 2215-1호
전화 02) 3141-6553
팩스 02) 3141-6555
출판등록 2008년 3월 18일 제313-1990-12호
이메일 gwang80@hanmail.com
블로그 http//blog.naver.com.dkffk 1020

ISBN 979-11-5930-170-4 03370

이 도서의 국립중앙도서관 출판예정도서목록(CIP)은 서지정보유통지원시스템 홈페이지(http://seoji.nl.go.kr)와
국가자료공동목록시스템(http://www.nl.go.kr/kolisnet)에서 이용하실 수 있습니다. (CIP제어번호: CIP2020052743)

작은학교에서 학교혁신을 꿈꾸다

보배로운 교사 생활

이성호, 문지라, 정수현, 최민지, 박은욱 지음

살림터

예술혼이 살아 숨 쉬는 보배섬 진도, 그러나!

아리아리랑 스리스리랑 아라리가 났네-
아리랑 응응응 아라리가 났네-
청천하늘에 잔별도 많고
내 가슴속에 희망도 많다.

들으면 따라 부르게 되고, 따라 부르다 보면 어깨춤이 절로 나는 대표적인 남도 민요 진도 아리랑! 첨찰산 첩첩산중 안개가 아침저녁으로 피어올라 구름숲을 이룬다고 해서 운림산방! 남종화의 전통을 이어받고 계승한 한국 남화의 고향! 진도를 대표하는 수식어는 많기도 하다.

전라남도의 서남부, 남해와 서해를 잇는 길목에 위치한 진도는 제주도, 거제도에 이어 세 번째로 큰 섬이다. 섬이란 느낌이 들지 않을 정도로 200~400미터 안팎의 구릉과 들판이 펼쳐져 있다. 땅이 기름지고 농사도 잘되어 옥주(沃州)라 부르기도 했다. 게다가 사방 바다에서 나오는 해산물까지, 진도(珍島)는 풍부한 먹거리와 문화 예술까지 겸비한 말 그대로 보배로운 섬, 풍요로운 섬이라 할 수 있다.

진도는 시화, 서예를 비롯한 예술 문화 수준도 매우 높다. 고려, 조선에 걸쳐 대표적인 유배지였던 진도, 학문이 높은 귀족과 양반들이 유배를 오게 되면서 문화 수준이 비약적으로 발전하였다. 또한 진도는 역사 속 호국의 전적지였다. 대몽항쟁을 이어갔던 삼별초의 항몽지 용장성과 남도진성, 왕온의 묘뿐만 아니라 울돌목, 벽파진, 정유재란 순절 묘역 등 명량대첩의 전적지이기도 하다. 수많은 전쟁과 침입 속에서도 꿋꿋이 삶을 살아간 민초들의 숭고한 희생, 그에 따르는 슬픔과 한 역시 예술로 승화되어 진도 곳곳에 스며들어 있다.

세방낙조
세방낙조는 중앙 기상대가 한반도 최남단 「제일의 낙조 전망지」로 선정했을 정도로
해 질 녘 섬과 섬 사이를 붉게 물들여가는 일몰이 장관을 이룬다.

진도는 대한민국의 최북단 강원도 고성군 통일전망대와 최남단 제주도를 제외하면 육로로 이동할 수 있는 가장 먼 국토의 대척점 중 하나다. 1984년 국내 최초의 사장교인 진도대교가 개통된 이후 이동은 비교적 편해졌다. 하지만 심리적, 사회적 거리감[1]은 여전하다. 특히, 진도군 병풍도 인근 해상에서 좌초된 세월호 참사로 진도는 슬픔과 회한의 섬으로 남게 되어, 지금까지도 많은 이들을 먹먹하게 만들고 있다.

진도의 학교는 유치원 14개(사립 2원 포함), 초 10교, 중 7교, 고 4교이다. 초·중·고 21개교 중에서 학생 수 60명 미만의 작은 학교는 초 7교, 중 6교, 고 1교로 전체의 약 67%를 차지한다.[2] 인구총조사 결과를 기초로 한 코호트 요인 법에 따르면 진도의 시군별 인구는 감소할 예정(-1.1%)이며, 학령인구(6~21세) 또한 감소할 예정(-27.9%)이다.

최근 3년간 진도에 근무한 초·중 교사는 60% 이상이 30~40대 연령으로 구성되어 있으나 교사들의 정주 여건이 안정되지 않아 해마다 인사이동 요인의 영향을 크게 받는 편이다. 그래서인지 매년 교사 구성 현황도 기복이 커 장기적인 교육계획을 안정적으로 추진하는 데 한계가 있다. 이는 학교에 대한 학부모의 믿음과 지역사회의 기대를 떨어트리는 중요한 요인 중 하나가 되고 있다.

매년 구성원 절반 이상이 바뀌는 학교 현장에도 불구하고 고군분투하는 보배샘들은 창해일속(滄海一粟)[3]이지만, 같이의 가치, 집단지성(集團知性)의 힘을 믿고 함께한다. 그럼에도 힘이 들 때면 서로에게 하소연을 늘어놓곤 하지만, 이내 자신 안의 번잡한 빛을 끄고 지난 시간을 되돌아보며 초심으로 돌아가 힘을 내곤 한다.

지금 우리 아이들은 어떤 모습인지, 나는 무엇을 할 수 있는지, 그리고 우리는 무엇을 해야 하는지. 마음의 별을 켜본다. 그 별빛을 따라가다 보면 어느새 '희망'이 샘솟는다. 마음대로 되지 않아 속앓이하고 결과의 하찮음에 힘겨워 그만두고 싶다가도 꽃과 같이 소중한 아이들, 도닥여주는 동료 선생님들, 지지해 주는 학부모님들 덕분에 다시 힘차게 일어서 전진하게 된다. 그 희망의 힘찬 항해 이야기를 지금 시작하려 한다.

2020년 12월

희망을 심는 꿈의 섬 진도에서

---

1) 사회적 거리감은 다양한 사회 집단에 대해 갖고 있는 편견이나 주관적 느낌 혹은 이미지를 의미하는 단어이다.

2) 2020. 진도혁신교육지구 지원단 협의 자료.

3) 창해일속(滄海一粟)은 넓고 큰 바닷속의 좁쌀 한 알이라는 뜻으로, 아주 많거나 넓은 것 가운데 있는 매우 하찮고 작은 것을 일컫는다(국립국어원).

차
례

PROLOGUE 예술혼이 살아 숨 쉬는 보배섬 진도, 그러나! ... 4

1장 보배샘들, 모여서 고민하다 ... 11
보배들, 모두 다 꽃이야 ... 12
보배샘들, 희망을 품다 ... 24
보배샘들, 뛰어들고 물러나다 ... 33

2장 어설픈 교사, 어쩌다 리더 ... 41
어쩌다, 공간혁신 ... 43
어쩌다, 온라인 수업 ... 58
어쩌다, 블렌디드 수업 ...69
어쩌다, 소프트웨어 & AI 교육 ...84
어설픈 교사, 어쩌다 ... 105

3장 작은 학교, 행복 더하기 ... 107
마음 흔들기로 사랑 더하기 ... 111
수업의 변화로 희망 더하기 ... 132
교실 놀이로 재미 더하기 ... 156

4장 아이들아, 우리 교실 밖으로 나가자 ... 177

대체 무엇이 빛을 빼앗아 갔지? ... 179

교실부터 바꾸자 ... 186

빛 맞이하러 나가자 ... 194

마을과 함께 배우자 ... 217

백구과극, 그래도 꿈꾸자 ... 232

5장 너+나=우리의 학생자치 ... 235

생각 바꾸기 ... 237

너와 나, 목소리 듣기 ... 255

함께 나아가기 ... 263

6장 꿈꾸는 학교문화 혁신 ... 273

학교 가기 즐거운 선생님 ... 275

학교 오기 신나는 학부모 ... 292

EPILOGUE 걸림돌을 디딤돌로, 지역에서 미래를 꿈꾸다 ... 310

참고한 책과 사이트 ... 314

1장

보배샘들, 모여서 고민하다

보배들, 모두 다 꽃이야[4]

모두 다 꽃

산에 피어도 꽃이고 들에 피어도 꽃이고

길가에 피어도 꽃이고 모두 다 꽃이야

아무 데나 피어도 생긴 대로 피어도

이름 없이 피어도 모두 다 꽃이야

봄에 피어도 꽃이고 여름에 피어도 꽃이고

몰래 피어도 꽃이고 모두 다 꽃이야

'모두 다 꽃이야' 중에서[5]

4) 본 내용은 보배샘들이 모인 전문적학습공동체 협의 결과를 녹취하여 대화체로 정리하였다. 이는 진도에서 근무하며 느낀 개인적인 경험을 바탕으로 한 견해이다. 또한 이 책에 나온 아이들의 이름은 모두 가명으로 작성되었다.

5) 류형선 작사, 작곡의 국악 동요 〈모두 다 꽃이야〉.

꽃을 닮은 우리 아이들.
모두 다 꽃인 우리 아이들.
한 명 한 명 소중하고 아름답기에
다섯 명의 보배샘들은
우리 아이들이 뿌리내리고 있는
현재에 대해 생각을 나누었습니다.

선생님께서 가르치는 지역의 아이들은 지금 어떠한 가요?
그리고 그 아이들이 배운다는 건 무엇을 의미하는 걸까요?

꽃을 닮은, 우리 보배들

이성호 선생님들, 모두 반가워요. 오고 가며 한 번씩 뵈었지만 이렇게 전문적 학습공동체로 만나게 되니 더욱 반갑습니다. 들려드린 노래와 같이 모두 다 꽃인 우리 아이들, 선생님들과 함께 지냈던 진도 아이들의 모습은 어떠하였나요?

박은욱 제가 경험한 진도 아이들은 다른 지역의 아이들보다 순수했어요. 때 묻지 않은. 아이다운 모습에 저도 더 열심히 교육 활동에 매진할 수 있었어요.

'진도 아이들'하면 떠오르는 이미지[6]

낙타는 도시에 놔두면
냄새나는 동물이고 쓸모없는 동물처럼 보이지만
이 사막에서는 낙타를 따라갈 수 있는 동물이 없을 정도로
꼭 필요해요. 저는 우리 아이들이 그렇지 않을까 생각해요.
각자 자신의 환경에서 맞춰 잘 살아가고 있는데
우리는 지금 이 낙타를 도시에서 키우기 위해서
다듬고 있지는 않나 고민이 들어요.

알은 깨어나기 전에는 이게 어떤 알인지 알 수 없어요.
우리 진도에 있는 아이들은 어떤 가능성을 가지고,
어떤 사람이 될지 모르는, 무한한 가능성을 지닌 존재들이지요.
그래서 이 둥지 속에 있는 알을 잘 보살피고 잘 날아갈 수 있게
도와줘야 되겠다는 생각이 들어요

먹이를 찾아서 입을 벌리고 있는 아기 새들이
바라보는 것이 딱 한곳밖에 없어요.
진도 아이들이 먹이를 받아먹기 위해서
서로 경쟁을 해야 되는 그런 상황에
처하지는 않았나 생각이 드네요.

사실 우리 아이들은 같이 지내는 친구들, 선생님
그리고 주변의 것들과 함께 잘 지내기를 원하는 것 같아요.
함께하기 위해 아주 어렵게 다른 어항으로 뛰쳐나가려고 하고 있지만
막상 같은 어항 속에서 다른 곳만 바라보고 있거든요.
함께하고, 같이 어울리고는 싶은데
정작 무엇을, 어떻게 하지 못해 우왕좌왕하는 모습들을 떠올리면서
이 사진을 선택했어요.

그리고 예술적인 끼도, 흥도 많아요. 흔히 진도를 문화·예술의 혼이 살아있다고 하는데 우리 아이들이 문화·예술을 즐기는 모습을 보면 그 말이 틀린 건 아니구나 생각이 듭니다.

맞아요. 예술적인 재능은 탁월해요. 국악기도 잘 다루고. 또 제가 10년 동안 만나온 진도 아이들은 교사와의 관계 맺기가 잘 되면 정말 편하게 다가왔어요. 애교스럽기도 하고.

맞아요. 그렇게 순수한 아이들이기 때문에 함께 자라온 친구들에게 받은 상처가 쉽사리 지워지지 않더라고요. 특히 초등학교 10곳 중 9곳이 한 학년에 한 반만 있잖아요. 적게는 3~4명, 많게는 18~20명의 또래 친구들과 유치원에서 6학년 때까지 지내요. 좋은 관계이면 서로 의지하는 소울메이트, 베프가 되겠지만 그렇지 않으면……. 기존의 친구, 선생님과 맺은 고착화된 관계를 벗어나서 새로운 관계 맺기도 필요한데 쉽지 않아요. 그래서 요즘 아이들이 온라인 친구에 더 집착하는 것 같아요.

음. 그래서일까요? 진도는 선생님들도 그렇고 학생들도 그렇고, 다 떠나고 싶어 한다고 생각했어요. 이상하게도. 고등학교 입시 기간이 되면 '진도 지역 말고 다른 지역에 있는 학교에 가고 싶어요.'라는 말을

---

6) 전문적 학습공동체 연수에서는 학토재에서 제작한 『이미지 프리즘 2』를 활용하였으나 저작권으로 인해 비슷한 사진으로 대체하여 실었다.

많이 하더라고요. 진도가 모든 주체들이 오고 싶어야 하는 곳이 되어야 하는데 선생님도 떠나고 싶어 하고, 학생들조차도 떠나고 싶어 하는 것 같아요.

정수현

그러게요. 선생님들이 금방 떠난다는 것을 아이들도, 학부모들도 안다는 게 안타까운 현실이지요. 아이들도 아무렇지 않게 물어요. '선생님, 내년에 가세요? 선생님들 다들 1년이면 가버리던데요.' 쏩쓸하지요.

문지라

우리 아이들이 듣고 부르던 진도아리랑은 한이 담겨 있어요. 지금은 다리로 연결되어 있지만 섬 문화가 깊게 자리 잡은 진도에서 진도아리랑을 부르며 다른 곳으로 떠나고 싶어 하는 마음이 더 간절했을지도 몰라요.

최민지

맞아요. 지금은 영화관이라도 생겼지만 아이들 놀 거리, 즐길 거리가 너무 적어요.

박은욱

선생님들도 학생들에, 학교 문화에, 새로운 지역에 적응하려면 1년 이상의 시간이 걸리잖아요. 아이들의 실태에 맞는 교육을 구상하고 실현하기도 전에 인사이동을 생각하니 제대로 된 교육을 하고 있나라는 생각이 들기도 해요.

이성호

그래요. 그런 것도 아이들에게는 결핍이 아닐까요? 결핍이 학습과 연결되면 기초학습부진, 교우관계와 연결되면 학교폭력으로, 선생님과 연결되면 무관심과 훼방으로 표출되는 것 같습니다. 모든 아이들과 마찬가지겠지만 진도 아이 하나하나가 관심과 사랑이 더 필요해요. 그게 충족되지 않으니 엇나갈 수밖에요.

제가 생각했을 때 우리 진도 학생들에게는 뚜렷한 목적과 희망이 잘 느껴지지 않아요. 교사가 미로를 잘 헤쳐나갈 수 있도록 잘 안내를 해야 하겠지만 결국 그 미로를 빠져나가는 것은 아이들에게 달려 있기 때문에 미로 속에 갇힌 황금열쇠를 선택했습니다.

정수현

아이들 나름의 상실감이 크겠지요. 또 굳이 애써서 무언가 하고 싶지 않아 해요. 지금 자신의 상황에 만족하고 있어서인지 동기를 불러일으켜 무언가 도전하게 할 수 없었어요.

문지라

저도 그 부분에 동의해요. 적극성은 우리 아이들에게 더 필요하지요. 그럼에도 불구하고 수업 상황에서 흡수력은 남다른 것 같아요. 작은 거 하나만 던져줘도 몰입하는 모습을 보여요.

정수현

맞아요. 투명하고 유연한 그릇처럼. 그렇기 때문에 진정성 있는 교육이 정말 필요한 아이들이구나 생각해요. 교사들이 얼마만큼 관심을 두고 사랑을 쏟느냐에 따라서 바뀔 수 있다는 생각에 나부터도 안일하게 해서는 안 되겠다는 다짐을 해요.

다른 지역의 아이들도 그러겠지만 유독 진도 아이들은 가정환경에서 오는 영향이 지배적이다는 생각이 들었어요. 인성이나 정서적인 면은 특히요. 많이 불안하고 아픔이 있는 아이들 같은 경우에는 학교생활에 적응하기 어려워하지요.

네, 부모들이 그늘에 가려 있으면 아이들도 그 그늘을 벗어나지 못하는 모습들이 많이 보여서 안타까워요. 그리고 그리 크지 않은 군 지역인데 면 단위들이 어울린다기보다는 분열되어 있다는 느낌을 많이 받았어요. 그래서 같은 학년, 인근 학교임에도 색깔들도 매우 달라요.

음. 진도가 좁은 지역임에도 불구하고 학생들은 다른 학교와 같이 교육 활동을 하며 어울리는 것을 꺼리는 것 같아요. 학생 수가 적다 보니 체육대회나 축제를 진행할 때 어려움이 있어서 인근 학교와 같이 하려고 하면 학생들 반응이 썩 좋지 않더라고요.

가정의 문화자본에 대해서도 생각해 볼 필요가 있어요. 부르디외에 따르면 취향마저도 인간이 가진 모든 것의 기준이며, 이러한 문화 자본을 통해 사람들은 구분 짓는다고 했어요. 이러한 아비투스 (Habitus)[7]로 인해 진도라는 작은 공간 안에 보이지 않은 계층이 형성되고 아이들은 그 속에서 성숙하게 자신과 지역, 사회에 대한 고민을 하지 않게 돼요. 그러니 교육에 대한 의지나 지역의 화합도 어렵지 않을까요?

이러한 가정환경과 지역의 특수성이 우리 진도 아이들의 성장을 위한 긍정적 영향을 끼치기 위해서 교육 주체들과 내용과 방향을 함께 고민해보았으면 좋겠어요.

아이들을 지도할 때 가장 어려운 것이 학부모 협력이었어요. 학교에서 아무리 애를 쓰고 상담하며 노력을 해봐도 아이가 하기 싫어하니까 하지 않겠다는 생각을 바꿔 놓을 수가 없었어요. '아이들이 하고 싶은 대로 그냥 내버려 두어야 하나?'라는 생각이 들기도 해요.

그렇지요. 아이들의 삶을 위해서는 학부모, 지역사회와 함께 발맞춰서 나갈 필요가 있어요.

진도에도 다문화가정이 많아요. 의사소통 과정에서 원활하지 않아 어려움을 호소하는 경우를 봤어요. 다문화에 대한 우리의 인식이 많이 달라졌다고는 하지만 다문화가정의 부모님과 아이들이 가지고 있는 상처와 소외감은 아직도 있지 않나 해요.

○○초등학교의 경우에는 70%가 다문화가정이에요. 이 학부모님들이 학교 활동에 적극적으로 참여하지는 않았지만 이 아이들이 다문화가정이라고 느끼지 못할 정도로 오히려 더 잘 해내요. 원격수업에서도 피드

---

7) 프랑스 사회학자 부르디외가 규정한 용어로 '제2의 본성'과 같은 것으로 친숙한 사회 집단의 습속·습성 따위를 뜻하는 말이다(국립국어원).

백도 적극적으로 주시고요. 학교에서 다문화 학생들이 소수라면 그런 소외감을 느낄 수도 있겠지만 오히려 다수인 학교는 상황이 다르지요.

 네. 학교 교육 의존도에서 대한 격차가 좀 있어요. 읍 지역의 학생들은 학원이나 과외 등 사교육을 받는 아이들이 많은데 면 학생들은 손에 꼽아요. 특히 초등학교는요.

박은옥

내 안의 빛을 끄고 마음의 별을 켜듯

 선생님들과 이야기하다 보니 우리 진도 아이들을 위한 선생님과 학교의 고민이 더 깊어질 수밖에 없네요. 저도 예전에는 내가 하고 싶은 수업과 활동들을 했는데 이제는 아이들을 위해 무엇을 해야 할지, 무엇이 필요한지 고민하게 돼요.

이성호

 저는 일단 아이들이 놀 수 있는, 즐길 수 있는 다양한 시설들이 있었으면 좋겠어요. 아무래도 아이들이 편히 쉴 수 있는 곳이 별로 없어요.

최민지

 저는 그게 마을이 공동체가 되어야 하고, 더 나아가 교육공동체로 성장해야 하는 하나의 중요한 이유가 되지 않을까 해요. 마을에서 아이들을 함께 키울 수 있도록 다양한 경로와 방법을 구상하고, 마을이 아이들을 위한 배움터와 쉼터가 될 수 있게요. 물론 아직 시작 단계라 의견들은 분분하겠지만……. 적어도 아이들을 현재 지역에 살아

정수현

가는 주체로 인정하고 이들을 마을 속에서 성장할 수 있게 학교와 함께 고민하고 실천할 수 있으면 좋겠어요.

그러기 위해서 아이들이 학습의 주도권을 갖게 하는 경험도 중요하다고 생각해요. 작년에 청소년 미래 도전 프로젝트에 참여한 경험이 있었어요. 처음에는 정말 손이 많이 가요. 아무래도 처음이니까요. 하지만 준비하는 과정에서 학생들이 자신이 정말 배우고 싶은 것을 찾고, 스스로 목표를 갖고 참여하니 학습에 자신감을 느끼더라고요. 그러면서 자신이나 상대가 갖고 있던 틀을 깨고 성장하는 모습을 보니 뿌듯했습니다.

책 『평균의 종말』에서는 평균의 오류를 지적하면서 이런 관행과 관습을 버리고 개개인으로 바라보고 개개인으로서의 가치를 존중해 주길 바라지요.[8] 우리도 역시 줄 세우기식 평가가 아니라 학생들 개개인의 다양성을 인정할 수 있는, 역량을 높여주는 교육이 우선되어야 한다고 생각해요.

또 하나, 진도에 근무하면서 느낀 건 아이들에게 열망과 도전 의식을 갖게 하는 활동이 많지 않다는 거지요. 많은 농어촌 예산 지원을 받다 보니 아이들은 결핍이 없고 감사함을 느끼지 못합니다. 학교에서

....

8) 토드 로즈(2018), 『평균의 종말』, 21세기북스.

수영 체험한다고 수영복을 사주고, 운동회 한다고 운동복을 사주는 데 과연 이런 예산 지원을 아이들과 학부모들은 감사해할까요? 신경 쓰지 않아도, 챙기지 않아도 당연하게 오는 것들이 있다면 치열하게 원하지 않아요. 잃어버리면 학교에서 또 줄 테니까요. 오히려 결핍에 따라 감사함을 느끼는 순간 삶의 목표가 뚜렷해지지 않을까 해요.

아이들이 진도의 애향심을 갖기 위해 전통 예술 교육도 필요하지만 '진도 특색'만 강조하다 보면 학생들의 요구와 필요와는 거리가 멀고 학생들의 자발성이 떨어지지요. 진도의 문화·예술의 교육 내용이 다양했으면 좋겠어요.

최민지

또 진도가 거리가 멀기 때문에 방과후학교 같은 경우 학생과 학부모의 수요에 따라서만 개설될 수 없어요. 또 워낙 소수이다 보니 남학생들이 선호하는 축구부와 같이 다수가 참여해야 하는 부서는 거의 개설이 어렵고요. 그렇다 보니 개설된 강좌에 자발적으로 참여하지 않게 되고, 참여도와 만족도가 떨어지게 돼요. 이를 해결하기 위해서는 인근 학교와 함께 방과후학교 과정을 공유하여 함께 참여하는 방법도 있는데... 제도적인 부분은 좀 더 고려해야겠지만요.

정수현

시서화에 치우쳐져 있는 지금, 우리 아이들에게 그 반대의 지점에 무게 추를 실어주어야 한다고 생각해요. 저는 그게 인문학적 상상력이라고 생각합니다. 자신의 삶을 크게 바라볼 수 있는 식견을 높이는 기회를 우리 아이들뿐 아니라 학부모님들께도 드려야 해요. 물론 어

이성호

려움은 분명히 있어요. 하지만 현재 내가 발 딛고 있는 이 지점에서 할 수 있는 것이 무엇일까 고민하면서 배움의 즐거움과 의미를 느끼게 해주고 싶어요.

맞아요. 그렇기 때문에 우리 아이들을 위해 필요한 것은 자신을 둘러싸고 있는 지역사회와 그 속에 서 있는 나를 발견할 수 있는 교육이라고 생각해요. 아이들이 어렸을 때부터 많이 해서 하기 싫어하는, '진도의 특색'을 어떻게 하면 내가 지킬 수 있는지, 또 사랑할 수 있는지를 선생님들은 고민해서 연결해 주는 것이 필요하다고 생각해요.

선생님들의 말씀을 듣다 보니... 우리 아이들에게 가장 중요한 요인은 교사가 아닐까 생각이 들어요. 다음 시간에 교사는 학교에 어떻게 서 있고, 어떤 것들이 필요한가를 더 깊이 있게 이야기하는 시간을 가졌으면 좋겠어요.

보배샘들, 희망을 품다!

잎은 떨어져 뿌리의 거름이 되듯

봄을 위하여
나무는 잎사귀를 떨구어
뿌리를 거름하고 있습니다.
뿌리는 다름 아닌 사람입니다.
사람을 키우는 일이야말로
그 사회를 인간적인 사회로 만드는 일입니다.
사람은 다른 가치의 하위 개념이 아닙니다.
사람이 '끝'입니다.
절망과 역경을 '사람'을 키워 내는 것으로 극복하는 것입니다.

–신영복의 「엽락본분」[9] 중에서

---

9) 신영복(2016), 『처음처럼』, 돌베개.

꽃을 닮은 우리 아이들과 함께 있었지만

보배샘들의 교사 생활은 녹록하지 않았습니다.

살얼음 띤 바람에

한없이 잎사귀를 떨구기도 하고

척박한 땅속에 뿌리내릴 곳 찾지 못해

한없이 내려앉기도 하지요.

'사람'을 키우기 위해 선생님은 지금 어떻게 가르치고 있나요?

또 우리는 무엇을, 어떻게 해야 할까요?

보배섬에서 교사로 살아가며

코로나19는 어쩌면 우리에게 잠시 멈춰 되돌아보라고 온 시간 같아요. 비판받아왔던 학교와 선생님, 친구들과의 만남의 소중함을 느낄 수 있듯 말이죠. 오늘 모임도 잠시 멈춰 진도에서 교사로 살아온 우리를 되돌아보면 좋겠어요.

이성호

저는 처음 진도에 근무했을 때는 출퇴근을 했어요. 그러다 보니 여유가 많이 없었어요. 생각들이 출퇴근에 집중될 수밖에 없어요. 시간이 지나 진도에 안착하고 나니 아이들에 더 집중할 수 있고 고민할 여유가 생겼어요.

문지라

공감해요. 생활근거지를 도시권에 두고 있는 많은 선생님들의 고민이

이성호

지요. 편의 시설이나 부대시설 등 인프라도 고민하지 않을 수 없으니까요. 교사들에게 정서적으로 안정을 취할 수 있는 공간들이 필요하다는 생각이 들지요.

진도에는 작은 학교가 많다 보니 대부분 초등학교가 한 학년에 한 학급밖에 없어요. 동 학년이 없다 보니 교육과정과 과정 중심 평가, 일상 수업을 함께 협의할 수가 없어요. 하지만 다른 시 단위 학교보다 학급 운영은 보다 자유로웠어요. 교사의 상상력이 다양하게 발휘될 수 있고 또 다양한 활동들을 장려해 주는 분위기였다고 해야 하나?

같은 맥락에서 진도에는 소인수 학급이 많아서 학생들과 깊이 교감할 수 있는 질적, 양적인 기회가 많았어요. 학생들의 실태, 흥미와 관심을 중심으로 교육과정을 구성할 수 있었고 만족도도 꽤 높았어요.

맞아요. 진도는 교실이라는 틀에 갇히지 않고 교사와 학생들이 해보고 싶은 활동들을 마음껏 할 수 있는 물적 자원과 예산, 허용적인 분위기가 돼요. 진도의 관광자원이나 문화·예술 콘텐츠가 교육과정과 버무려지는 것은 큰 장점이라고 생각해요.

또 문화·예술교육에 많은 예산 지원이 있기 때문에 학습을 위해 필요한 자원들이 주변에 많지요. 학교 밖과 연결시켜 할 수 있는 활동도 많아요.

그럼에도 불구하고 교육 활동에 적극적으로 참여하지 않으려는 선생님들도 계세요. 진도에 뿌리내리고 사는 게 아니라 곧 다른 지역으로 전입할 예정이고 잠깐 거쳐 가는 곳이라 생각하시는 분들이 많아서 많은 에너지를 쓰고 싶지 않나 생각이 들어요.

저도 진도에 초임 발령을 받아 왔지만 진도에 신규 선생님들이 많이 계세요. 사실 신규 선생님들은 무언가 물어보고 싶고 배우고 싶은데 그럴만한 곳이 없고, 기댈 곳이 없고... 조언해 주는 선생님이 없으니 점점 고립되는 듯한 느낌을 받지요.

신규 선생님뿐만 아니라 경력 있는 선생님도 가끔 그런 상황에 놓이게 돼요. 저 같은 경우에는 진도에 들어오자마자 복식 학급을 맡게 되었어요. 경력이 조금 많을 뿐이지 저 또한 복식 학급이 처음이었기 때문에 선뜻 내가 하겠노라 말하기 어려웠어요. 그리고 복식 학급을 맡고 나니 생겨나는 여러 문제들 속에서 나 혼자 길을 찾아야 했고 도움을 받을 곳이 없었어요. 그래서 선생님들이 쉽게 소진되는 것 같아요.

맞아요. 작은 학교는 교사 1명이 담당해야 하는 업무도 만만치 않은데 고민을 나눌 수 있는 선생님들도 많지 않으니 동 학년이 많고 교사 친목 동아리가 많은 도시 학교가 마냥 부럽기만 하죠. 그런데 진도도 그리 멀지 않는 이웃 학교, 동 학년 선생님들과 교류할 수 있거든요. 만약 잘 소통한다면 개인이나 집단에 큰 영향을 줄 텐데 그런 시도를 하려는 적극적인 움직임이 없어요. 연대 의식을 가지고 함께 문제를 해결해나갈 수 있는 네트워크가 구성된다면 우리가 고민하는 것들에 대한 답을 찾아갈 수 있지 않을까 싶어요.

저는 학교가 용광로 같다는 생각이 들었어요. 다양한 생각과 성격들을 가진 선생님들이 함께 녹아 특유의 문화를 만드는 곳이지요. 처음에는 같이 어울릴 수 있을까 걱정도 많이 했어요. 하지만 여러 갈등 해결의 과정을 통해 함께 어울릴 수 있었고, 또 나를 성장하게 해준 건 아닌가 싶어요.

가끔 교육의 본질을 잊어버린 분들이 많더라고요. 학교 교육 활동을 아이들 중심으로 바라보지 않고 교사 편의대로 해석하니 이것을 왜 하려고 했는지, 진정으로 추구하고 있는 게 무엇이었는지를 잊게 되지요. 잊다 보면 잃어버리고... 결국 방향 없는 교육을 할 때가 있다는 생각이 들어요. 우리가 가지고 있는 공공적 사명감[10]을 잊지 않았으면 좋겠어요.

그렇다면 교사로서 진도를 살아가는 선생님들을 위해 무엇이 필요하고, 무엇을 할 수 있을지 생각해볼까요?

---

10) 사토 마나부는 책 『교사교육 개혁의 그랜드 디자인』에서 교직 전문성의 기초를 공공적 사명, 전문적 지식이나 능력, 자율성과 윤리라고 하였다. 교직의 공공적 사명은 아이들과 함께 행복을 추구하며, 아이들의 배울 권리를 보장하고, 민주주의 사회를 실현할 사명으로 기술하였다.

열 사람의 한 걸음, 함께 성장한다는 것은

코로나19로 인해 교사는 사라지지 않으나 전통적 교사의 모습은 사라질 거라는 말을 많이 해요. 그만큼 교사의 새로운 역할을 요구하고 있는데... 지금도 관료주의 학교 문화와 업무, 생활 지도, 수업, 기초학습 등 많은 요구와 통제 속에 있지 않나요? 선생님들은 어떻게 생각하시나요?

그렇지요. 선생님들께서 한 차시 수업에 이렇게 많이 고민한 적은 없어요. 원격에서 일상의 수업을 하듯 할 수 없으니까요. 디지털 기기나 어플도 공부하고 학생들은 어떻게 배울 수 있는지 선생님들과 모여 이야기도 하고... 아마 코로나 이후 우리가 일상으로 돌아오더라도 무엇을 놓치지 않아야 하는지, 무엇이 교육의 핵심인지는 알게 되었어요.

그러기 위해서는 선생님들에게 시간적인 여유가 있어야 해요. 물론 시간적 여유가 있다고 해서 아이들을 위한 교육적 연구로 반드시 이어진다고 할 수 없지요. 하지만 현재 다양한 시도와 교육적 고민보다는 원활한 업무 지원을 위해 더 많은 시간을 할애하고 있다는 것은 사실이잖아요. 가끔 교육 활동에 아이들이 없는 오류를 범하는 게 그 때문은 아닐까요? 교사의 역할을 덧붙이기 전에 업무든 행사 활동이든 덜어내야 할 일들은 덜어내야 한다고 생각해요.

그전에 교직원 간의 밝고 경쾌한 교류도 필요하지만, 선생님들을 위한 별도의 협의 공간이 부족한 것 같아요. 교무실에 있다 보면 따뜻한 말 한마디 없이 타자 소리만 들려요. 그런 곳에서는 선생님들도 일단 경직되거든요. 그래서 저는 부드러운 음악과 손수 준비한 다과로 커피 한잔하면서 대화할 수 있는 인간적인 교류의 시간도 필요하다고 생각해요.

저희 또한 민주적인 학창 시절을 보내지 않았기에 민주적인 회의나 소통 문화에 익숙하지 않아요. 그래서 교무회의도 안내와 지시 위주로 이루어지고, 권위에 따라 의견을 결정하고 첨예한 의견 대립으로 소모적인 시간으로 보내요. 그러다 보니 회의를 꺼리고 적극적으로 참여하지 않지요. 이런 조직 문화를 깨기 위해는 아이들만이 아니라 선생님들도 모여서 토론 규칙도 정하고 상호작용적 의사소통이나 경청의 방법 등을 연습해봐야 돼요. 또 서로 평등한 관계에서 협의하며, 민주적인 의사결정 문화를 경험해봐야 하고요. 이를 통해 선생님들 역시 주인의식을 가지며 존중과 협력, 연대할 수 있는 성숙한 민주시민이 되는 거지요. 그럼 우리 아이들도 자연스럽게 그런 모습을 보고 배울 수 있지 않을까요?

지역에 대한 책임과 사명감, 애착을 가질 수 있는 복지제도도 필요해요. 선생님들에게 일방적으로 희생하고 헌신하도록 강요할 수는 없어요. 하지만 진도교육지원청에서의 문화·예술 프로그램, 역사 탐방 등과 같이 지금 실시하고 있는 지원뿐 아니라 장기적인 지원 방안들을 모색한다면 진도에 매력을 느꼈지만 떠날 수밖에 없던 선생님들도 뿌리내리지 않을까요?

문지라 작은 학교에 있다 보니 공감대를 형성할 선생님들끼리 모이기 좀 힘들어요. 특히나 이번 온라인 수업을 준비하느라 매우 힘든 시기를 보내다 보니 그런 생각을 더 강하게 했어요. 인근 학교 몇 명의 선생님들과 함께 모여도 이 어려운 것들을 잘 헤쳐나갈 수 있을 텐데... 생각은 하는데 방법을 찾기 되게 힘든 거예요. 동일한 희망과 열망을 가지고 있는 선생님들끼리 모일 수 있는 그런 자리를 만들면 좋겠다고 생각했어요.

정수현 저도 같은 생각이에요. 지속적인 생명력을 가진 학교 문화가 되려면 이런 지역 내 네트워크가 구성되면 좋겠어요. 동 학년 네트워크나 주제 영역 네트워크나. 이런 네트워크를 통해 현재 지역이 처한 현실과 방향에 대한 고민, 학교 내·외에서 발생하는 여러 문제와 갈등 상황을 공유하는 과정에서 선생님들 스스로 문제를 해결해나갈 수 있는 동력을 얻을 수 있을 것 같아요. 또 네트워크 내 협력적 실천을 통해서 교직 수행의 큰 만족감을 얻을 수 있고 주체적인 교사로서 당당하게 자리매김할 수 있을 것 같아요.

박은욱 학생의 성장과 변화에 중점을 두고 교육 가치와 비전을 공유하며 함께 탐구할 수 있었으면 좋겠어요. 학교를 보다 좋은 학교로 만들고 싶다면, 공동체를 다시 세워야 한다는 말(Sergiovanni, 서경혜2015에서 재인용)[11]처럼 학생들이 자유롭게 배우기 위해 교사들도 배움을 멈추지 않도록 자발적인 학습공동체가 되어야 해요. 예를 들면 학년군 공동 교육과정도 운영해보고 일상 수업도 공유하면서요.

맞아요. 학교의 자율권과 구성원들의 전문성을 인정하는 학교 자치가 요구되는 현재, 교사가 그 중심에 있는 것 같아요. 그만큼 사회적 책무성과 사명감도 요구받기도 해요. 학생의 삶과 성장으로서의 교육 활동과 공교육 기관으로서의 교육력 제고라는 역할을 더욱 확고히 하기 위해 선생님들은 더욱더 모여서 고민을 나누어야 해요. 스스로 묻고 배워야 해요. 배움과 성장에 목표를 두고 소소하게 모이고 이 과정에서 얻게 된 선한 영향력이 우리 내면으로, 우리 학교 선생님들에게로, 옆 학교로, 우리 지역으로 계속 퍼져서 학교 혁신의 밑다짐이 되지 않을까 합니다. 우리가 앞바퀴 교사가 되어 노력해보면 어떨까요?

---

11) 서경혜(2015), 『집단전문성 개발을 위한 한 접근, 교사학습공동체』, 학지사.

보배샘들, 뛰어들고 물러나다
(diving-in and stepping-out)

그래도 나는 일어서리라

Still I rise

부끄러운 역사의 오두막으로부터
나는 일어서리
고통의 뿌리인 과거로부터
나는 일어서리
나는 검은 바다, 뛰어오르고 퍼지고,
파도 속에 솟구치고 부풀어 오른다.

–마야 안젤루(Maya Angelou)의 시 'Still I rise'[12] 중에서

....

12) 최영미(2017), 『시를 읽는 오후』, 해냄.

보배샘들은

힘들고 고통스러운 현실에서

스러지지 않고 다시 일어납니다.

'잘'나지 않은, 소소함으로

지역 곳곳 교육적 열정을 가진 다른 이들에게

끝없는 '응원'이 되고,

미래교육을 향한 작은 '불씨'가 되길 기원하면서

자신의 길을 찾아 오늘도 뛰어들고 물러서고 있습니다.

정답은 없다. 가장 옳은 선택만 있을 뿐

 학교는 아이들이 있기에 존재하는 곳이고 교사도 마찬가지지요. 그래서 선생님들께서 아이들과 아이들의 배움을 어떻게 바라보고 있는지 궁금하네요.

 저는 배움은 가능성을 믿어 주는 거라고 생각해요. 한 학교에 3년 있다 보니 학생들이 변하는 것을 저 스스로 많이 느꼈어요. 예전에는 시험 볼 때 시험지를 찢어 버렸던, 그래서 저를 충격에 빠트렸던 학생이 있어요. 이 아이 덕분에 많이 고생했어요. 그래도 이번 원격수업할 때 스스로 나와서 열심히 했던 모습에 감동을 받았어요. 아이들을 계속 믿어 주고 기다려 주는 게 아이들 스스로를 성장하게 했구나 느꼈어요. 그러면서 저도 반성하고 배웠지요. 그런 의미에서 저에게 배움은 "교학상장 (教學相長)"이 아닐까 해요. 가르치면서 배우면서 서로 성장하는. 지금 저희가 여기 있는 목적이기도 하고요. 이런 것이 끊임없이 이어진다면 배움은 어디에서든 일어날 수 있다고 믿어요.

최민지

맞아요. 저도 배움은 만남을 통해 성장한다고 생각해요. 더불어 그 만남을 통해서 어제 아닌 내가 되는 것이라고 생각해요. 저 또한 새로운 것들을 이 전학공을 통해서 꿈꾸거든요. 내가 생각하는 꿈꾸는 것들이 아이들과 함께 잘 이뤄갈 수 있게, 소외되는 학생들이 없게 하는 모든 변화와 성찰이 배움이 아닐까 합니다.

이성호

저는 아이들이 삶을 바라보는 안목을 키우는 것이라고 생각해요. 나는 어떻게 살아가야 되고, 무엇에 가치를 두어야 될 것인가?를 끊임없이 고민하고 스스로 깨우치는 것이라고 생각해요. 그러기 위해서는 인문학적 상상력이 필요하다고 생각합니다.

정수현

어떻게 보면 저도 같은 맥락일 수 있겠네요. 저는 배움이란 관계 속에서 나를 찾아가는 것이라고 생각을 했거든요. 어느 연수에서 한 선생님께서 해주신 배움의 어원이 떠오르네요. '알다'는 '알'에서 '배움'은 '배우다'에서 출발한다고 해요. '배우다'의 의미는 '배'에 들어 있으며, '우'는 사역형 어미로 첨가되어 핵심적인 의미를 지니고 있지 않아요. '배다'는 배에 무엇인가 품거나 차게 되는 것으로, 자신 안에 단단한 무언가를 품게 되는, 변화의 과정이라고 하셨어요.[13] 그런 것처럼 내 안에 나다

....

13) 고영상(2000), 어원탐색을 통한 교육학 탐구 대상의 구조화, 평생교육연구 제6권 1호.

워지는 단단한 무언가가 채워지는 게 배움이 아닐까 생각했어요.

제가 교직 20년 차를 가까이 되다 보니 배움이라는 게 내가 배워서 가지고만 있어서는 안 되겠다는 생각을 했어요. 그래서 이런 자리를 통해 선생님들과 서로 나눌 수 있고, 배워가서 우리 아이들에게 또 나누어 주는 게 배움이구나 생각하게 했어요. 또 우리 아이들이 스스로 얽혀 있었던 것들을 조금씩 깨고 나올 수 있는, 변화를 이끌어 낼 수 있는 그런 모습들로 아이들에게 정착할 수 있는 게 배움이지 않을까 생각해요.

그렇군요. 사실 이런 배움은 아이들에게만 해당하지는 않아요. 고립되고 안주하는 전문가는 낡은 전문성을 낳는다고 하지요. 선생님들도 끊임없이 배우고 성찰해야 하는데 사실 혼자서는 어려워요. 우리는 사람에게 상처받고 또 소외되기도 하지만 결국 사람과의 관계 속에 치유받고 성장하더라고요. 동료 교사를 통해 나를 되돌아보고, 시시때때로 일어나는 학교 문제를 함께 해결하면서 교육 활동에 대해 대화하고 협의하는 과정에서 우리는 함께 성장해요. 그런 의미에서 한 사람의 열 걸음보다 열 사람의 한 걸음이 더 큰 걸음이라 생각해요.[14)]

저 또한 소신과 실천이 중요하다고 생각해요. 안다고 해서 행해지지는 않아요. 내 환경이 어떠하든 내 주변에 한 사람만이라도 긍정적인

---

14) 엄유나 감독의 영화 『말모이』.

영향을 준다면 그 소신에 따라 실천해야 한다고 생각해요. 실천하면서 그 능력들은 제 것이 되고 아이들을 위해 나눠줄 것들이 쌓아지는 것이니까요.

동의해요. 실천에 이르기 전까지 선생님들은 배움에 대한 목마름, 이 갈증을 동질감으로 느끼게 하는 목마름이 있어요. 아이들과 만나는 과정 속에서 느꼈던 갈증을 동료, 선배로부터 도움을 받고 싶어 해요.

맞아요. 그래서 저는 교사 전문성을 씨앗이라고 생각했어요. 씨앗이 싹을 트려면 적당한 양의 햇빛과 물, 알맞은 온도가 필요하잖아요. 조건이 모두 충족되면 싹이 트지만 그렇지 않으면 땅속에 그대로 있어요. 교사들의 전문성이 그렇지 않을까요? 그 씨앗은 열매를 맺을 수 있는 힘을 갖고 있지요. 지금 거친 환경 속에 있지만 언젠가 학교 내·외의 민주적인 소통 문화와 학생 이해, 수업 관리 능력, 교수 내용 지식 등에 대한 갈증을 충분히 해갈할 수 있는 물이 있다면 언젠가 싹이 트지 않을까 생각해요.

전기 기기를 계속 쓰다 보면 배터리가 나가서 나중에는 꺼져 버리잖아요. 그러면 전기 기기를 쓸 수 없지요. 교사도 마찬가지라고 생각했어요. 교사의 에너지가 다 써서 더 이상 교육 활동을 할 수 없다면 그 영향은 학생들에게 다 가기 때문에 언제나 충전을 해줘야 한다고 생각해요. 그게 물리적이든 정서적이든 말이죠.

-깡15)으로

이성호 선생님들이 살아오고 경험해온 배경과 모습이 어느 정도 그려지는 것 같네요. 이러한 경험과 교육 철학은 우리 아이들에게 필요한 교육과 만나 선생님들의 교육 활동으로 녹아들어 있을 겁니다. 저는 또한 4차 산업혁명으로 인해 인공지능과 컴퓨팅 기술이 급속도로 변화된 시대에서 교사로서 어떠한 노력을 할 수 있을까 고민하고 있습니다. 특히 디지털 인프라 구성이 미비한 진도 아이들에게 인문학적 상상력이 겸비된 컴퓨팅 사고력을 함양해 주고 싶다는 생각을 하고 있습니다.

박은욱 저는 학교 안에서 교사와 학부모 모두 행복해질 수 있는 방법은 없을까? 고민을 많이 했어요. 꿈꾸는 학교문화 혁신을 이루기 위해선 학교 가기 즐거운 선생님, 학교 오기 신나는 학부모가 많이 필요하다고 생각합니다. 학교의 비전과 목표를 함께 바라보며 나아가기 위해 지속적으로 실천할 수 있는 구체적인 활동들을 발굴해야 해요. 교사들이 책임감과 주인의식을 갖추고 긍정적인 마음가짐과 건강한 삶을 영유하며 오롯이 교사 자체로서 힘 있고 자율적인 모습으로 우뚝 설 수 있도록 고민하고 싶어요. 더불어 학교의 당당한 기구로서 학부모회가 스스로 일어나 자립할 수 있도록 돕고 싶고요. 교학상장(敎學相長)이라는 말처럼 서로 가르치고 배우며 함께 성장하는 학교 문화가 뿌리내릴 수 있도록 말이에요.

---

15) '깡'은 악착같이 버티어 나가는 오기를 속되게 이르는 말이다(국립국어원).

최민지

<논어>에 화이부동(和而不同)이라는 말이 있어요. "화합하면서도 부화뇌동하지 않는다."라는 뜻인데, 저는 화이부동이라는 말처럼 학생들이 서로 다름을 인정하고 자신의 개성을 지키면서 공동체 안에서 공존하며 어우러져 살아가길 소망해요. 그 속에서 저는 학생들과 인간적인 교감과 만남을 통하여 긍정적인 영향을 줄 수 있는 한 사람이 되어서 학생들이 더 나은 오늘을 살아갈 수 있도록 도움을 주고 싶어요.

이제 교육은 학교만이 담당하는 것이 아니라 가정, 학교, 지역사회 등 모두가 참여해서 만들어나가야 해요. 학생들이 꿈을 가지고 나아갈 때 그 꿈을 응원하고, 이룰 수 있도록 우리 모두가 노력해야 한다고 생각해요. 함께하는 학생자치를 통해서 학생들이 리더를 꿈꾸고, 우리의 미래, 세계의 리더가 되길 희망해요.

문지라

"만일 네가 오후 네 시에 온다면 나는 세 시부터 행복해질 거야. 시간이 갈수록 난 점점 더 행복해지겠지. 네 시가 되면, 나는 안달이 나서 안절부절못할 거야. 그래서 행복이 얼마나 값진 것인지 알게 되겠지." 읽으면 읽을수록 가슴 떨리고 마음 따뜻해지는 울림을 주는 <어린왕자> 속 대사 중 하나에요. 누군가가 인생은 기다림의 연속이라 했던 것처럼 난 교육이 기다림의 연속이라는 생각을 많이 해요. 내가 아이들을, 아이들이 나를 기다려 주는 그 시간 속에서 서로 설렘을 느끼고, 행복을 만들어갈 수 있다면 우리가 그리 희망하고 꿈꾸는 아이들의 배움과 성장을 그곳에서 열매 맺게 할 수 있으리라고 믿고 있어요. 그래서 오늘도 저는 아이들과의 만남을, 아이들과의 수업을, 아이들과의 부대낌을 행복으로 기다리며, 그 순간과의 만남이 이루어지기 한 시간 전부터 행복해지는 연습을 꾸준히 하고 있답니다.

정수현

저는 선생님들과 함께 이야기 나누면서 얼마 전에 읽은 책 『우리도 사랑할 수 있을까』[16]의 마지막 장이 떠올랐어요. 작가는 잔물결 움직임이 크지 않지만 지치지도 않고 계속 시도하고 결국에는 강 언덕의 모양을 바꾸고 강줄기의 흐름을 바꾼다고 했어요. 그 잔물결은 혼자 노는 법이 없이 늘 앞뒤로 친구를 두고 움직인다고 했어요. 내가 실천하는 작은 행동과 활동이 과연 무엇을 바꿀 수 있을지 고민하고 좌절하던 제가 그 책을 읽으면서 조금씩 희망을 갖게 되었어요. 지금 모여 고민하는 우리의 모습이 달라지는 진도의 모습을 꿈꾸게 하지 않을까요?

---

16) 오연호(2018), 『우리도 사랑할 수 있을까』, 오마이북.

2장

어설픈 교사, 어쩌다 리더

이성호 진도서초등학교

"훗날에 훗날에 나는 어디선가

한숨을 쉬며 이야기할 것입니다.

숲 속에 두 갈래 길이 있었다고,

나는 사람이 적게 간 길을 택하였다고,

그리고 그것 때문에 모든 것이 달라졌다고."

로버트 프로스트의「가지 않은 길」중에서

어쩌다, 공간혁신

어쩌다, 시작

작년 소프트웨어(SW) 수업을 위해 찾은 컴퓨터실, 문을 연 순간 낡고 오래된 모니터가 가장 먼저 눈에 띄었다. 답답하게 막고 있는 회색빛 간이벽과 아이들 나이보다도 더 오래된 듯한 수납장과 기자재들. 아이들 눈에도 허름했나 보다.

"온통 네모난 것투성이에요."
"어둡고 칙칙해요."

쾌쾌한 냄새와 먼지로 가득한 무미건조한 이곳. 과연 아이들은 이런 곳에서 다양하고 자유롭게 상상할 수 있을까? 아이들의 번뜩이고 기막힌 재치를 이곳에서 샘솟게 할 방법은 없을까? 나는 배움의 기쁨으로 충만한 아이들의 숨결을 이곳에 채우고 싶었다.

공사 전 컴퓨터실

1960년 윈스턴 처칠이《타임》지와의 인터뷰에서 위와 같이 말했다. 공간은 그 속에서 생활하는 사람들에게 막대한 영향을 준다. 또한 공간은 시대, 사회의 문화와 성격을 고스란히 반영한다(강기수 외, 2013).

학교에서의 공간은 학생, 교사가 10시간 이상 시간을 보내는 생활공간으로, 매우 중요한 의미를 갖는다. 듀이(1915)는 인간을 직접적으로 교육하는 것이 아니라 환경을 통하여 간접적으로 교육해야 한다고 했다. 목적에 맞는 환경을 의도적으로 꾸며 살아있는 사회적 삶을 영위할 수 있도록 교육해야 한다고 했다.

하지만 지금 학교는 어떠한가? 수십 년 숱한 교육의 변화 속에서도 네모난 교실, 네모난 칠판, 네모난 책상, 흰 벽과 일자형 복도. 모두 그대로이다. 그동안 학교의 교실은 교사와 학생에게 교육 활동을 위한 물리적인 장소에 불과했다. 어른들이 생활하는 환경은 작업 능률을 끌어올리기 위해 다양한 모습으로 변하고 있지만 학교, 교실은 학생들이 살아가는 지금의 모습을 담지 못하고 그대로 멈춰있다. 우리 학교도 마찬가지였다.

우리 학교는 단층 건물로, 특별실 하나 제대로 갖추고 있지 않다. 화장실과 도서관, 그리고 급식실은 본관 밖에 위치해 있다. 별도의 과학실이 없어 교실에서 실험·실습을 하고 과학교구 및 수업을 위한 실습자료는 문서고 한편을 나누어서 '자료실'이란 팻말을 붙여 사용하고 있었다. 읍에 위치하고 있지만 상대적으로 열악하고 낙후된 교육 환경이었다.

공간의 부족으로 인한 갈망이 커질 때 즈음 공문이 하나 왔다. 초·중등 SW 교육 도입에 따른 창의·융합적 SW 미래교육 공간 확보를 위한 '미래형 소프트웨어(SW) 교육 공간 구축 사업'에 관한 공문이었다.

최근 학교 현장에서는 '학교 공간혁신'에 대한 관심이 크다. 학교 공간혁신은 단순히 노후화된 학교 시설을 개선하는 시설 사업이 아니라 미래를 위해 학교 공간을 조성하고 교육 문화를 만들어가는 과정이다. 전라남도 역시 미래 핵심 역량을 키우기 위해 학교 공간혁신에 박차를 가하고 있다. 지역 교육력 강화를 위해 학교와 마을이 함께하는 교육 문화 복합 공간으로, 학생들의 건강한 배움을 위한 자연 친화적인 공간으로, 학생과 교직원, 지역주민의 참여를 이끄는 민주시민 공간으로, 학교 공간혁신은 오늘도 거듭나고 있다.

'미래형 소프트웨어 교육 공간 구축 사업'은 30년 이상 된 ICT 활용 중심 일체형 낡은 컴퓨터실을 다양한 교과와 교육 활동이 가능한 미래형 학습 공간으로 구축하는 사업이다. 전남에서는 시범학교로 7곳을 선정한다고 했다. 그중 작은 학교 할당량은 불과 2곳뿐이었다.

'과연 될까?'

공문을 보면서 물음이 생겼다. 그리고 이내 확고한 의지가 생겼다. 농어촌의 외곽. 낡고 오래된 건물. 아이들 수에 비해 너무 큰 교실. 그 텅 빈 공간에 외로움과 허전함이 아닌, 아이들 상상력으로 채우고 싶었다. 특별실에서 할 수 있는, 교과의 특성을 살린 수업으로 아이들을 꿈꾸게 하고 싶었다.

'그래, 한번 해보자.'

어쩌다 공간혁신은 그렇게 시작되었다.

희망을 담는 공간을 꿈꾸다

우리 학교는 특별실이 부족하고 컴퓨터실 장비가 노후되었음에도 불구하고 디지털 교과서 선도학교를 2년간 운영하였다. 무선 네트워크 장비가 구축되었고 학생들에게는 1인 1 태블릿 PC가 제공되었다. 올해는 소프트웨어 선도학교로 지정되는 쾌거까지 이뤘다. 그 결과 지속적인 SW 교육을 안정적으로 운영할 수 있게 됐다. 최적화된 환경에서 다양한 교육 활동을 할 수 있게 되었고, 이는 미래 교육으로 가는 디딤돌이 되고 있다. 결국 이러한 관심과 과정은 교육적 혜택을 받기 어려운 지역의 특수성을 해소하였다. 작은 학교에서 희망을 발견하기 위한 노력들이었다.

공간혁신 대상을 '컴퓨터실'로 정한 후, 가장 먼저 한 일은 학생, 학부모, 교직원의 의견을 묻는 일이었다. 공간혁신 목적에 부합하는 공간이 될 수 있을지, 상호 간 충분한 논의 과정을 거칠 필요가 있었다. 우리 학교에 필요한 것인지, 학생들이 원하는 것은 무엇인지, 교원에게 필요한 것인지, 학부모의 욕구를 충족할 수 있을지, 그리고 교육기관으로 지켜야 할 표준이 무엇일지, 고민하는 과정을 거쳐야만 했다.

공간혁신은 하나의 목표를 향해 의견을 모으는 과정 속에서 교육에 대한 결정과 집행의 주체로 거듭날 수 있었다. 주어진 공간을 소비하는 데 그치지 않고 공간에 대한 상상과 창조의 경험을 공유하며 학교 교육의 주인으로, 새로운 시민으로의 역할을 할 수 있었다.

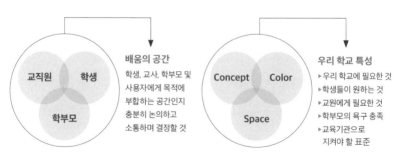

우리 학교의 공간혁신 기준

학교 구성원들의 의견을 수렴한 결과 아이들은 놀이와 쉼이 있는 학습 공간을 원했다. 멀리 떨어져 있는 도서관이 불편했던지 편히 이야기도 나누며 책을 읽는 공간을 원했다. 선생님들은 멀티미디어실로 탈바꿈하는 컴퓨터실을 꿈꿨다. 또 일반 교실에서 하던 다양한 실험·실습을 할 수 있는 체험형 공간을 원했다. 학부모님은 함께 모여 마음 편히 이야기 나눌 수 있는 공간을 원했다. 그리고 자녀 교육에 대한 정보를 공유하거나 학부모 자율 동아리 운영을 위한 배움의 공간도 필요했다.

이러한 다양한 의견을 모은 결과 공간혁신의 주제를 '에듀테크가 결합된 미래교실'로 정하고 학습과 기술이 결합된 디지털 공간으로 재구성하기로 결정했다. 미래 교육을 꿈꾸기 위해 컴퓨터실을 어떻게 디자인할지 여러 날 고민하였다. 학부모회, 학생회, 전문적 학습공동체 등 학교의 모든 모임 주제가 '학교 공간혁신'을 위해 아이디어를 공유해나갔다. 그와 동시에 공간혁신의 원활한 업무 추진을 위한 학생, 학부모, 교직원 TF 팀을 구성하였다.

'철학이 분명하면 기술을 선택하는 일은 단순하다'라는 말이 있듯이 우리 학교만의 '공간혁신'의 방향성을 구체화하기 위해 TF 팀은 공간혁신 기준으로 네 가지를 정했다.

첫째, 학생의 인문학적 상상력을 기르기 위한 참여와 토론이 활발하게 이루어질 수 있는 교실 환경을 조성한다. 둘째, 실험·실습의 탐구 활동과 프로젝트 학습이 가능한 네트워크 기반의 창의·융합 공간을 구축한다. 셋째, 교육공동체가 함께 소통하며 쉴 수 있는 공간을 구축한다. 넷째, 학생, 학부모, 교직원의 의견을 적극적으로 수렴하여 새로운 배움의 공간을 창출한다. 이러한 네 가지 기준을 바탕으로 '컴퓨터실'의 구체적인 활용방안을 모색하였다.

상상을 디자인하다

다행히 1차 계획서는 순조롭게 통과되었다. 2차 현장 점검 및 실사에서는 우리 학교 공동체의 확고한 의지와 '미래형 소프트웨어(SW) 교육 공간 구축'을 바탕으로 한 학교 교육의 비전과 중·장기 계획을 구구절절 설명하였다. 결과는 최종 선정.

예산이 교부되었다. 정해진 예산으로 우리가 꿈꾸는 교실을 구축하기에는 턱없이 부족했지만 가장 필요하고 시급한 사항부터 해결해 나가기로 했다.

강강술래 학생 다모임과 교직원들이 함께 모여 새롭게 만들어질 미래형 공간의 이름을 고민하였다. 꿈꾸는 교실, SW 배움터, 강강술래 미래교실……. 여러 의견들이 나왔다. 이를 종합한 결과 '창의·융합실'이라 이름 지었다. 소프트웨어 교육의 궁극적인 목표와 미래 교육이 추구하는 인재 육성의 공간임을 강조하기 위해 이와 같은 이름으로 정했다. 더불어 '상상 배움터'라는 게이트를 복도에 설치함으로써 새롭게 생길 공간에 대한 설렘도 표현하였다.

프로젝트는 크게 세 단계로 추진했다. 먼저 우리 학교의 미래교육에 대한 비전과 꿈을 반영할 설계 단계, 그리고 이를 현실화하는 공사 단계, 공사 진행은 정보·통신공사, 전기공사, 시설공사로 세분화하여 학사 일정에 차질이 없는 방향으로 추진했다. 마지막으로 전체 프로젝트에 대한 평가 단계였다.

설계 전, 컴퓨터실에 있는 오래된 컴퓨터와 책상을 정리했다. 오래된 노후 PC는 불용 처분하거나 도서관의 정보검색용으로 활용했다. 그리고 천

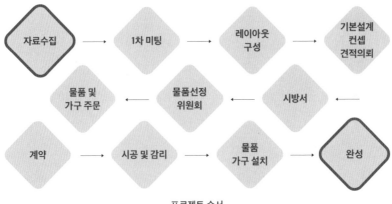

프로젝트 순서

장에 고정되어 있던 TV와 빔프로젝터, 판서용 칠판은 제거하고, 이를 전자칠판으로 교체하기로 했다. 전자칠판 구매 비용은 공간혁신 예산과 별도로 진도교육지원청에 '학교 현안사업'으로 신청했다. 그리고 컴퓨터실의 삼분의 일을 차지하고 있던 서버실은 서버를 보호할 수 있는 최소한의 공간만 남기고 정리했다. 이렇게 하나씩 정리하니 온전한 교실 한 칸 정도 공간이 나왔다.

공간을 확보한 후 설계 업체를 알아보았다. 공간혁신을 처음 추진하다 보니 어떤 업체가 있는지, 어떻게 진행해야 하는지, 예산은 어디에 얼마만큼 사용해야 하는지, 물품은 어떻게 선정해야 하는지……. 막연하기만 했다. 암중모색(暗中摸索)[17]과 같았다.

구체적인 업무 흐름을 파악하고 관련 정보를 얻고자 컨설팅을 요청했

---

17) 암중모색(暗中摸索)은 물건 따위를 어둠 속에서 더듬어 찾는다는 뜻으로, 확실한 방법을 모르는 채 짐작으로 무엇을 알아내거나 찾아내려는 것을 의미한다(국립국어원).

다. 컨설팅은 전라남도교육청과 한국 학술교육정보원에 의뢰했다. 컨설팅을 통해 공사 진행을 위한 행정적 절차, 타 시도의 공간혁신 사례와 추진 절차를 파악할 수 있었고 업체 선정의 과정에서도 도움을 받을 수 있었다.

우리 학교 공간혁신에 대한 방향성에 가장 부합하는 한 업체를 선정한 후 프로젝트를 진행했다. 업체가 수집해 온 자료를 3~6학년 학생과 학부모 대표, 교직원과 공유하고 설계를 위한 구체적인 아이디어를 수렴했다. 아이들은 딱딱한 교실이 아니라 자유롭게 몸을 움직이며 활동할 수 있는 마루형 공간을 원했다. 마루형 공간은 기존의 서버실을 정리하고 확보된 공간을 활용하면 좋겠다는 의견이 다수였다. 학부모님들은 동그랗게 앉아서 좌담을 나눌 수 있기를 원했다. 그래서 이동식 책상과 의자를 구비해놓기로 했다. 한편 교직원들은 창의·융합실의 색상을 고민했다. 공간에서 색상이 차지하는 의미는 생각보다 크다. 어떠한 색상이 들어가느냐에 따라 공간의 목적과 분위기가 결정되고 학생들에게 정서적 영향을 미치기 때문

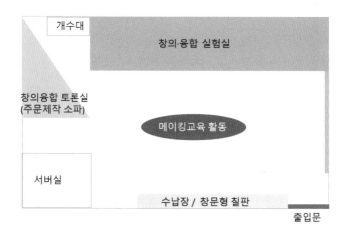

교육 공동체의 의견을 담은 구상도

이다. 그래서 '색상 감도 표'를 참조하여 밝고 따뜻한 톤으로 배색하기로 했다. 여러 의견을 프레젠테이션으로 구성하여 건축 업체와 함께 디자인을 구체화해 나갔다.

우리의 요구가 담긴 설계안을 업체에 보내면 실제로 공간이 구현되는 줄 알았다. 하지만 수정과 요구, 고민과 결정을 반복하기를 여러 번. 물품의 종류, 색상, 재료, 질감, 마감재, 디자인, 조명, 블라인드의 형태 등등. 설계도 또한 세부적으로 수정하기를 여러 번! 그렇다고 이러한 모든 과정을 매번 공동체와 함께 논의할 수는 없었다. 그럼에도 불구하고 학생들에게 수정 과정을 안내하고 공유하는 과정을 놓지 않았다. 그러자 학생들은 마치 자신의 방을 꾸미 듯 관심과 기대감을 한껏 내비쳤다. 더불어 학생들은 자신들의 기대를 모아 타이틀 문구도 만들자는 제안을 했다.

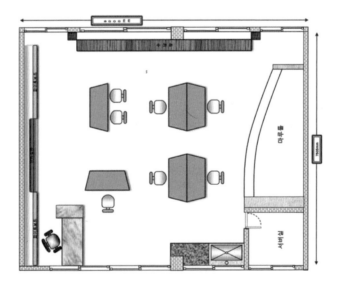

최종 결정된 창의·융합실 배치도

여러 번 논의 끝에 우리가 그토록 바라던 '창의·융합실' 배치도가 나왔다. 기존의 1/3의 공간을 차지한 서버실을 교실 한 모퉁이로 옮기고, 남은 공간을 독서·토론과 학생들이 자신의 생각을 표출할 수 있는 무대 공간으로 탈바꿈시켰다. 또한 교실 한쪽 벽의 창문을 붙박이장으로 바꾸고, 이를 서재와 교구를 수납할 수 있도록 마감 지었다. 수납장 아래 정보검색 테이블을 제작하여 학생들이 수시로 노트북이나 스마트 기기를 활용할 수 있도록 했다. 그리고 반대쪽 창가는 그동안 우리 학교에 존재하지 않던 과학실을 만들기 위해 싱크대와 실습형 테이블을 제작했다. 이 공간은 간이용 과학실뿐만 아니라 학생들이 상상력과 창의력을 마음껏 꿈꿀 수 있게 '메이커 스페이스' 공간으로 활용할 생각이었다.

디자인이 현실로

실제 공사는 한 달 정도 진행됐다. 공사 진행 과정을 꼼꼼히 살폈다. 주문·제작한 가구의 규격, 재질 등이 교육 시설에 적합한지, 도면과 일치하는지, 하자는 없는지 확인하고 또 확인했다. 전기 시설, 인터넷 장비의 정상 작동 유무, 콘센트의 위치도 살펴야 했고, 과학실에 구비되어야 할 가구 및 시설들도 점검했다.

창의·융합실 준공 과정

상상을 공간으로, 공간을 삶으로

드디어 기대하던 창의·융합실이 완성되었다. 하지만 안타깝게도 코로나
19로 인해 '공간혁신' 프로젝트의 대미를 장식하게 될 준공식에 학생, 학부
모, 교직원이 함께하지 못했다. 공간혁신에 대한 기대와 활용 방안, 바람들
을 나누지는 못해 아쉽기만 했다. 하지만 등교수업을 시작한 아이들은 새
로운 공간의 탄생을 누구보다 반겼다.

실제 교육 활동에 참여한 학생들의 만족도는 꽤 높았다. 새로운 환경에
서의 색다른 학습 경험이 깊이 있는 배움의 몰입으로 이끌었다. 또 학생들
에게 창의·융합실은 하나의 놀이터가 되었다. 쉬는 시간 갈 곳이 없어 어슬

렁대던 아이들이 자신들의 공간에서 편히 휴식을 취하고 다양한 SW 기기를 놀이처럼 접할 수 있게 됐다.

창의·융합실 공간구축 결과

이러한 학교 공간은 다양한 구성원이 교류할 수 있는 소통의 장을 마련해 주었다. 학생들은 자치회를 열어 체험학습의 장소를 정했고, 교사들은 수업을 분석하고 연구할 수 있었다. 그동안 방과 후 일반 교실을 빌려 연수를 하였지만, 지금은 이곳에서 일상 수업을 공유하고 다양한 연수도 가능하게 됐다.

학교 교육에 대해 고민하고 이야기할 수 있는 공간이 없었던 학부모들은 이곳에 모여 교류의 시간을 가지게 됐다. 그리고 새로 생긴 공간에서 학부모와 자녀가 소프트웨어 교육을 함께 체험하기로 계획하기도 했다. 그러나 아쉽게도 학부모 자치회가 구성되고 운영 방향을 결정할 무렵 코로나19로 인해 모임이 중지될 수밖에 없었다. 하지만 '학부모 자치회'가 지속할 수 있는 공간, 학교와 지역주민이 만나 소통할 수 있는 지역 커뮤니티 플랫폼이 형성되었다는 것만으로도 큰 의미가 있다. 학교 공간은 고정되는 것이 아니라 언제나 변할 수 있어야 한다. 그 공간을 사용하는 주체들에 의해 다양하게 변주되어야 한다. 이러한 교육공동체의 변화는 교육의 주체로 주도적인 역할을 할 수 있으며 함께 소통하며 성장하는 새로운 학교문화가 형성될 수 있기 때문이다.

물론 아쉬움도 크다. 어쩌다, 공간혁신은 6개월이라는 촉박한 시간 속에서 추진됐다. 자신에게 주어진 공간은 어떤 의미인지, 우리 학교에서 가장 바꾸고 싶은 곳은 어디인지, 또 필요하지만 잘 사용되지 않는 곳은 어디인지, 아이의 눈으로 또 학부모와 교직원의 눈으로 학교를 바라보는 시간이 많지 않았다.

[표 1-1] 공간혁신에 따른 다양한 교육활동

순	구분	교육활동	대상
1	교과	독서·토론 및 놀이 활동	3~6학년
2	학생 자치회	강강술래 다모임	
3	아침독서	아침 독서활동	전교생
4	창체(동아리활동)	언플러그드 활동	3~6학년
5	교과(실과)	실험·실습 활동	5~6학년
6	교과(창체)	찾아오는 야영수련활동	3~6학년
7	교과(과학)	과학 실험	3~6학년
8		디지털교과서 수업	
9	교과(실과)	AI, 소프트웨어 교육	5~6학년
10	전문성 신장	전문적학습공동체	교사
11	학부모	학부모 교육	학부모
12	학부모 자치회	학부모 총회	

한 가지 제언은 좋은 공간을 학생들이 직접 체험하거나 자신의 공간에 대한 아이디어를 구성하고 표현할 수 있는 과정이 마련되었으면 한다. 이를 위해 공간혁신이 교육과정에 반영되어 관련 교과와 학교행사로 추진되었으면 하는 바람이다.

변화는 어느 한순간에 이루어지지 않는다. '창의·융합실'이라는 공간을 확보하고 외형만 갖추는 것이 변화의 끝은 아니다. 학생의 상상을 현실로, 경험에 끝없는 상상을 더 해주는 교육을 이 공간에 실현될 때 변화의 시작인 것이다. 우리는 그 변화의 시작에 있다.

어쩌다, 온라인 수업

코로나19와 함께

2020년 초, 세계는 코로나19 확산으로 혼란스러웠다. 코로나19는 순식간에 우리의 일상을 송두리째 바꿨다. 원격근무, 언택트 산업, 사회적 거리두기 등 새로운 변화와 그에 대한 관심은 '포스트 코로나 시대'라는 용어로 등장하였다. 학교 현장도 마찬가지였다. 2월 졸업식을 진행할 때만 하더라도 미처 몰랐다. 그동안 당연시 여기던 것들이 이토록 위협받을 줄이야.

사상 유례없는 신학기 개학 연기와 그에 뒤따르는 WHO의 코로나 팬데믹(Pandamic, 세계적인 대유행) 선언, 그리고 2번의 추가적인 개학 연기. 교육 공백을 우려한 원격수업의 등장. 그리고 온라인과 대면 수업의 병행. 그 어느 누구도 경험하지 않은, 예상치 못한 상황이었다.

주춤할 틈이 없었다. 3차례 연기된 개학으로 매일 교무회의를 했다. 긴장의 연속이었다. 계획된 학사 일정과 행사들은 생략되거나 순연하였다. 하지만 수업이 문제였다.

'이제 막 입학한 아이들에게 온라인 수업이라니?'

'만나지 않은 학생들을?'

'선생님인 나도 스마트 기기에 익숙하지 않은데 아이들이 할 수 있겠어?'

'대체 어떻게 하는 거야?'

온라인 수업에 대한 준비가 전무하다. 하지만 어쩌다, 온라인 수업을 맞이할 수밖에 없었다.

> 하지만 어쩌겠습니까?
> 그럼에도 불구하고 당신을 성장시킬 수 있는 사람은
> 당신밖에 없는 것을.
>
> – 다그 함마르셸드

원격교육은 교수자와 학습자가 직접 만나지 않아도 커뮤니케이션 수단을 매개로 하여 실시하는 모든 형태의 교육을 의미한다(정종구, 2010). 이러한 원격교육을 가능하도록 교육부에서 제시한 온라인 수업 형태는 '실시간 쌍방향 수업', '콘텐츠 활용 중심 수업', '과제 수행 중심 수업'이었다. 그리고 온라인 수업을 위한 다양한 플랫폼이 안내되었다. e학습터, EBS 온라인 클래스, 구글 클래스 등. 이러한 상황 자체는 선생님들에게 새로운 숙제이자 난관이었다. 태어날 때부터 디지털 기기를 사용해서 이름 붙여진 디지털 네이티브(Digital native)인 학생들. 하지만 디지털 기기에 좀 더 익숙할 뿐이었다. 컴퓨터나 응용프로그램을 다루는 방법에서부터 미디어 리터러시까지, 짧은 시간 동안 많은 내용을 다루어야만 했다. 또 서책형 교과서와 칠판 판서가 더 익숙한 선생님들은 온라인으로 하는 출석 체크와 학습 과제 부여에 따른 과제 피드백까지, 막연한 두려움이 앞섰다.

　인프라 구축도 필요했다. 음성을 정확하게 전달하는 마이크, 판서 내용을 전달할 수 있는 카메라 장비, 듀얼 모니터나 수업용 노트북과 태블릿 PC 등도 준비해야 했다. 또 그동안 보안 문제, 개인 정보나 예산 문제 등의 이유로 미흡했던 무선 네트워크를 위한 장비도 필요했다. 다행히도 디지털 교과서 선도학교로 학생 수만큼의 태블릿 PC와 무선 인터넷망은 구축된 상태였다.

　일단 우리 학교, 학생들의 실태에 맞는 온라인 수업 유형을 선택해야만 했다. 1~2학년은 스마트 기기를 다룰 수 있는 능력이 부족했고, 다른 학년은 인터넷 가정환경이 불안정하거나 스마트 디바이스가 구비되지 않은 상황이었다. 온라인 수업을 하나의 방식으로 통일하는 것은 불가능했다.

　실시간 쌍방향 수업은 학교급별 단위시간과 동일하게 운영되지만 준비 과정 동안 많은 시간이 소요되는 어려움이 있다. 콘텐츠 활용 중심 수업은 동영상 등의 콘텐츠를 시청하고 학습 보고서를 작성하거나 원격 토론 등을 포함하고 있으나, 양질의 교육용 콘텐츠가 구비되어야 한다. 과제 수행 중심 수업은 정규 수업 시간 동안 수행 가능한 분량의 과제를 제시하지만 학생들과 즉각적인 교류활동이 부족하여 자칫 학습결손의 우려가 존재한다.

　이러한 각 유형들의 장·단점을 살펴보고 우리 학교에 맞는 학년군별 원격수업을 결정했다. 1, 2학년의 경우 '과제 수행 중심 수업'으로 운영하기로 했고, 관련 학습 자료와 서책형 교과서를 담임교사가 드라이브스루 방식으로 가정에 전했다. 3~6학년의 경우 '실시간 쌍방향 수업'으로 방향을 정했다. 스마트 기기가 없는 경우는 태블릿 PC를 학생들에게 미리 제공해

주고, 인터넷 환경이 열악한 가정은 학교에서 인터넷 통신비를 지원하기로 하였다.

가지 않은 길, 어려워도 어쩌겠는가? 그럼에도 불구하고 온라인 수업은 교사가 해야 하는 것을. 온라인 수업을 위한 콘텐츠와 플랫폼에 대한 연수를 전문적 학습공동체 활동과 병행하며 함께 익혔다.

Zoom으로 온라인 수업 Zoom in

실시간 쌍방형 수업은 교사와 학생들이 실시간으로 인터넷에 접속하여 쌍방향 의사소통을 하면서 진행하는 수업이다. 오프라인 수업과 가장 비슷한 형태이지만 인터넷망 연결이 불안정하면 소통이 어려울 수 있다. 하지만 실시간 쌍방형 수업은 다른 온라인 수업의 유형과는 다르게 수업을 듣는 학생들과 실시간으로 소통이 가능하다. 발문과 대답 그에 대한 피드백이 가능한 것이다. 또 학생들의 분위기를 파악하면서 수업을 진행할 수 있기 때문에 상당한 장점을 가진다(정종구, 2010). 그래서 3~6학년은 가르침과 배움의 상호작용이 가능한 '실시간 쌍방형 수업'을 하기로 했다.

그러기 위해선 온라인 수업에 사용할 툴을 찾아야만 했다. 의사소통을 위한 'Top Tools for Learning' 사이트를 살펴본 결과 2019년도 대학에서 사용되는 솔루션 툴이 100개나 안내되어 있었다. 그중 스카이프가 19위, ZOOM이 5위로 화상 솔루션 중에는 ZOOM이 가장 많이 사용되고 있었다. ZOOM은 인터넷, PC, 스마트폰, 태블릿 PC가 있으면 어디서나 사용이 가능하며, 여러 학생들의 수업 참여가 가능했다. 노트북 한 화면에 25명, 스마트폰은 4명까지, 참가자 관리나 선생님의 화면 공유도 가능했다. 이런 이유로 급변하는 상황에 손쉽게 사용할 수 있는 ZOOM을 활용하기로 결정했다.

실시간 쌍방향 수업을 위해선 많은 준비가 필요했다. 먼저 학생들에게 태블릿 PC의 사용법과 서책형 책을 대신할 디지털 교과서의 사용법도 안내해야 했다. 참고로 디지털 교과서는 다양한 콘텐츠를 활용할 수 있도록 개발되었다. 기존의 3~6학년 과학, 사회, 영어 교과의 활용이 가능하며, 그밖의 다른 교과는 이번 온라인 수업을 위해 PDF 형식으로 에듀넷 티 클리어(EDUNET T-CLEAR)[18]에 탑재되어 있다. 이러한 디지털 교과서를 학교 누리집, 가정통신문, 담임선생님 문자를 통해 학생들이 쉽게 사용할 수 있도록 안내했다.

온라인 수업을 위해 준비되어야 하는 또 다른 것은 학습관리 게시판 LMS(Learning Management System)이다. 온라인으로 출석 체크와 과제관리, 그리고 학생 개인별 피드백이 용이한 학습관리 게시판(LMS)은 온라인 학급으로 운영될 수 있기 때문이다. 그래서 교사와 학생들이 사용하기 쉽고 익숙한 학습관리 게시판을 선정하는데 신중할 필요가 있다.

다행히도 우리 학교는 디지털 교과서 선도학교를 2년간 운영하였기 때문에 학생들은 디지털 교과서의 기본적인 도구와 기능에 익숙한 상태였고, 스마트 기기를 능숙하게 조작할 수 있었다. 또한 온라인 학습관리 게시판(LMS)으로 활용할 수 있는 위두랑은 디지털 교과서와 계정이 연동되어 학생들이 쉽게 학급 가입을 할 수 있었다.

---

18) https://dtbook.edunet.net/viewCntl/dtIntro?in_div=nedu.

학생들과 본격적으로 ZOOM을 활용한 온라인 수업을 시작해 보았다. 학생들과 만나는 온라인 첫 수업, 수업 시작을 알리는 인사부터 막혔다. 이불 속에 엎드려 참여하는 학생, 교사의 지시만 기다리며 멀뚱거리는 학생, 역광으로 형체를 알아볼 수 없는 학생, 강아지 짖는 소리 등 생활 소음에 이르기까지. 생각지 못했던 방해 요소들이 존재했다. 눈앞이 하얘지고 등에 땀이 흘렀다. 잠시 호흡을 가다듬고, 학생 한 명 한 명의 이름을 불렀다. 그리고 안타까운 현실과 그럼에도 최선을 다해 노력해야 함을 설명했다. 지금 이 시간도 수업 시간임을 재차 강조했다. 그러자 조금씩 자세를 가다듬는 아이들이 보였다. 그리고 학생들과 함께 온라인 수업을 위한 규칙을 하나씩 만들어갔다. 온라인 수업 역시 교사와 학생, 학생과 학생 사이의 민주적인 소통이 요구되기 때문에 수업 규칙을 함께 만들 필요가 있었다.

"수업 시작 시간과 끝나는 시간을 지킬게요."
"친구와 선생님의 이야기를 끝까지 경청할게요."
"온라인 수업과 관련이 없는 인터넷은 하지 않을게요."

이렇게 최소한의 규칙을 학생들과 만들고, 수업 중에 활용할 수 있는 간단한 기능을 알려주었다. 발표할 때는 손들기 버튼으로 자신의 의사를 표현하기, 질문을 주고받기 위한 채팅창 사용 방법, 화면공유 기능 등. 이렇게 규칙을 함께 만들고 기능을 안내하니 마음이 한층 가벼워졌다. 여유가 생기니 학생들이 눈에 들어오기 시작했다.

[코로나19와 우리 생활]

[시를 읽고 느낌 표현하기]

[사각형의 특징]

[우리 지역의 문제 조사하기]

온라인 수업에서 아이들 작품

평소 지선이는 내성적이고 소극적이다. 목소리도 작고 손을 들고 발표한 적이 드문 학생이었다. 하지만 온라인 수업에서는 달랐다. 비록 마이크를 켜서 발표는 하지 않았지만 채팅창을 통해 활발하게 토의·토론에 참여하였다. 말보다는 글로 자신의 의견을 논리적으로 표현하곤 했다. 또 수업 시간에 산만했던 민철이는 스마트 기기를 활용하여 자료 조사를 곧잘 하였다. 편집하는 능력도 뛰어나 친구들에게 자신의 방법들을 잘 알려주었다.

이처럼 온라인 수업을 하면서 학생들의 다양하고 의외의 모습을 발견하였다. 한 걸음 떨어져 찬찬히 바라보니 느껴지는 보배들. 그리고 그들의 숨

겨진 가능성. 정말 어쩌다 한 온라인 수업으로 귀하고 소중한 학생들의 빛나는 모습들을 눈에 담을 수 있었다.

온라인 수업을 위한 지원: 집단지성

교육부의 갑작스러운 발표 이후 선생님들은 원격수업을 위한 분주함과 더불어 부담감을 지닌 채 수업을 준비해야만 했다. 학생들을 향한 지극한 마음으로, 학습권 보장이라는 대의명분으로, 온라인으로 진행되는 자발적인 연수 프로그램들은 우후죽순 생겨났고, 전국 단위 연구회에서는 웹상 세미나를 통해 각자 자신이 알고 있는 노하우들을 공유하기 시작했다.

나 또한 교사, 학생 모두 활용하기 쉬운 플랫폼은 무엇인지, 어떤 형태로 수업은 진행되어야 하는지를 고민하며 연수를 받기도 하였다. 또 내가 알고 있는 것들을 선생님들과 공유하기도 했다. e학습터 학급 개설 및 학생 임시 아이디 발급, 위두랑 학급 개설 방법, 마이크로소프트 팀즈 개설 방법 등을 밤새 영상으로 담아 활용 방법을 제작했다. 그리고 당시만 하더라도 낯설었던 ZOOM 프로그램을 수업에 활용할 수 있는 방법들을 안내하고, 더 나아가 실시간 라이브 방송을 통해 선생님들의 원격수업을 위한 궁금증과 해결 방법들을 함께 나누었다.

ZOOM을 활용하여 실시간 쌍방향 수업이 정착되어 갈 즈음 ZOOM 화상회의 솔루션[19]에 대한 보안 문제가 발생하였다. 실시간 수업 중 채팅방

19) 솔루션(solution)은 소프트웨어 패키지나 응용프로그램과 연계된 문제들을 처리해 주는 하드웨어나 소프트웨어를 의미한다(인터넷 두산백과).

이나 화면공유 등을 이용해 부적절한 영상을 배포하거나 수업을 방해하는 '줌폭격'이 일어난 것이다. 이를 걱정하는 우려의 목소리가 커졌다. 이를 위해 줌공격에 대한 예방법과 운용 방법을 다시 영상으로 담고 이를 공유했다.

"현명한 사람은 내일을 위해 오늘을 참으며 달걀을 모두 한 바구니 안에 집어넣는 모험을 하지 않는다."라는 세르반테스 소설 〈돈키호테〉의 말처럼 온라인 수업을 위해 하나의 솔루션만 사용하는 것은 위험하다는 판단이 들었다. 영상회의를 위한 솔루션의 장·단점을 분석한 결과 실시간 라이브 방송을 할 수 있고, 영상 편집 기능까지 있는 '프리즘 라이브 스튜디오'[20]를 알게 됐다. ZOOM 이외의 다른 프로그램을 사용하고 싶다거나 수업과 관련된 영상을 만들고자 하는 교사를 위해 '프리즘 라이브 스튜디오' 프로그램을 추천한다.

그리고 최근 개통한 'e학습터 화상수업 서비스'는 학년별, 교과별 콘텐츠 제공과 실시간으로 화상수업과 및 조회, 종례가 가능하기 때문에 온라인 수업뿐만 아니라 블렌디드 러닝을 시도하고자 하는 선생님들에게 도움이 될 거라 생각이 든다.

학교에서의 온라인 수업 경험을 바탕으로 진도에 근무하고 있는 몇몇 선생님들과 뜻을 같이 하여 관내 초·중·고등학교 원격수업의 어려움을 지원하여 돕기로 했다. '진도 온라인교육 에이드(Jindo On-lineEdu Aid)'라고 이름을 짓고 학교급별로 맞춤형 온라인 수업을 할 수 있는 플랫폼과 콘텐츠 활용 방법 등을 고민하고 다듬어서 관내 선생님들에게 안내했다. 여러 날

연구한 결과를 공유하고자 학교를 방문하였다. 하지만 면대 면 수업에 익숙한 선생님들에게는 온라인 수업은 양약고구[21](良藥苦口)와 같았다. 머리로는 이해가 되지만 가슴으로는 와닿지 않은 표정으로 온라인 수업에 대해 거부감과 난색을 드러냈다.

학교 내에 근무하는 선생님들도 마찬가지였다. 여러 경우의 수와 상황을 대비하여 온라인 수업을 준비했음에도 여전히 불안해했다. 이유는 실제 학생들과 수업을 하거나 적용한 사례를 본 적이 없었기 때문이다. 그래서 동료 선생님들과 온라인 수업의 불안감을 걷어내고, 그 의미를 찾기 위해 먼저 온라인 수업에 도전을 해보았다.

어쩌다~ 온라인 공개수업 첫날, 학생들의 건강 상태 파악에 이어 하브루타 질문 만들기, 가상현실 체험과 위두랑 과제 탑재까지. 디지털 교과서를 활용한 과학 수업을 온라인으로 진행해 보았다. 그전에 전문적 학습공동체 모임을 통해 선생님들과 공동의 온라인 수업 안을 작성해 보았다. 고민했던 수업 안을 토대로 절차와 방법들을 학생들과 함께 온라인으로 구현해 보았다. 이를 지켜본 선생님들은 차츰 온라인 수업에 대한 불안감을 걷어내기 시작하고 각자의 방법대로 온라인 수업을 대비하기 시작했다.

온라인 수업을 위한 선생님들과의 연대 과정 중 "용기가 있는 곳에 희망이 있다."라는 말을 떠올렸다. 비대면 수업 방침에 따라 현장의 교사들은 의도치 않게 온라인 수업에 직면하게 됐다. 아무도 가보지 않은 길. 교사라는 사명감만으로 앞으로 나가기엔 너무나 버거운 일이었다. 하지만 동료

---

20) 프리즘 라이브 스튜디오, http://prismlive.com/ko_kr/pcapp/.

21) 양약고구(良藥苦口)는 좋은 약은 입에 쓰다는 뜻으로, 충언은 귀에 거슬리나 자신에게 이로움을 이르는 말이다(국립국어원).

교사들, 관내 여러 선생님들이 뭉치니 길이 보이기 시작했다. 함께 고민하고 나누다 보니 더 나은 방법과 방향이 보였다. 각자 자신의 위치에서 최선을 다하는 보배샘들! 힘들지만 학생들을 위해 어려움을 감내하던 보배샘들! 서로 다독이고 격려하며 시너지 극대화를 위해 머리를 맞댄 보배샘들. 어쩌다, 온라인 수업은 보배샘들의 지극한 정성이 녹아난 결과였다.

어쩌다, 블렌디드 수업

블렌디드 수업이 뭐야?

이번 코로나19로 인해 물리적인 공간이 아니더라도 수업이 이루어질 수 있다는 가능성을 확인했다. 각 지역별로 온라인 수업을 전면 시행하거나 일부는 등교수업으로 전환하는 등 학교 상황에 따라 다른 형태를 취했다. 우리 학교는 원격수업 시범 선도학교답게 학년별 특성에 따라 원격수업을 유형별로 진행했다. 하지만 전교생이 30명 미만의 농어촌 작은 학교이다 보니 차츰 전교생 등교수업 형태로 전환됐다.

블렌디드 러닝을 준비해야 할 때이다. 지금은 등교수업을 하고 있지만 언제든 비대면 상황이 오지 않겠는가? 코로나19가 장기화되면서 '포스트 코로나'가 아닌 '위드(With) 코로나' 시대로 가고 있다. 한 치 앞을 예측할 수 없는 현재, 온라인 수업의 초기 혼란을 반복하지 않으려면 교수·학습 활동이 원만하게 이루어질 수 있는 상시학습체제를 갖추어야 한다. 실제로 격일 또는 격주로 온·오프라인 수업을 병행하는 학교는 온라인과 오프라인 수업을 일원화하지 않고는 정상적인 교육과정을 이어가기 어렵다. 또한 학습의 시·공간 확장이라는 온라인 수업의 긍정적 요소와 활발한 모둠 활동 및 정서적 소통이라는 오프라인 수업의 장점을 결합하여 구현하려는 노력이 필요하다. 특히 농어촌 지역에 위치하여 도심 학교에 비해 교육 기회가 열악한 우리 학교와 같은 학생들에게는 양질의 교육 콘텐츠를 제공하기 위해서라도 블렌디드 러닝은 필요하다.

블렌디드 러닝(Blended Learning, 혼합형 학습)은 두 가지 이상의 학습 방법을 결합하여 이루어지는 혼합형 수업으로 통상적으로 온라인 학습과 오프라인 학습이 혼합된 학습 형태를 의미한다(이대현, 2020). 블렌디드 수업은 다양한 웹 기술 간의 결합, 웹 기반 학습과 오프라인 학습의 결합, 다양한 교육학적 접근 방법론 간의 결합 등으로 볼 수 있다. 블렌디드 수업은 단지 매체나 학습 방법을 혼합하는 것이 아니라 학습자 개개인의 요구에 맞는 맞춤식 학습을 통해 학생들의 경험을 이끄는 실질적인 기회를 제공할 수 있어야 한다(남정권, 2011).

블렌디드 러닝의 유형에는 로테이션 모델, 플렉스 모델, 알라카르트 모델, 가상 학습 강화 모델이 있다(iNACOL 보고서, 2008-2015). 이처럼 블렌디드 수업 유형은 다양하게 존재하며, 수업의 효과를 높이기 위해서 수업의 목적에 부합하는 교수·학습 자료가 선행되어야 한다.

●블렌디드 러닝의 유형[22]

■ 로테이션 모델(Rotation Model, 순환 모델)

로테이션 모델은 고정된 스케줄 또는 교사의 재량에 따라 학생들이 주어진 코스 또는 과목 내에서 소규모 모둠 활동, 온라인 학습 등과 같은 다양한 학습 방법들을 순회하는 학습 모델로 최소 1회 이상의 온라인 학습을 포함한다. 대표적인 모델로는 동일한 공간 내에서 순환하는 '스테이션 순환(Station Rotation)', 온라인 학습을 위하여 컴퓨터실로 이동하는 '컴퓨터실 순환(Lap Rotation)', 학습을 온라인에서 진행하고 직접 대면 수업 및 교사의 지도가 요구되는 실습, 프로젝트는 학교에서 진행하는 '거꾸로 학습(flipped classroom)'등이다.

■ 플렉스 모델(Flex Model)

플렉스 모델은 학생들이 학교생활을 하긴 하지만, 대부분의 시간을 온라인 학습에 할애하는 학습 모델로 우리나라의 경우 방송통신고등학교처럼 출석 수업은 보통 한 달에 2번, 격주 주말(토요일, 일요일)에 실시하고, 나머지는 온라인 강의로 대처하는 경우이다.

■ 알라카르트 모델(A la Carte Model, 선택식 모델)

알라카르트 모델은 학생들이 학교나 학습센터에서 이뤄지는 일반적인 대면 수업에 참여하면서도, 그들이 개인적으로 선택한 온라인 코스들을 통해 학습을 보충하는 방식이다. 대면 수업이 포함되어 있으므로 풀타임(full-time) 온라인 학습과는 다른 개념이다.

■ 가상 학습 강화 모델(Enriched Virtual Model)

가상 학습 강화 모델은 학생들이 대면 환경에서 어느 정도 시간을 보내고 현장이나 집에서 개별적으로 학습을 완료하는 모델이다. 이 모델은 (종종 위험에 처한) 학생들이 풀타임(full-time) 온라인 학교로 시작한 후 학생들에게 대면 수업을 받을 수 있도록 하기 위해 혼합 프로그램으로 개발하였다.

---

22) iNACOL (2015) 선행연구를 재정리함.

블렌디드 수업을 위한 에듀테크

블렌디드 수업을 설계하기 위해서는 빠질 수 없는 부분이 에듀테크다. 교육과 기술의 만남인 에듀테크(EduTech)는 이 시대의 트렌드로 작용하여 교육 현장에 급속히 확산되고 있다.

에듀테크는 기존의 교육 현장에서의 한계를 극복하고 문제점을 해결하기 위해 등장했다. 변화하는 교육 환경 속에서 학습자들에게 맞춤형 교육을 제공할 수 있는 다양한 교육 콘텐츠가 필요하게 되었고, 이를 실현하기 위해 여러 가지 기술들을 교육에 접목하기 시작한 것이다(김예슬, 2016).

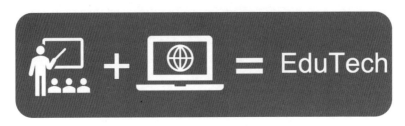

에듀테크

에듀테크는 단순히 전통적인 교실 환경을 온라인 환경으로 바꾼 것을 뛰어넘는다. 에듀테크는 학습자 맥락을 고려하여 교육 효과에 초점을 맞추며 학습 방식의 변화를 가져올 수 있다(남선우, 2020). 특히 학습자가 자기주도적으로 문제를 해결하고 체험할 수 있는 학습 수단으로서 가치가 있는 것이다.

하지만 에듀테크는 모든 교육에 능사는 아니다. 어떤 목적에서 어떻게 활용하느냐에 따른 양면성을 지니고 있기 때문이다. 에듀테크는 교사 중심 체제의 보조 수단이 될 수도, 학습자 중심 체제의 필수적인 방법이 될 수도 있다. 따라서 에듀테크를 활용한 콘텐츠와 플랫폼 도입 과정에서부터 교육적 효과는 무엇일지, 교육과정에 어떻게 접목할 수 있을지, 피드백은 가능할지를 충분히 고민해야 한다. 현재 사용할 수 있는 콘텐츠와 프로그램, 앱은 갈수록 방대해지고 있다. 내가 필요로 하는 것을 찾는 것조차 점차 어려워지고 있다.

그래서 「2020. 전라남도교육연수원 미래교육 현장 강사 온라인팀(서부권)」 선생님들이 모여 블렌디드 러닝을 위한 다양한 콘텐츠와 플랫폼, 앱의 활용 가능성을 고민했다.

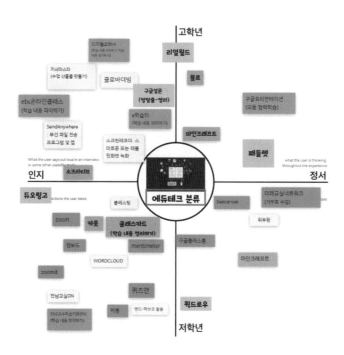

블렌디드 수업을 위한 에듀테크

에듀테크의 장점을 살리면서도 수업의 방향을 잃지 않기 위해선 구체적인 수업 디자인이 필요했다. 수업에 에듀테크를 활용했던 경험을 바탕으로 각각의 특징과 활용 방법을 분석하였고, 실제 현장 적용 가능성도 검토했다. 그리고 이를 적합한 학년 발달 수준과 강조하는 학습 영역으로 나누어 정선했다. 인지 영역은 주로 개념학습에 활용 가능한 툴을, 정서 영역은 협업, 존중, 배려 등이 강조된 학습에서 활용 가능한 툴로 나누어 검토했다.

● 디지털 교과서

■ 소개

학생들이 언제 어디서든 학습할 수 있도록 도움을 줄 수 있는 미래형 교과서로 기존 서책형 교과서의 내용은 물론 참고서, 문제집, 학습사전, 공책을 포함하고 검색·내비게이션 등의 부가·편의 기능, 그리고 애니메이션·3D 등 멀티미디어 학습 기능을 구비하여 학습 효과성과 편리성을 극대화한 디지털 학습교재(한국 교육학술정보원, 2016)

■ 유형

디지털 교과서

특징	수업 활용
· 용어 사전, 멀티미디어 자료, 평가문항, 보충심화 학습자료 등의 풍부한 학습자료가 제공됨 · 위두랑 및 에듀넷 등 외부 정보 검색 서비스와 연계할 수 있음 · 3~6학년 대상으로 사회, 과학, 영어 교과서가 개발됨 · 스마트 기기 및 PC에서 활용할 수 있음 · AR, VR, 360영상 등의 실감형 콘텐츠를 활용할 수 있음	· 자기 주도적인 사회, 과학, 영어 학습이 가능함 · 에듀넷 등의 검색 활동을 통하여 조사 학습 가능함 · 시작 퀴즈나 마무리 퀴즈를 통하여 진단평가 및 형성 평가 가능함 · 실감형 콘텐츠를 활용하여 곤충 관찰하기, 옛날의 통신수단 체험하기, 독도 견학하기 등을 실감 나게 할 수 있음

● e학습터

■ 소개

2015 개정 교육과정 중심의 국어, 사회, 수학, 과학, 영어에 대하여 다양한 학습자료와 평가 문항을 제공

■ 유형

교육용 플랫폼

특징	수업 활용
· 초등학교 1학년~중학교 3학년까지 온라인 학습, 평가 자료 제공 · 학생들의 학습 진도율, 학습 기간 확인 가능 · 수업 출석 체크, 개별화된 피드백 제공 가능	· 수업 전 사전 영상 자료 학습 후 활동 중심 수업 가능 · 온라인 수업 시 LMS로 운영 가능 · 수업 활동 정리 단계에서 자료로 활용 · e학습터 제공 문항 또는 교사의 출제 문항으로 평가지 제작 및 평가(선다형 문제) 실시

● 듀오링고

■ 소개

무료 영어 학습 프로그램

■ 유형

게이미피케이션 기반 영어 학습 프로그램

특징	수업 활용
· 개인별 수준에 맞는 영어학습 · 스쿨 듀오링고를 통해 교실 관리 가능 · 게이미피케이션 요소로 학생들의 몰입감 향상 · 반복 드릴 학습으로 언어 학습에 유리	· 학급 학생들과 영어 학습교실 운영 · 영어 수업 이후 과제 제시

● 위두랑

■ 소개

온라인 개학의 주 플랫폼으로 떠오르고 있으며, 교사가 학급을 개설하여 학생들과 자료 공유, 과제, 토론 등을 진행할 수 있는 교육용 커뮤니티 서비스(출처 : 나무위키)

■ 유형

교육용 커뮤니티

특징	수업 활용
· KERIS에서 개발하여, e학습터, 디지털 교과서, 에듀넷-티클리어의 아이디를 공유하여 학생들이 가입하기 편리함 · 다양한 정보 탐색 및 분석 활동이 가능하며 클래스 모둠을 활용한 문제해결학습 등이 가능 · 상호 토의·토론 활동, 의사소통 활동 등 자료의 탑재와 상호 피드백, 학급 간 교류, 모둠 활동	· 과제방 기능을 활용하여 온라인으로 과제를 제시하고 학생들이 과제를 해결하고 그 결과를 탑재하여 피드백 및 상호평가가 가능함 · 포트폴리오 기능을 활용하여 학생들이 제출한 과제를 포트폴리오로 정리하여 과정 중심 평가로 활용할 수 있음 · 설문 기능을 활용하여 형성평가 및 의견 모으기 활동 가능

● 구글 클래스룸

■ 소개

온라인 개학의 주 플랫폼으로 떠오르고 있으며, 교사가 학급을 개설하여 학생들과 자료 공유, 과제, 토론 등을 진행할 수 있는 교육용 커뮤니티 서비스(출처 : 나무위키)

■ 유형

교육용 커뮤니티

특징	수업 활용
· 클래스룸은 G Suite for Education 과의 간단한 설정 및 통합을 통해 반복적인 업무를 간소화하고 교사가 본업인 가르치는 일에 집중하도록 도와줌 · 교사와 학생은 클래스룸을 사용하여 모든 컴퓨터 또는 휴대기기에서 로그인하여 수업 과제, 강의 자료, 의견에 액세스할 수 있음	· 교육자는 클래스룸을 사용해 수업을 만들고 과제를 배포하며 채점하고 피드백을 보내며 모든 필요한 사항을 한곳에서 확인할 수 있음 · 포트폴리오 기능을 활용하여 학생들이 제출한 과제를 포트폴리오로 정리하여 과정 중심 평가로 활용할 수 있음 · 설문 기능을 활용하여 형성평가 및 의견 모으기 활동 가능

● 클래스팅

■ 소개

온라인 공간에서 수업 자료·사진·영상을 공유하고 학생, 학부모와 소통할 수 있는 플랫폼

■ 유형

의사소통 및 상호작용

특징	수업 활용
· 알림장, 가정통신문, 급식, 사진, 영상 등 공유 · 인공지능 기술로 학습 성취도 분석, 맞춤형 교육 콘텐츠 추천 · 선생님 업무용 안심번호 무료 발급	· 학습 결과물 공유 및 학생 간 상호평가 · 학습 과제 제시 · 비밀상담방 운영을 통한 학생 상담 · 학급 교류를 통한 타 학급과 학습 내용 공유

● 구글 프레젠테이션 프로그램

■ 소개

프레젠테이션을 만들어 서식을 지정하고 다른 사용자와 함께 작업할 수 있는 온라인 프레젠테이션 앱

■ 유형

협업 생산성 도구

특징	수업 활용
· 자동 저장 기능 · 무료 템플릿 사용 가능 · 공유 기능 · PPTX파일로 변환해서 저장하여 파워포인트에서 활용 가능 · 모바일에서 수정하기 가능	· 원격 수업이나 등교수업 구분 없이 온라인 환경이면 모둠별로 같은 주제의 산출물을 협업을 통해서 만들어 낼 수 있음 · 완성된 자료를 모니터를 통해서 발표할 수 있음

● beecanvas 프로그램

■ 유형

협력 수업

특징	수업 활용
· 무제한 인원 참가 가능 · 1개의 워크스페이스 당 최대 7개의 캔버스 사용 가능 · 10GB의 저장 공간 · 다양한 앱들과의 연동 가능 · 비회원 참여 가능	· 수정 및 보완이 자유롭지만, 그에 대한 사전 교육이 필요(실수로 삭제할 경우 복구 불가능) · 실시간 협업이 가능하고 화상을 통한 실시간 회의 가능 · 캔버스 유형에 따라 다양한 수업 활용이 가능 예1) 빈 캔버스를 활용하여 문제 상황에 대한 다양한 해결 방법을 포스트잇 기능을 통해 의견을 모으고 분류할 수 있음 예2) 공감지도를 활용하여 사건에 대한 다양한 생각을 공유하고 코멘트를 달아봄으로써 실시간 토의·토론이 가능하고 PDF 공유를 통해 과정 중심 평가 및 포트폴리오 작성이 편리함

● Padlet 프로그램

■ 유형

협력 수업

특징	수업 활용
· 무제한 인원 참가 가능 · 패들렛 3개까지 생성 가능 · 업로드 시 10M 용량 제한 · 다양한 앱들과의 연동 가능 · 비회원 참여 가능	· 수정 및 보완이 자유롭지만, 그에 대한 사전 교육이 필요(실수로 삭제할 경우 복구 불가능) · 패들렛 유형에 따라 다양한 수업 활용이 가능 예 1) 담벼락을 활용하여 다양한 선택지에 대한 설문조사 및 학생들 간의 실시간 상호평가 가능 예 2) 타임라인을 활용하여 주제와 시간에 따른 연표 작성 및 행사 또는 공연에 대한 전체적인 흐름을 파악하고 역할을 나누며 함께 상호작용하는 활동 가능 예 3) 지도를 활용하여 여행계획을 세우거나, 의미 있는 장소를 선택하여 정리 가능

● 카훗

■ 소개

퀴즈를 통해 지식을 검토하고 평가하는 게임 기반 학습 플랫폼

■ 유형

퀴즈 프로그램

앱	특징	수업 활용
Kahoot!	· 교사가 원하는 문제를 자유롭게 편집 및 공유 · 동시에 다수가 접속하여 동일한 문제를 해결하거나 과제로 제시하는 퀴즈게임 형태 · 학생들은 Pin 번호로 손쉬운 접속 · 화면을 통해 제시되는 문제와 스마트 기기로 답변을 체크 · 경쟁 요소와 시간별 점수로 몰입감 제공 및 집중력 향상	· Teacher 모드(실시간 동시 퀴즈)를 통한 동기유발, 전시 학습 상기, 수업 중 평가가 가능 · Assign 모드(학생 개인이 자신이 가능한 시간에 접속하여 퀴즈 해결)를 통해 과제 제시, 복습, 개별 학생 학습 상태 파악 · 평가: 퀴즈별 리포트를 통해 학습 상황 확인, 도움이 필요한 친구(개별 문제 확인 가능) 등을 확인하고 피드백 제공

● Socrative

■ 유형

동기 유발 및 평가, 실시간 설문조사

특징	수업 활용
· 한 번에 50명까지 참여 가능 · 핸드폰, 태블릿, pc 등 모든 기기에서 사용이 가능 · 퀴즈에 사진 추가 가능 · 퀴즈 결과를 개인별 포트폴리오 형식으로 저장이 가능 · 비회원 참여 가능(룸 코드 공유)	· 누구나 쉽게 퀴즈를 만들고 서로 공유할 수 있으며, 실시간 설문조사 및 평가가 가능 · 학생들의 활동이 실시간으로 체크가 가능하고 개별적이고 즉시적인 피드백이 가능 · 퀴즈 유형에 따라 다양한 상황에서 적용이 가능하고 모둠별 경쟁 활동도 가능 예 1) 다양한 퀴즈를 활용하여 실시간 평가와 피드백이 가능 예 2) 스페이스 레이스를 활용하여 개인뿐 아니라 모둠별 경쟁 활동이 가능 예 3) 리포트 기능을 활용하여 전체 결과를 엑셀파일로 저장할 수 있고, 개별 PDF로도 관리 가능

● 멘티미터 프로그램

■ 소개
설문조사 참여 및 의사소통을 통한 참여자들의 실시간 반응 확인과 상호작용을 도와주는 앱

■ 유형
실시간 의견조사 및 의사소통

특징	수업 활용
· 별도의 앱을 설치하지 않고 브라우저를 통해 접속하여 참여 가능 · 다양한 설문조사 가능 · 막대그래프, 원그래프, 워드 클라우드 등 다양한 유형으로 실시간 반응 확인 가능 · 무료 버전의 경우 퀴즈는 5문제만 출제 가능	· 워드 클라우드를 통해 배경지식 활성화 및 사전 지식 확인 · 멘티미터를 통해 학급 철학과 비전 세우기 · 수학 교과 내 막대그래프 자료 조사 및 설문은 통한 막대, 원그래프 만들기 · 수업 시간 중 퀴즈를 통해 학습목표 도달도 확인 가능

● 샌드애니웨어 프로그램

■ 소개
파일 전송 프로그램으로 모바일, PC 어떤 플랫폼에서도 간편하게 파일 전송 가능

■ 유형
파일 전송

특징	수업 활용
· USB나 케이블 없이도 파일 전송 가능 · 1:1 실시간 파일 전송 · 파일을 바로 전송하기 어렵거나 한 번에 여러 명에게 공유할 때, 링크로 공유 가능	· 태블릿이나 모바일 기기가 있는 학생들에게 사진이나 파일 등을 전송할 경우 · 모바일이나 PC를 이용한 학습 결과물을 수합할 때 무선으로 데이터를 전송하거나 받을 수 있음

온라인과 오프라인 수업을 하다 보면 교사가 직접 수업 콘텐츠를 제작할 경우가 생긴다. 영상 제작을 위해 전문 카메라 장비와 마이크, 조명 등 여러 장치가 필요하다. 교사에게 교육용 영상 콘텐츠 제작은 비용과 기술

적인 면에서 진입 장벽이 높다. 또한 저작권과 관련하여 두려움과 막연함이 교차하여 영상 제작은 엄두가 나지 않은 것이 사실이다. 교육 영상 콘텐츠 제작에 관심 있는 교사를 위한 유용한 사이트를 안내한다.

영상 콘텐츠 제작을 위한 무료 공유 사이트

■ 음원 사이트
- 유튜브 오디오 라이브러리: https://www.youtube.com/audiolibrary/music?nv=1
- 자멘도: https://www.jamendo.com
- 프리뮤직아카이브: https://freemusicarchive.org/static
- 프리사운드: http://freesound.org

■ 음원+이미지 사이트
- 공유마당(이미지, 영상, 폰트 등): https://gongu.copyright.or.kr
- 씨씨믹스터: http://ccmixter.org

■ 이미지 사이트
- 픽사베이: https://pixabay.com/ko/
- 망고보드: https://www.mangoboard.net/
- 미리캔버스: https://www.miricanvas.com/
- 스필릿샤이어: https://www.splitshire.com
- 플리커: https://www.flickr.com

■ 무료 폰트 사이트
- 눈누: https://noonnu.cc

■ 무료 영상 소트 사이트
- 다양한 인트로 영상: https://www.velosofy.com
- 사물이나 풍경 영상: https://www.videezy.com
- 영상+음악+효과음: https://www.videvo.net/

블렌디드 러닝은 학습이 구현되는 양상이나 순서(온라인, 오프라인 수업)의 비중이 다르기 때문에 그 실행 모습은 매우 다양하다. 특히 우리나라는 이미 블렌디드 러닝의 한 형태인 플립 러닝(Flipped Learning)이 현장에 적용되고 있다. 블렌디드 수업에서 기대하는 교육적 효과를 얻기 위해서는 서로 다른 교수·학습 환경을 유기적으로 연결하는 데 많은 고민이 필요하다. 온라인과 오프라인의 장점을 최적화하는 학습 활동을 구성해야 하며, 교수·학습 과정에서는 학생과 학생, 학생과 교사가 적극적으로 소통하고 적절한 피드백도 제공해야 한다. 또한 온라인 공간에서 확보한 학습 활동 기록을 근거로 학생을 진단하고 모니터링하는 교사의 역할도 필요하다(홍선주 외, 2019).

맨델 크레이튼은 '교육의 진정한 목적 중의 하나는 부단히 문제를 제기할 수 있는 환경 속에 인간을 두는 것이다'라고 말했다. 나 역시 코로나19가 가져다준 변화 속에서 길을 잃지 않기 위해 부단히 애썼다. '학습 목표 도달을 위해 어떻게 해야 할까?', '더 나은 방법은 없을까?' 고민하다 보니 늘 비슷하거나 반복되던 수업이 눈에 띄게 달라져 갔다. 수동적이던 학생들이 적극적으로 참여하는 수업으로, 질문이 살아있는 수업으로, 학생들 스스로 찾아가는 수업으로, 수업의 스펙트럼이 더 다양해져갔다. 어느 정도 안정화된 지금, 학생들 가는 길에 동행하며 나를 되돌아본다.

'미래 디지털 시민으로 살아갈 학생들에게 무엇이 필요할까?'
'그렇다면 나는 무엇을 준비해야 하는가?'
'지금, 나는 무엇을 할 수 있는가?'

어쩌다, 에듀테크가 결합된 블렌디드 수업을 하면서 나와 학생들의 수업에 대한 고민이 시작됐다.

어쩌다, 소프트웨어 & AI 교육

소프트웨어 수업을 시작하며

> 교육은 그대의 머릿속에 씨앗을 심어주는 것이 아니라,
> 그대의 씨앗들이 자라나게 해준다.
>
> – 칼린 지브란

실험을 앞둔 과학 시간, 학생들이 좋아하는 코코아 가루를 투명 컵에 담아 찬물에 타며 물었다.

"물에 용해되지 않은 코코아 가루를 어떻게 녹일 수 있을까?"

학생들은 자신의 경험을 자신 있게 늘어놓으며 여러 방법을 이야기했다. 학습 흥미를 끄는 데 성공이다.

"그럼, 물을 더 붓지 않고 어떻게 하면 컵 바닥에 남은 코코아 가루를 용해시킬 수

있을까요?"

자연스럽게 학습 문제가 정해졌다. 실험에서 알고자 하는 것, 다르게 해야 할 조건과 같게 할 조건, 그리고 실험에 필요한 준비물도 함께 알아보았다. 그런 후 실험 계획을 세우도록 안내했다. 그런데 이상하게도 무거운 침묵만 흘렀다. 좀 전에 자신 있게 자신의 경험담을 늘어놓았던 학생들의 모습은 사라지고 없었다. 다시 실험 과정을 설명했다.

"선생님, 어떻게 해요? 그다음은요?"

잠시 고민에 빠졌다. 그래도 수업은 계속된다. 실험이 끝나고 나서 학생들에게 "이 시간에 무엇을 배웠나요?" 묻자 학습 문제와 관련 없는 이야기들뿐이었다.

학생들은 교사의 안내에 따라 순서대로 잘 따라 했다. 하지만 내가 무엇을 하고 있는지, 모르는 것은 무엇인지, 알기 위해서는 무엇을 해야 하는지 생각조차 하지 않은 것 같았다. 아니, 그동안 생각하는 연습조차 하지 못한 것 같다.

자신이 할 수 있는 것과 할 수 없는 것, 생각에 대한 생각, 자신의 학습을 들여다보는 것. 모두 메타 인지(Metacognition)로 불린다. 이러한 메타 인지는 학습에 있어서 정보를 체계적으로 정교화하여 새로운 정보를 자신이 알고 있는 정보와 연결 짓기 때문에 학습에서 매우 중요하다.

소프트웨어 교육(Software Education)은 사회의 변화에 따라 국가·사회적 요구가 강하게 반영되어 2015 개정 교육과정에 도입되었다. 소프트웨어 교육은 컴퓨터를 이용하여 생활 주변의 문제를 체계적이면서도 논리적으로 해결하는 방법을 배우는 것으로(김형숙, 2015) 기존에 편성되어 있던 한글, 엑셀 등 다양한 응용프로그램을 활용하거나 사용하는 방법을 가르치는 ICT(Information and Communication Technology) 교육과는 다소 차이가 있다. 소프트웨어 교육은 학습자가 실제 생활 속에서 일어나는 문제를 해결하기 위해 컴퓨터를 기반으로 자료를 수집, 분석, 해결하는 과정을 찾을 수 있도록 컴퓨팅 사고력 함양에 초점을 두고 있다(이소율, 2020).

학생들에게 지식을 그대로 전해주는 것이 아니라 학생들이 가진 각각의 생각 씨앗들이 각자의 속도와 방향에 따라 싹 틔워가길 바랐다. 실생활과 관련된 문제를 이해하고 이를 해결하는 과정 속에서 학습하는 방법을 학습하며 말이다. 그렇게 어쩌다, 소프트웨어 교육은 시작되었다.

컴퓨터, 스마트폰, 3D프린터 등 IT 기기의 발달과 더불어 온라인 통신 수단과 애플리케이션의 발전은 소프트웨어의 중요성을 인식하게 만들었다. 이를 바탕으로 2015년 9월 교육부는 문이과 통합 교육과정을 발표하며 소프트웨어 관련 교육 내용을 신설하였다. 2015 개정 교육과정에서의 소프트웨어 교육은 미래 시대에 필요한 논리적 사고력과 창의력 향상을 위해 컴퓨터를 이용해 문제해결능력을 기르고자 한다. 초등학교는 '실과'에서 실시하던 ICT 교육을 소프트웨어 교육으로 개편하였으며, 5~6학년군에서 17시간 이상 실시하게 되었다.

하지만 5~6학년 군 소프트웨어 교육을 하면서 1~2학년에서부터 체계적인 교육 연계가 필요함을 느꼈다. 특히 저학년에서는 문제 해결을 위한 다양한 가능성을 찾아가는 방법을 위해 다양한 신체 놀이를 중심으로 학습

할 필요가 있다. 또한 창의적 체험활동을 통한 기초적인 컴퓨터 응용프로그램 기능 습득, 다른 교과와 연계한 미디어 리터러시 교육은 반드시 필요하리라 본다. 그렇기 때문에 올해 소프트웨어 교육을 위한 학년별 교육과정을 다음과 같이 설계했다.

소프트웨어 교육을 위한 학년별 연간 수업시수 배정

학년 군	관련교과	1학기	2학기	계
1, 2학년	슬생	4	4	8
	창체(스마트)	8	8	16
3, 4학년	미술	4	4	8
	창체(스마트)	10	10	20
5, 6학년	실과	4	4	8
	창체(스마트)	8	8	16

학년 군 별 소프트웨어 교육 교육과정 운영 계획

학년 군	관련교과	1학기	2학기
1, 2학년	슬생	스마트기기 작동	한컴타자, 오조봇
	창체	알고리즘 놀이	핑퐁 로봇
3, 4학년	미술	파워포인트로 그림 그리기	태블릿으로 비주얼씽킹 표현
	창체	알고리즘 놀이, 핑퐁 로봇, 코딩 드론	알고리즘 놀이, 핑퐁로봇, 코딩 드론
5, 6학년	실과	3D프린트	3D프린트
	창체	언플러드그 활동, 코딩드론, 핑퐁 로봇	알고리즘 놀이, 레고스파이크 프라임

인문학적 상상력을 위한 교과 연계 SW교육

　2015 개정 교육과정은 새로운 지식을 창조하고 다양한 지식을 융합하여 새로운 가치를 창출하는 창의·융합형 인재 양성에 목적을 두고 있다. 이를 위해서는 자신과 타인, 그리고 자신을 둘러싼 사회와 문화를 이해하고, 비판적 사고 및 판단 능력을 통해 사회의 문제 해결에 참여하는 것이 필요하다. 이는 인문학적 소양, 즉 세상을 보는 안목과 인간을 이해하는 능력이라 말할 수 있다(교육부, 2015). 또한 2015 개정 교육과정의 '한 학기 한 권' 읽기와도 맥을 같이한다. '한 학기 한 권'읽기는 한 권의 책을 온전히 읽고 자신의 생각을 친구들과 나누며 삶으로 이어지는 의미 있는 학습 경험을 강조한다. 이것이 '인문학적 소양'을 키우는 첫 단계라고 할 수 있다. 이러한 독서와 연계한 책 읽기 활동을 소프트웨어 교육에 접목해 보았다. 이는 독서교육, STEAM 교육, 소트트웨어 교육을 포괄하는 수업 방법으로 NE(Novel Engineering)라고도 불린다(강방용 외, 2018). 한 권의 책을 읽고 책 속의 주인공이 되어 '나라면 어떻게 했을까?', '만약 사건이 달리 전개되었으면 이야기는 어떤 결말이 될까?' 하는 다양한 상상력을 발휘하고 이를 소프트웨어 코딩 언어로 표현해 보았다.

● 도서명: 양파의 왕따 일기[23)

- 토론 주제: 진정한 '우정'이란?

- 문제 인식: 미희가 친구들을 따돌리는 행동은 옳은가?

- 해결책 찾기: 미희가 용기를 내서 자신의 잘못을 인정하고 이를 편지로 쓴다.

※ (활동 단계)
① 책 읽기 → ② 문제 인식 → ③ 해결책 찾기 → ④ 코딩하기 → ⑤ 발표하기 →
⑥ 피드백 → ⑦ 이야기의 재구성

[해결책 제시]   [코딩하기]   [이야기 재구성]

진정한 우정

NE작품

핑퐁 로봇과 SW와의 만남

소프트웨어 교육은 프로그램 언어를 익히는 기능 중심보다는 학생 스스로가 생활 속의 문제를 창의적으로 해결하는 데 중점을 두어야 한다. 교육용 로봇은 실행 과정을 쉽게 눈으로 확인할 수 있기 때문에 빠르게 자신의 사고를 구현할 수 있다. 또 오류를 발견하고 수정하는 과정을 통해

----

23) 문선이(2001), 『양파의 왕따 일기』, 파랑새 어린이.

학습자가 몰입하여 문제를 해결하며 컴퓨팅 사고력을 높일 수 있다. 이를 위해 '핑퐁 로봇'으로 소프트웨어 수업을 시도해 보았다. 핑퐁 로봇은 한 종류의 모듈(Cube)과 다양한 링크를 조립하여 여러 종류의 로봇을 쉽게 조립할 수 있으며, 장난감처럼 쉽게 조작할 수 있어서 학생 개개인의 코딩 응용 프로젝트로 활용이 가능하다. 핑퐁 큐브를 3개와 4개를 각각 결합하여 교육과정을 재구성한 코딩 수업을 적용해 보았다.

● **프로젝트 주제: 큰 힘과 섬세한 작업을 위한 로봇 팔 만들기**

■ 2015 개정 교육과정 성취기준

과목		성취기준
실과	[6실 04-10]	자료를 입력하고 필요한 처리를 수행한 후 결과를 출력하는 단순한 프로그램을 설계한다.
	[6실 05-01]	일과 직업의 의미와 중요성을 이해한다.

■ 학습문제

블록 코딩을 이해하고 '관절형 로봇 팔'을 만들 수 있다.

■ 활동 1 <앱 설치 및 그룹화하기>

- 앱 설치하기

Pingpong APP 실행

Pingpong APP - 메인화면

- 핑퐁 큐브 그룹화하기

❶ 그룹 할 핑퐁 큐브를 준비한다.　　　❷ 그룹마법사를 선택한다.

■ 활동 2 <로봇 팔 조립하기>

- 로봇 팔의 특징 알아보기

- 로봇 팔 조립하기

■ 활동3 <코딩 미션해결하기>

- 미션해결하기

 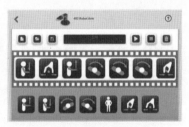

❶ 모션 메이커 아이콘을 1초 이상 눌러 선택한 뒤 + 버튼에 드래그한다.
❷ 추가된 아이콘을 터치하여 올리기, 내리기, 회전, 집기, 펼치기를 수정한다.
❸ 다양한 동작을 만들어보고, 버튼 ▶ 을 터치하여 모션을 실행한다.

● 프로젝트 주제: 한붓그리기 규칙을 찾아보고 코딩으로 재현하기

■ 2015 개정 교육과정 성취기준

과목		성취기준
수학	[6수 04-01]	한 양이 변할 때 다른 양이 그에 종속하여 변하는 대응 관계를 나타낸 표에서 규칙을 찾아 설명하고, □, △ 등을 사용하여 식으로 나타낼 수 있다.
미술	[6미 02-03]	다양한 자료를 활용하여 아이디어와 관련된 표현 내용을 구체화할 수 있다.
실과	[6실 04-09]	프로그래밍 도구를 사용하여 기초적인 프로그래밍 과정을 체험한다.

■ 학습문제

'드로잉 봇'으로 한붓그리기 미션을 해결해 보자

■ 활동 1 <조립하고 연결하기>

- 드로잉 봇 조립하기

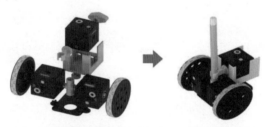

이때 펜은 바닥에 닿지 않을 정도로 내려준다.

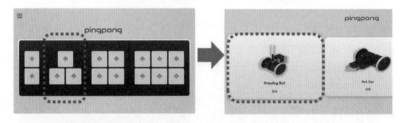

❶ 스마트 기기에서 PingPong 앱을 실행한다.
❷ 큐브 3개의 전원을 모두 켠다. (스마트 기기의 위치 정보를 활성화한 후 연결)
❸ 큐브 세 개의 그림을 선택한 후, Drawing Bot을 선택한다.

■ 활동 2 <도형그리기>

- 조이스틱을 이용해 도형 그리기

❶ PingPong App에서 조이스틱 아이콘　을 터치하여 드로잉 봇으로 그리기

- 모션 메이커를 이용하여 도형 그리기

■ 활동 3 <한붓그리기>

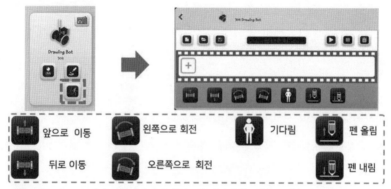

앞으로 이동	왼쪽으로 회전	기다림	펜 올림
뒤로 이동	오른쪽으로 회전		펜 내림

❶ PingPong App에서 모션 메이커 아이콘　을 터치하여 도형을 그려보기
❷ 모션 메이커 아이콘을 버튼에 드래그하여 추가한다.
❸ 추가된 아이콘을 터치하여 이동거리, 회전 각도, 기다림 시간을 수정한다.
❹ 다양한 동작을 만들어보고, 버튼　을 터치하여 모션을 실행한다.

- 미션해결하기

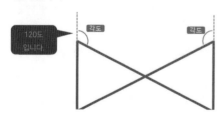

드론과 SW와의 만남

최근 드론 관련 분야가 유망 직업군으로 떠오르고 있으며, 드론에 대한 관심이 증가하고 있다. 하지만 교육용으로 활용할 수 있는 드론의 종류가 많지 않을뿐더러 이와 관련한 프로그래밍 또한 빈약한 실정이다. 성인을 위한 취미용 드론과 간단한 놀이용 드론은 많지만 교육용 드론은 많지 않다.

드론은 4차 산업 혁명에서 정보 기술과 융합하여 산업을 이끌 중요한 요소이다. 군사 및 정찰, 통신, 농업, 엔터테인먼트 영역에 이어 최근 코로나19로 방역 작업, 배송 등 그 활약이 눈에 띄게 활발해졌다. 또 드론은 프로그래밍과 관련성이 많아 함께 가르쳤을 때 그 교육적 효과가 높다(김웅곤, 2018).

'텔로 드론'은 학생들이 드론 조종을 위해 전체적인 블록 기반 명령어를 이해하고 조합이 가능하다. 이러한 드론을 SW 교육을 통해 문제를 분석하고 해결 방법으로 교육과정을 재구성하였다. 그리고 드론 코딩을 하며 컴퓨팅 사고 과정을 경험할 수 있도록 수업을 설계하고 적용해 보았다. 친구들과 의사소통을 하며 협업한 결과를 군집 비행으로도 표현해 보았다.

■ 텔로 드론 이란?

- 무게 80g, 13분 비행, 영상 촬영 가능

- 프로그램 가능: 스크래치, 파이썬, 텔로에듀, 블록드론스

- 드론 프로펠러 방향(CW : 시계방향으로 회전, CCW : 반시계 방향으로 회전)

서로 다른 방향으로 회전함으로써 서로 당기는 힘을 상쇄시키기 때문에 드론이 안정적인 자세로 호버링 할 수 있다.

- 드론 조정의 원리

스로틀(상·하) 조정 원리

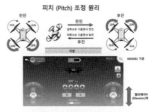

피치(전·후진) 조정 원리

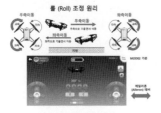

롤(좌·우) 조정 원리

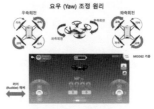

요우(좌·우측 회전) 조정 원리

■ 텔로 드론 코딩 명령하기

- TELLO EDU 앱

블록코딩

드론 스프라이트 작동

- Drone Blocks 앱

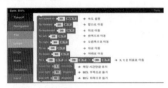
블록코딩

블록 코딩 결합 및 비행 모습

- 노트북을 활용한 스크래치 프로그램

- 스크래치 오프라인 에디터(https://scratch.mit.edu/download) 설치

- Node.JS 설치 : 스크래치 코딩 프로그램 명령을 실행할 때 텔로 드론이 명령을 받아 움직일 수 있도록 연결해 주는 프로그램 https://nodejs.org/ko/

- Tello JS와 스크래치용 텔로(Tello) 블록 추가 기능
  https://www.ryzerobotics.com/kr/tello-edu/downloads
  압축파일을 풀어주면 Scratch 폴더 안에 아래 파일들이 생성

- 스크래치로 텔로 드론 연결
  Tello.js 파일에서 마우스 오른쪽 버튼 연결프로그램으로 Node.js 실행파일을 연결(노트북과 텔로 드론의 통신 경로를 만듦)

- 스크래치 프로그램을 실행

- 키보드의 SHIFT 키를 누르면서 파일 메뉴를 누르면 'HTTP 확장자 불러오기'가 화면에 나타남

- Tello.s2e 파일을 찾아 불러오기

- 텔로 드론 스크래치 명령어

- 파이썬 활용 드론 코딩

- 파이썬 설치: https://www.python.org/downloads/
- tello.py 파일 download: https://www.ryzerobotics.com/kr/tello/downloads
  Tello SDK에서 tello.py 파일 다운로드
- 실행

  Tello 드론 전원을 켜고 노트북과 드론의 wi-fi 연결

  tello.py 파일 실행하기

| 커맨드 명령창 | 명령어 |

Command	Description
command	시작하기
takeoff	이룩하기
land	땅에 내려오기
up xx	xx cm 날아오르기 (20-500)
down xx	xx cm 내려오기 (20-500)
left xx	xx cm 왼쪽으로 이동 (20-500)
right xx	xx cm 오른쪽으로 이동 (20-500)
forward xx	xx cm 앞으로 가기 (20-500)
back xx	xx cm 뒤로 가기 (20-500)
cw xx	xx 각도로 시계방향 회전 (1-3600)
ccw xx	xx 각도로 반시계방향 회전 (1-3600)
flip x	빠르게 한바퀴 뒤집기 x (l, r, f, b, bl, rb, fl, fr)
speed xx	드론 속도 지정 xx cm/s (1-100)
speed?	현재 속도 알려줌
battery?	현재 배터리 남은 비율 알려줌

■ 텔로 드론 코딩 명령하기

시나리오 작성

- 실내 군무 비행을 위한 조별 시나리오 작성하기
- 각자 역할에 맞는 위치 선정 및 드론 센서 및 기능 특성 활용하기

구체화 과정

- 드론의 이동 경로 코딩하기
- 시나리오에 맞게 각각의 시간, 거리, 속도를 조종하여 이동 경로 설정하기

흐름 과정 정리

- 군무 비행을 통해 느꼈던 부분과 역할에 대해 논의해 보기

블록코딩   합동비행

합동 비행 시 알아야 할 Tell 드론의 특징

☞ 비행시간: 공식 스펙 13분이며, 약 10분 정도 비행이 가능함. 코딩 명령을 원활히 수행하기 위해서 최대 5분이 넘지 않도록 코딩한다.

☞ 이동거리: Wi-fi 수신거리는 50m 이상 가능하지만, 코딩 명령을 통해 군무 비행을 할 경우 이동거리가 5m가 넘지 않도록 한다.

☞ 바람의 영향: 기체가 가벼워(브러시 모터) 다른 기체의 바람에 영향을 받을 수 있으므로, 기체 간의 거리를 1m 이상 확보한다.

☞ 위치 선정: 군무 비행 시 기체 밑에 장애요소 및 다른 기체가 있으면 '비전 포지셔닝'센서에 의해 기체가 상승하며 기체가 움직일 때는 코딩 명령을 수행하지 않으므로 주의한다.

※ 비전 포지셔닝: 기체 하단부에 달린 센서와 카메라로 바닥의 이미지를 감지해서 안정적으로 제자리(Hovering)를 유지할 수 있는 기능

AI와 SW와의 만남

'시리야~', '오케이 구글~', '빅스비~'

최근 인공지능 기술을 자주 접하게 된다. 스마트폰을 이용해 길 찾기, 스케줄 관리, 쇼핑, 영상 제작에 이르기까지.. 인공지능 기술로 우리 사회는 빠르게 변하고 있다.

이를 반영하듯, 2020년 5월, 최첨단 에듀테크를 활용한 미래교육 체제로의 전환을 본격화한 「과학·수학·정보·융합 교육 종합 계획(20' ~ 24')」이 동시 발표되었다. 이번 종합 계획은 인공지능(AI)으로 대변되는 미래 지능정보사회의 발전을 선도하는 세계적 인재 양성을 목표로, 인공지능(AI), 가상·증강 현실(VR·AR)이 교육 현장에 본격적으로 도입될 예정이다. 인공지능(AI)을 활용한 '수학 학습 지원 시스템'과 기술을 적용한 '지능형 과학실', 가상·증강현실(VR, AR) 등 최첨단 에듀테크를 활용한 다감각적 수업 자료. 또

모든 학생이 정보·인공지능(AI)의 기본적인 역량을 기르고 소질과 적성을 키울 수 있도록, 정보·인공지능(AI)과 관련된 다양한 교과목을 개발하고 초등학교와 중학교의 교육 시간을 확대한다는 발표를 하였다.

그렇다면 인공지능이란 무엇일까? 인공지능(AI, Artificial Intelligence)은 인간의 지능적 행위를 흉내 낼 수 있게 하는 소프트웨어 시스템을 말한다. 예를 들면, 온라인에서 고객에게 개인 맞춤형 제품을 추진해 주는 서비스, 언어나 이미지를 인식하는 기술들이다. 이러한 인공지능(AI)의 혜택을 누리기 위해 필요한 지식과 기능을 배우고 인공지능과 함께 살아가기 위해 필요한 가치와 삶의 방식을 배우는 교육을 인공지능교육이라고 한다. 이러한 인공지능 교육은 3가지 유형으로 나뉜다. 첫째, AI의 개념을 이해하고 그 원리를 SW로 구현하여 문제 해결 역량을 기르는 교육, 둘째, 완성된 AI를 실생활의 문제 해결에 활용할 수 있도록 활용 능력을 기르는 교육, 셋째, AI 기술이 교육 도구로 활용될 수 있도록 교육과 AI가 결합한 교육이다(교육부 외, 2020).

그동안 정보교육은 SW 교육 중심으로 운영되었다. 2015 개정 교육과정에 따라 초등학교 및 중학교에서 정보교육을 필수화하여 2018년부터 단계적으로 적용하고 있으나, SW 교육뿐 아니라 ICT 전반의 교육이 체계적이고 연속적으로 구성되어야 한다. 특히 학교 내외 AI는 빈번하게 사용되고 있으나 AI에 대한 교육은 그리 많지 않다. 현재 학생들에게 변화된 사회를 체감하고 이를 활용할 수 있는 기초 소양과 AI를 대비하는 교육은 필요한 때이다. 특히 21세기에 자기주도적인 삶을 살아가기 위해서는 스스로 학습하여 판단하는 인공지능 교육 프로그램을 직접 경험해보는 것이 필요하다(김갑수 외, 2017).

인공지능 수업은 주로 소프트웨어(SW) 교육을 기반으로 이루어진다. 소프트웨어 교육에서의 컴퓨팅 사고력이 인공지능 교육에서 필요하기 때문이다. 이러한 인공지능 교육을 위한 3단계[24]는 '문제 발견하기-데이터 수집 및 분석하기-인공지능 학습하기'이다. 이러한 3단계를 토대로 우리 학교 학생들과 함께 인공지능 수업을 적용해 보았다. 비록 AI를 만들 수는 없지만, AI를 활용한 교육과 사회에 대비하기 위해 초보적인 수준이지만 학생들과 함께 해보았다.

인공지능 수업을 위한 첫 번째 프로젝트로 '인공지능 감정 인식 로봇'과 '인공지능 마스크 감지 로봇'을 진행해 보았다. 이는 인공지능(엔트리 인공지능)과 소프트웨어(엔트리 블록 코딩), 그리고 하드웨어(교육용 로봇)을 결합한 창의·융합형 프로젝트로 적용해 보았다.

'인공지능 마스크 감지 로봇'을 예로 들면 '문제 발견하기' 단계는 인공지능 기술이 우리 생활에서 활용되고 있는 다양한 사례를 알아보았다. 그리고 학생들이 최근 코로나19로 인해 '마스크를 계속 써서 불편하다', '학교에 등교하여 발열 체크하는 과정이 번거롭다.' 등과 같은 문제점을 공유하고, 프로젝트 주제를 '코로나19에 대응하기 위한 인공지능 마스크 감지 로봇'으로 정하였다.

'데이터 수집 및 분석하기' 단계는 인공지능 기술을 활용하여 문제를 해결할 수 있는 여러 데이터를 수집하였다. 평소 우리 학교 학생들의 마스크 착용 모습을 관찰하였다. 관찰한 결과를 토대로 호흡기(코)를 완전히 막은 경우를 제외하고 마스크 미착용으로 데이터 분석을 하였다. 이렇게 수집된 데이터를 이해하고 분석하는 것이 인공지능 학습을 위한 전 단계라고 할 수 있다.

'인공지능 학습하기' 단계에서는 엔트리의 '모델 학습하기/이미지'로 수집한 데이터를 토대로 이미지를 학습시켜주었다. 인공지능 학습한 결과는 핑퐁 로봇[25]을 하드웨어 연결하여 보았다. 연결한 로봇을 통해 마스크 착용 유무를 알려주도록 코딩을 해 보았다. 웹캠을 통해 데이터를 수집한 인공지능이 판단을 하고 이를 로봇으로 구현하는 프로젝트를 완성해 보았다.

● **인공지능 감정 인식 로봇 제작**

- 엔트리 인공지능으로 모델학습하기
- 엔트리 하드웨어 연결에 핑퐁(G1) 연결하여 블록 코딩하기

[모델학습하기]　　　　[코딩]　　　　[하드웨어 작동]

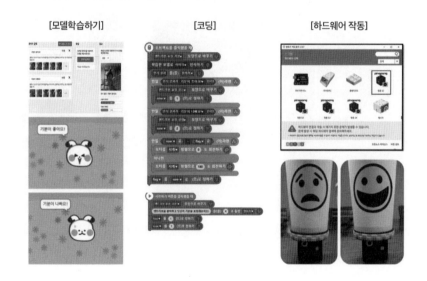

24) 교육부 외(2020), 『인공지능 교육 길라잡이』, 경성문화사.
25) 로보라이즌 홈페이지, https://www.roborisen.com/company/kids.php.

● 인공지능 마스크 감지 로봇 제작

- 엔트리 인공지능으로 모델학습하기
- 엔트리 하드웨어 연결에 핑퐁(G1) 연결하여 블록 코딩하기

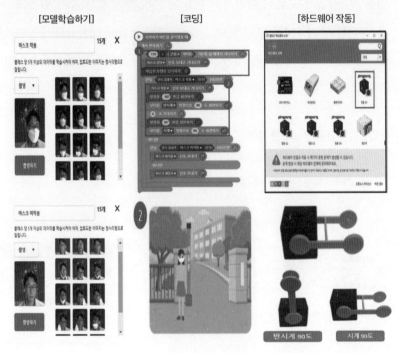

[모델학습하기]　　　　[코딩]　　　　[하드웨어 작동]

　엔트리에 인공지능 학습하기 이외에 학습하기 인식률이 높고, 다른 소프트웨어 프로그램과 연동이 가능한 '구글 티처블머신'을 이용할 수 있다. 티처블머신은 이미지, 음성, 영상과 관련하여 지도 학습[26]이 가능하기 때

---

26) 머신러닝에는 크게 지도 학습(Supervised Learning), 비지도 학습(Unsupervised Learning), 강화 학습(Reinforcement Learning)으로 나눌 수 있다. 지도 학습은 이름에서 알 수 있듯이 컴퓨터에게 정답(Lebel)이 무엇인지 알려주면서 컴퓨터를 학습하는 방법이다.

문에 소프트웨어 코딩과 결합하여 다양하고 창의적인 인공지능 수업이 가능하다. 아래 예시는 구글 티처블머신을 활용하여 이미지와 소리를 학습시킨 결과이다. 온라인 학습 시 학생들이 수업에 참여하는 자세와 주변의 소음을 판단하여 알려 줄 수 있도록 도와줄 수 있어서 교과와 연계된 다양한 프로젝트를 운영할 수 있을 것이다.

● **자세 학습하기(온라인 학습 태도 판단)**

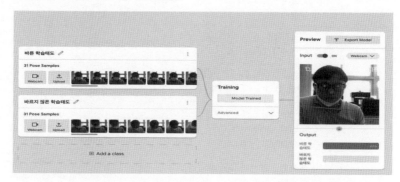

● **소리 학습하기(생활 속 소음 판단)**

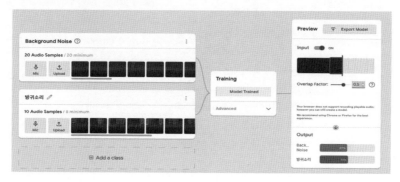

AI 교육의 필요성이 증대되고 있으나 국내 AI 교육 플랫폼 부재로 해외 플랫폼을 사용할 수밖에 없는 실정이다. 하지만 국내에서 자체 개발한 카미블록 AI[27]와 구글 티처블머신을 결합한다면 제한적이지만 다양한 인공지능 수업을 시도할 수 있다. 인공지능 수업을 시도하고자 하는 교사를 위해 아래 참조할 만한 사이트를 안내한다.

순	프로그램	설명	인공지능 웹 사이트
1	이솝	인공지능 및 소프트웨어 관련 콘텐츠 제공	http://www.ebssw.kr
2	엔트리	인공지능 기술 제공(이미지, 번역, 오디오 감지, 읽어주기)	http://playentry.org/
3	티처블머신	웹캠을 활용한 머신러닝(이미지, 음성, 자세)의 원리를 학습	http://teachablemachine.withgoogle.com
4	엠블록	교육용 소프트웨어로 개발된 다양한 분야를 그래픽과 프로그래밍 언어를 체험	http://www.mblock.cc/en-us
5	머신러닝 포키즈	초보자도 쉽게 따라 할 수 있는 인공지능 개발과정	http://machinelearningforkids.co.uk
6	깃허브	개발자들이 작성한 소스코드를 공유하는 프로젝트	http://github.com
7	코랩	머신러닝을 위한 주피터 노트북을 구글에서 무료로 제공하는 서비스	http://colab.research.google.com
8	모럴머신	인공지능 윤리에 대한 다양한 상황제시	http://moralmachine.mit.edu/hl/kr
9	코드	바다의 쓰레기를 분류하는 로봇을 통해 기계학습을 학습	code.org
10	구글 실험	AI와 같은 기술을 활용해 실험한 결과를 소개	http://experiments.withgoogle.com

27) 카미봇으로 배우는 인공지능(AI) 코딩, https://cafe.naver.com/kamibotai.

어설픈 교사, 어쩌다

바람이 어디에서 불어와 어디로 흘러가는지는 자연의 섭리이지 인간의 일이 아니다. 바람의 방향을 옮기거나 불지 않게 하는 것 또한 인간의 일이 아니다. 인간은 그저 항해를 포기하거나 바람이 부는 방향에 맞게 항해를 하는 선택밖에 없다.

코로나19로 인해 어설프게 시작한 온라인 수업, 수많은 시행착오와 고민을 공유하며 블렌디드 수업을 준비했다. '작은 학교는 강하다'라는 믿음을 바탕으로 SW 교육과 공간혁신을 연구, SW 교육의 일환인 로봇과 드론, 인공지능(AI)까지, 어설프지만 불어오는 바람에 맞서 항해를 시작했다.

미래 교육을 몸소 경험하고 고민하며 거칠지만 꿋꿋이 항해를 이어나갔다. 그 힘의 원동력은 무한 가능성을 품고 있는 우리 진도 아이들이었다. 비록 어설픈 항해 실력이지만 나의 노력이 우리 진도 아이들의 가슴속에

한 톨의 씨앗이 되길 희망한다. 그리고 먼 훗날 흘러가는 삶 속에서 그 씨 앗이 발아되어 미래 속에 당당히 살아가기를 희망한다.

어쩌다 퍼스트 펭귄처럼 도전하게 되었지만, 도전을 함께하는 동료 교 사가 있고 무궁한 잠재 가능성을 지닌 진도 아이들이 있기에 오늘도 바람 에 몸을 실어 항해를 준비해 본다.

3장

작은 학교, 행복 더하기

문지라 지산초등학교

새순이 푸른 이파리까지 가기 위해

하루에 몇 리를 가는지 보라

사과나무 꽃봉오리가 사과꽃으로 몸 바꾸기 위해

하루에 얼만큼씩 몸을 움직이는지 보라

속도가 속도의 논리로만 달려가는 세상에

꽃의 속도로 걸어가는 이 있다

<도종환의 달팽이 中>

"달팽이 걸음으로 진도를 걷다"

천천히 그러나 멈추지 않고 그렇게 진도를 걷다.

느린 걸음으로 배움의 멋과 맛을 내며 진도를 걷다.

더디게 가도 괜찮고, 강하지 않아도 좋다.

우린 서로 도우며 그 길 갈 터이니.

사막이 아름다운 건 어디엔가 우물이 숨어있기 때문이야.
눈으로는 찾을 수 없어. 오직 마음으로 찾아야 해.

〈어린왕자〉

부채든 아이들

"작은 학교가 아름답다." 그 말처럼 정말 아름다운 작은 학교가 진도에는 참 많다. 한 반에 5명만 되어도 무지 행복하겠다는 소망을 갖게 하는 찐 작은 학교부터 시작해 배를 타고 들어가야지만 만날 수 있는 고즈넉하면서도 소박한 분교장까지. 그 작은 학교에서 벌어지는 일상은 늘 웃음과 행복뿐인 것만은 아니다. 때론 버겁기도 하지만 함께 살아가는 멋과 맛이 있어 진도의 작은 학교는 아름답기만 하다.

꼬불꼬불 정비되지 않은 시골길을 돌고 돌아 첫 발령지 진도에 들어서던 그날, 이런 곳에서는 오래 살 수 없을 것 같다는 생각에 1년만, 딱 1년만 눈 질끈 감고 견디겠노라 다짐했었다. 모든 게 싸늘하게만 느껴졌던 그 첫날을 난 잊을 수 없다. 그때 뭐가 그리 불만이 많고, 뭐가 그리 당당하기만 했던지.

1·2학년 복식학급 담임을 배정받고 운동장을 나서던 그 첫날, 난 반드시 1년만 머물겠노라 또다시 다짐하며 눈시울을 붉혔다. 그렇게 암울하게 시작된 진도 생활이 이제는 열 손가락을 두 번 접었다 펼 정도의 세월이 되어버렸다. 이제는 진도가 마치 나고 자란 내 고향이라도 되는 듯 그렇게 지키고 서 있다.

지인들은 가끔 내게 묻는다. 뭐가 그리 좋아 그곳에 그리 오래 머무느냐고, 정말 그곳에 뼈를 묻으려 하느냐고. 하지만 내게 준비된 화려한 답은 없다. 그저 지금 머무는 이 작은 학교가 좋고, 몇 안 되는 아이들이 사랑스러울 뿐이다. 이 작은 학교의 아름다움이 나를 이곳에 머물게 하며, 작은 학교의 작은 아이들이 나와 내 삶을 살찌우니 난 이곳이 그저 좋을 뿐이다.

마음 흔들기로 사랑 더하기

네가 나를 기르고 길들이면 우린 서로 떨어질 수 없게 돼.
넌 나에게 이 세상에서 단 하나뿐인 사람이 되고
난 너에게 둘도 없는 친구가 될 테니까

〈어린왕자〉

내가 만난 작은 학교의 아이들은 알게 모르게 마음의 상처가 깊은 아이들이 많았다. 겉으로는 순박하고 해맑아 보이지만 가까이 다가가 귀 기울이면 가슴 저려오는 사연들 하나씩은 가진 아이들. 그래서 공부라는 굴레 아닌 굴레보다는 따뜻한 미소 한 모금이 더 간절한 아이들. 그 아이들을 보고 있노라면 풍족하진 못했지만 다복했던 시골 살림 속 내 과거가 축복이고 행복이었음을 더 절실히 깨닫게 된다. 그래서일까 무엇 하나라도 더 꺼내어 입에 넣어주지 않으면 안 될 것 같은 감정이 하루에도 몇 번씩 울컥 밀고 올라왔다.

부모님이 모두 돌아가시고 유일하게 살아계신 할머니 그늘에서 삼 형제가 모여 살던 연우네. 연우는 늘 내 마음을 아프게 했다. 학교가 지척인데도 학교에 오질 않아 찾아가 보면 밤새 게임을 하다 지쳐 잠들어있었다.

아무리 불러도 잠자리에서 꼼짝도 않는 연우 곁에는 음료수 병 가득 채운 노란 오줌이 넘쳐흐르고 있었다. 게임을 하기 위해 화장실 가는 시간도 아까웠나 보다. 그리고 그 옆에는 다 식은 쌀밥 한 그릇이 덩그러니 주인을 기다리고 있었다. 팔순을 훌쩍 넘긴 할머니가 밭일 가기 전, 손주가 혹시라도 배를 굶진 않을까 하는 걱정이 담긴 소박한 밥상이었다. 매캐함 속에 슬픔이 더해지고 있었다.

'마냥 저리 두고 볼 수만은 없는데, 그저 어르고 달래는 것만이 다는 아닌데' 고민에 고민을 더하다 찾은 방법이 교육지원청 전문상담교사와의 협업이었다. 어찌어찌 학교에라도 나오는 날이면 연우는 종일 책상에 엎드려 잠을 잤다. 그래도 안 나오는 것보다는 낫다 싶어 보고 있노라면 속이 뒤집어지는 날이 하루 이틀이 아니었다. 전문상담교사의 도움을 받기 위해 연우를 조심스럽게 달래 학교 안으로 데려오면 그새 또 마음이 틀어졌는지 탈출을 하곤 했다. 학교 앞 너른 갯바위를 날다람쥐 마냥 타고 넘으며 속을 태웠다.

비가 추적추적 내리던 날, 맨발로 갯바위를 뛰던 연우, 잡힐 듯 말 듯, 보일 듯 말 듯, 거리를 유지하며 애를 태웠던 녀석을 생각하면 아직도 가슴이 아린다. 가슴 먹먹함에 눈물이 맺는다.

"연우야, 뛰지 마라. 미끄럽다. 신발은 신고 가야지."

어찌어찌 한 해를 마무리한 후, 연우를 중학교에 올려 보냈다. 하지만 늘 마음 한 자락엔 속상함과 안타까움이 자리 잡고 있었다. 그래서 동생 연재에게 형은 학교에 잘 다니는지를 일 년이 넘도록 묻고 또 물었다.

관찰하는 아이들

　연우와의 그 힘든 일 년이 있었기 때문일까? 그 이후엔 사연이 있는 작은 학교 아이들이 달리 보이기 시작했다. 그 아이들을 위한 나의 작은 애씀이 더 강렬해져만 갔다. 그로 인해 이 작은 학교가 더 사랑스러워졌고, 정이 들 대로 들어 떠나지 못했던 것인지도 모르겠다.

　가슴에 사연 하나씩은 숨기고 살아가는 아이들, 더더구나 아픈 사연을 어디다 한 번 맘 편히 풀어놓을 수도 없다. 그래서 가슴에 멍이 든 아이들! 웃고 있어도 웃는 게 아닌 가슴 저린 아이들과 함께하며 나도 나름 성장을 했다. 나의 성장 속에서 찾은 그것을 답이라고 할 순 없겠지만 분명한 건 마음의 상처는 아물라고 덮어두기만 하면 안 된다는 것이다.

　연우와의 인연 후 또 다른 사연을 안고 찾아온 아이들, 더 이상 후회하긴 싫었다. 그래서 먼저 가슴에 멍이 든 아이들의 마음을 흔들어 주었다.

그리고 그 곁에 사랑으로 함께 있어주었다. 그 결과 그보다 더 좋은 처방은 없다는 걸 한해살이를 하며 알게 되었다.

늘 사랑이 고프고, 늘 관심과 기댈 어깨가 필요했던 아이들! 그 아이들의 마음을 흔들어 멍을 내뱉게 하고 비어버린 가슴을 포근히 감싸줄 사랑한 조각을 수줍게 내밀었다. 그렇게 아이들에게 필요한 친구가 되었다.

몇 해를 살아도 마을과 학교 이외의 다른 경험을 하기 힘든 작은 학교 아이들! 친구이자, 부모이자, 비밀 하나 함께 나누는 동지가 될 수 있는 그런 사람, 바로 그런 교사가 작은 학교에는 필요하다. 그런 교사를 작은 학교 아이들은 오늘도 기다리고 있다.

나, 자기 관리하기

긴 장마 속 어느 날, 교실 안은 정말 희한한 냄새로 가득 채워져 있었다. 한 번도 맡아보지 못한 냄새였다. '도대체 어디서 이런 냄새가 나지?' 부랴부랴 모든 창문을 열어 환기를 시켰다. 하지만 좀처럼 냄새는 사라지지 않았고, 그 원인도 찾을 수 없었다.

냄새의 정체를 밝히지 못한 채 받아 올림이 있는 덧셈과 한참 동안 씨름할 즈음, 두 손을 번쩍 들고 다가오며 질문을 쏟아낸 수린이. 수린이와 함께 그 정체 모를 냄새가 나를 향해 달려들었다. 수린이가 수학 책을 내 앞에 내려놓았을 때는 헛구역질에 역겨움까지 밀려 올라왔다. 수린이의 머리와 옷, 그리고 온몸에서 풍기는 그 냄새는 말로 표현할 수 없는 저세상의 것이었다. 부모님 두 분이 모두 장애가 있으시고, 위로 하나뿐인 오빠도 정신 장애로 가정에서의 돌봄이 전혀 이루어지지 못한 상태였다. 수린이의 몸에서 풍겨나는 냄새는 순간적으로 나를 뒷걸음질 치게 했다.

눅눅함이 깊게 내려앉은 장마 기간이라 더 그랬을까. 수린이의 냄새는 교실을 넘어 스멀스멀 학교 전체로 퍼지는 듯했고, 난 이마에 세 줄 깊게 '川'을 그리며 인상을 찌푸렸다. 목소리엔 이미 짜증이 가득 올라와 있었고, '누구 하나 걸려봐라?' 하는 날카로운 눈초리로 아이들을 쳐다보며 서 있었다. 그러다 난 이상한 점 하나를 발견했다.

'난 이렇게 힘든데 저 아이들은 뭐지?', '내가 잘못 느꼈나?' 다시 돌아봐도 여전히 교실은 정체 모를 냄새로 가득 차 있었다. 그런데 이상하게도 수린이와 함께한 친구들은 냄새 따위는 나지 않는 듯, 그 정도는 아무것도 아니라는 듯 서로 부비고 장난치고 있는 모습에 난 순간 낯 뜨거움을 느꼈다. 헛구역질에 역겨움까지 느꼈던 나와는 다르게 아이들끼리는 매우 즐거운 표정으로 누구 하나 수린이를 탓하거나 밀어내지도 않았다. 분명 내 코만 맡는 냄새인 것도 아닌데 아이들끼리는 아무런 내색도 하지 않았다. 주저하지 않고 함께 노는 모습이 신기하기도 하면서 그 맘들이 예쁘게만 여겨졌다. 그러니 어른으로서의 내 행동이 낯부끄럽고 창피할 수밖에.

동료 교사와의 모임에서 난 뜻하지 않게 고해를 했고, 동료 교사들은 고개 끄덕임과 어깨 다독거림으로 답을 주었다. 그 후 자기 딸들이 입던 옷을 모아 '수린이 바꾸기 프로젝트'에도 앞장서 주었다. 요일별로 옷을 골라 갈아입히기, 급식실 세탁기로 옷을 빨아 햇살 좋은 학교 뒤뜰에서 말리기, 예쁜 손가방에 담아 들려 보내며 요일별로 말끔히 옷 챙겨 입고 오기를 가르쳤다. 하지만 주말이 지나고, 또 긴 방학이 지나고 나면 도로 꽝! 수린이를 둘러싼 환경이 바뀌지 않으니 수린이의 생각을 바꾸기가 말처럼 쉽지 않았다.

볕 좋은 학교 뒤뜰에서 참빗으로 머리를 빗어 이를 잡고, 머리카락 한 올 한 올을 훑으며 서캐를 뽑아줬다. 매일 머리 감기를 가르쳤고, 할 수 있다면 매일 목욕하기를 실천하도록 가르쳤다. 하지만 그것도 긴 휴일 앞에선 무너지기 일쑤였다. 그렇다고 수린이를 놓을 수는 없었다. 환경을 바꿔줄 수 없다면 그 환경 속에 놓인 수린이를 바꾸면 된다. 그렇게 조금씩 수린이의 행동이 바뀐다면 성장한 후, 수린이 스스로 환경을 바꿀 수 있게 될 것이다. 수린이가 열쇠이고, 수린이가 정답인 것이다.

어느 햇살 좋은 오후, 관사 옆 감나무 아래에 나와 수린이 또 둘이다. 하지만 이번엔 내가 수린이의 머리를 가르는 것이 아니라 수린이가 나의 머리를 가르며 이가 있나 살펴보고 있다. 여전히 수린이에게서는 정체 모를 그 냄새가 풍긴다. 하지만 난 개의치 않는다. 수린이를 바꿔야겠다는 생각에는 변함이 없지만 서두르지 않는다. 오늘이 쌓여 내일을 만들고, 또 내일이 쌓여 수린이의 변화를 이끌어 낼 것이니 급할 건 없다.

꼭 내가 해내야 한다는 욕심도 없다. 이 작은 학교를 찾는 교사라면 누구든 그런 열정으로 수린이 곁을 지켜줄 것이니 다급할 것 하나 없다. 다만 오늘 수린이 옆에 있는 내가 먼저 변해야 함을 볼 뿐이다. '넌 어쩜 이럴 수 있니?' 하며 상처를 주는 내가 아닌 '내 머리도 한 번 살펴봐 달라.' 넉살 좋게 웃으며 내 머리를 들이밀어 맡길 수 있는 그런 나로 먼저 변해야 한다.

작은 학교는 그런 곳이다. 자꾸 바꾸려고만 고집하는 것이 아닌 내가 먼저 바뀌어 가는 곳, 그러니 그곳에서의 내 삶이 더 행복하고 의미 있다는 걸 이젠 나도 안다. 작은 학교 아이들과의 부대낌이 낯설지 않게 된 지금의 시간이 이젠 참 좋다.

있는 그대로의 나, 가장 나다운 나!

"오늘 거울 왜 가지고 왔지?"

"얼굴 그리려고요."

"내 눈은 동그랗고, 내 귀는 작아. 내 코엔 코딱지도 있어.

"우리 거울 보며 웃긴 표정도 한 번 지어볼까?"

"웩, 거울 속에 못생긴 얘가 날 쳐다봐요."

"크크크, 진짜 웃긴다."

그 누구도 거울 앞에서는 평등하다. 거울 앞에 서면 재미가 있고, 거울만 있어도 한 시간이 즐겁다. 거울은 내게 가장 가깝게 다가설 수 있게 하며, 거울은 내가 할 수 없었던 얘기도 하게 한다. 그런 거울을 가지고 아이들과 자연스럽게 만나고, 즐기고, 표현하며 시간을 보내는 것도 의미가 있다. 한 번도 나에게 집중해본 경험이 없는 아이들은 쑥스러워 하다가도 금세 빠져들어 꾸밈없이 나를 드러낸다.

굳이 많은 걸 찾아내려고 애쓰지 않아도 된다. 굳이 많은 걸 들려주려고 하지 않아도 된다. 작은 학교 교사인 내가 먼저 거울 앞에 서서 진솔하게 자신의 우스꽝스러움을 드러내면 아이들은 금세 열린다. 꼭 닫혔던 마음들이 금세 열린다.

거울이 아니어도 좋다. 주변에 있는 작은 소재 하나를 가지고 아이들 곁에 다가서서 살짝 건드려만 줘도 아이들은 곧바로 찾아낸다. 그걸로 뭘 해야 하는지. 그러니 작은 학교에 머물고 있는, 작은 아이들 옆의, 작은 학교 교사인 그대가 먼저 손 내밀어 주길 바란다. 온전히 자기 자신을 사랑하는 힘을, 환경보다는 자기 자신의 가능성을 믿고 있는, 그대로의 나를 받아들이는 힘을 길러낼 수 있도록 도와주길 바란다.

나무와 꽃, 풀, 하늘과 바다, 흙과 바람이 그러하듯 아무런 꾸밈없이, 아무런 가식 없이 가장 나다운 나를 들여다볼 수 있게 작은 학교 교사인 그대가 함께해주길 바란다.

♥ 사랑 더하기 **거울에 비친 내 얼굴 그리기**

거울을 보며 나를 관찰하고 탐색한다. → 관찰하고 탐색한 것을 자유롭게 이야기 나눈다. → 그동안 알지 못했던 것 찾기 놀이를 한다.

(예) 눈 밑에 검은 점, 일자로 붙은 눈썹, 등 → 충분히 얼굴을 살펴보았다면 종이 한 장을 펼친다. → 종이에 거울에 비친 내 얼굴을 그린다. → 빈 공간에 말풍선을 그리고, 내가 좋아하는 것, 내가 듣고 싶은 말, 내가 듣기 싫은 말 등을 적는다. → 그림을 소개하고 활동 소감을 나눈다.

감정으로 소통하라

행복한 삶을 결정짓는 중요한 요소 중 하나는 '감정'일 것이다. 여럿이 함께 어우러져 살아가는 공동체 생활에서 매끄럽게 관계가 형성될 수 있도록 돕는 것이 솔직한 감정 표현이 아닐까 생각해 본다. 그런데 요즘 우리 아이들은 감정 표현에 너무나 서툴다. 내 맘대로 되지 않으면 소리를 지르거나 물건을 집어 던지기도 하며, 별일도 없었는데 어느 순간 그냥 입을 닫은 채 울그락불그락 화만 내고 앉아 있곤 한다.

도대체 왜, 무슨 일로 그러는지 아무도 알 수 없다. 그러다가 하고 싶은 것이 생기면 아무런 해명 과정 없이 놀이에 끼어들어 자기는 왜 안 시켜 주냐며 억지를 부린다. 참 피곤한 일이다.

딱히 외동이거나 늦둥이, 가족 간에 문제가 있어 감정 표현을 배우지 못한 경우만의 예도 아니다. 요즘 대부분의 아이들이 자신의 감정을 솔직하게 표현하는 걸 힘들어한다.

이런 아이들은 어쩜 마음 한구석에 깊은 응어리와 외로움, 불안과 좌절감 등의 감정을 쌓고 있을 것이다. 교사는 아이들이 그런 감정들을 지속적으로 밖으로 토해낼 수 있도록 도와주어야 한다. 적극적인 놀이와 그림, 역할놀이 등의 방법을 통해 아이들이 감정을 표현할 수 있도록 연습시켜야 한다.

♥ *사랑 더하기 2* **다섯 글자로 말해 봐!**

감정을 나타내는 카드를 준비한다. → 아이들과 여러 가지 감정에 대한 이야기를 나누거나 유사한 감정끼리 분류하기를 한다. → 여러 감정 단어 중 가장 마음에 드는 감정을 고른다. → 고른 감정 단어와 관련된 이야기를 그림으로 그린다. → 각자 그린 그림을 소개하고 설명하는 시간을 갖는다. → 모둠을 구성하거나 관계 회복이 필요한 두 사람이 짝이 되어 진행한다. → 먼저 한 모둠이 제시된 감정과 관련된 5자 질문을 한다. → 다음 모둠이 질문을 듣고 5자 대답을 한다. → 릴레이로 5자 질문을 하고 대답하는 형식으로 진행한다.

(예) 언제 기뻤어?/방학이 좋아/방학 때 뭐해?/실컷 게임해

너, 긍정적 관계 맺기

밝고 건강한 웃음이 예쁘기만 했던 다영이는 다문화가정의 아이였다. 믿음직한 다혜 언니와 귀염둥이 동생 다야, 이렇게 세 자매는 이혼한 아버지와 할머니 손에 컸다. 베트남 국적의 엄마는 인근 도시에서 직장 생활을

하며 여러 번 아이들과의 만남을 원했지만 이루어지지 않았다. 엄마는 알코올 중독인 아버지의 폭력을 견디다 못해 집을 나갔고, 화가 난 아버지는 이혼을 강행한 후 아이들과의 만남을 무조건 반대했다.

다야가 두 살 정도 되었던 때라 다야는 엄마에 대한 기억이 없었다. 아이들에게는 끔찍하리만큼 다정다감한 아버지였고, 애지중지 키워주시는 할머니가 계셔서 문제는 없어 보였다. 하지만 술만 마시면 집안을 뒤엎어 놓는 아버지 때문에 다영이가 초등학교를 입학하던 때 숨겨져 있던 문제들이 폭발하듯 나타났다.

큰 딸에겐 뭐든 다 해주는 아버지였기에 다혜는 늘 당당하고 활동적이었다. 하지만 다영이와 다야는 달랐다. 다영이는 양쪽 뺨에 보조개가 피는 정말 예쁜 웃음을 지닌 아이였지만 늘 어둡게 마음을 닫고 살았다. 특히 다야는 언니들이 곁에 없으면 심각한 분리불안 증상을 보였다. 한 번 울음이 터지면 하루 종일 갈 때도 있었고, 그 누구의 관심도 받아들이려 하지 않았다.

다영이가 병설유치원을 졸업하고 1학년이 되던 3월, 그야말로 병설유치원은 전쟁터가 되었다. 다야는 아침 등굣길부터 언니들과 헤어질 수 없어 날카로운 울음소리로 힘든 걸음을 뗐다.

셋 다 유치원을 다니다가 다혜가 1학년이 되었을 땐 그래도 다영이 언니가 있었으니 괜찮았다. 하지만 다영이마저 초등학교에 입학하게 되자 혼자 남게 된 다야는 언니들 곁에서 떨어지지 않으려고 매일 울었다. 기다리고 기다려도 울음을 그치지 않으면 아버지가 오셔서 데려갔다. 어느 날은 어쩔 수 없이 언니들이랑 같이 공부를 하다가 유치원 선생님 등에 업혀 유치원으로 가기도 했다. 그렇게 다야를 유치원에 보내 놓고는 마음이 짠해

슬쩍 들여다보면 항상 외톨이가 되어 유치원 구석에 앉아 있었다.

다영이도 다야만큼 심각했다. 그나마 1·2학년 복식 학급이었기에 언니랑 한 교실에서 공부할 수 있다는 건 다행스러운 일이었다. 하지만 다영이는 입을 꾹 닫은 채 절대 말하려 하지 않았고, 어떤 활동에도 참여하지 않았다. 항상 뭔가에 혼자 빠져 있었고, 무슨 이유에선지 한 번 마음이 틀어지면 돌부처처럼 한자리를 차지하고 앉아 꼼짝도 하지 않았다.

'이 아이가 도대체 왜 이럴까?' 난 늘 초조했다.

"선생님, 다영이는 가만히 두면 돼요."

애쓰지 않아도 된다고 오히려 아이들이 날 가르쳤다. 하지만 그게 잘 안됐다. 다영이를 보면 말하게 해줘야 할 것 같고, 웃게 해줘야 할 것 같은 묵직한 숙제를 느꼈다. '어떻게 하면 다영이가 마음을 열 수 있을까?' 책도 많이 찾아보고, 나름 전문가에게 조언도 구해 보았지만 뾰족한 수를 찾지는 못했다.

그렇게 힘든 3월을 보내고, 4월로 넘어가던 어느 날, 다혜 옆에 앉아 종이에 무언가를 열심히 그리고 있는 다영이를 보았다. 조용히 다혜를 불러 물었다. 그림을 그리는 중이라고 했다. 집에서는 하루 종일 그림만 그리고 있을 때도 있다고 했다.

한참 동안 다영이를 살펴보았다. 열심히 그림을 그리다가 언니를 보고 속닥속닥 무언가를 이야기하기도 하고, 같은 마을 친구인 채아에게 색연필을 빌리기도 했다. 그렇게 며칠을 관찰해 보니 다영이는 그림을 그릴 땐꽤 많은 이야기를 했고, 친구들에게 시선을 돌리기도 했으며, 환한 웃음을 내보이기도 했다.

'아, 그래. 그거야.' 다영이의 마음을 그림으로 열면 되겠다 싶었다. 진짜 마음을 닫아버릴 땐 언니가 아무리 불러도 대답도 하지 않던 다영이가 그림을 그릴 때는 눈빛이 달랐다. 그림을 그릴 땐 주변에 손을 내밀 줄도 알았다.

다영이는 그림을 참 예쁘게 그렸다. 다영이 그림 속 인물들은 모두 표정이 살아있었다. 다영이는 생동감이 넘치게 그림을 그렸다. 그래서 친구들도 모두 다영이의 그림을 좋아했다.

그림이라는 해결책을 찾고 난 후 내 수업은 한동안 그림으로 시작해 그림으로 끝났다. 다영이는 조금씩 마음을 열기 시작했고, 급기야 아이들 앞으로 나와 짧지만 분명하게 자신의 생각을 발표하기도 했다. 어떤 활동도 그림과 연결 지으면 곧잘 따라왔고, 조금씩 언니의 그늘을 벗어나 친구들 쪽으로 움직여 갔다.

"다영아, 네 생각을 이야기해 볼래?"

다영이가 피식 웃으며 자기 그림을 들고 일어서던 그날을 난 잊지 못한다. 내 가슴을 묵직하게 내리누른 채 묵혀 있던 오래된 숙제를 해낸 것 같은 해방감과 행복감에 나도 피식 웃게 되었던 그날을 난 잊을 수 없다.

작은 학교 이야기는 혼자서는 힘이 든다. 너무 깊게 빠져있다 보면 가까이 있는 것도 잘 보이지 않을 때가 있다. 답은 의외로 가까이 아주 간단히 찾을 수 있는 곳에 있는데 잘 잡히지 않을 때가 많다. 그건 함께하는 아이들을 잊은 채 교사인 나만 믿을 때 더 그렇다. 난 교사다. 하지만 교사인

얼굴 작품 "웃는 얼굴, 행복한 우리"

나를 아이들이 더 많이 가르친다. 아이들이 함께하는 곳에 답이 있다.

'아이들로부터 배우는 걸 부끄러워 말고 즐겨라.' 그것이 작은 학교에 머물며 내가 찾은 가장 아름답고 현명한 답이다.

자칼? 기린?

"야, 네가 그랬잖아."

"아니야, 네가 먼저 그랬잖아."

"난 가만히 있는데 네가 와서 밀쳤잖아."

"뭔 소리야, 내가 걸어가고 있는데 네가 밀쳤잖아."

하루라도 아니 단 한 시간이라도 조용히 지나갈 수 있기를 바란다. 하지만 아이들은 그런 나를 가만히 두지 않는다. 아이들과 함께 이야기를 나누다 보면 머리가 아프다. 매번 친구가 먼저 했다고 말하고, 난 잘못한 게 없다고만 말한다. 항상 문제는 나를 벗어난 곳에서 벌어지고 난 피해자다. 그러니 모두 친구 때문이고, 친구가 혼나야 한다고 주장한다. 날카롭게 쏘아붙이는 말로 문제의 해결책을 찾기보다는 도망갈 구멍을 먼저 만든다. 그러니 교사가 솔로몬이 되긴 말처럼 쉽지 않다. 직접 보지 않았으니 판결이 어렵다. 누구의 말도 백 퍼센트 믿어줄 수 없다. 어느 한 쪽으로도 기울어질 수 없는 정의의 저울, 도대체 신은 그걸 어디에 숨겨 둔 것일까?

"易地思之, 입장 바꿔 생각해 보자."

귀에 딱지가 앉히도록 말하고 또 말해도 소용이 없다. 닭똥 같은 눈물을 주룩주룩 흘리며 자신이 피해자라고 열변을 토할 때면 도대체 어디서부터 손을 대야 할지 모르겠다. 이게 도대체 말도 안 되는 아주 사소한 일인데도 아이들은 목숨을 건다. 그렇다고 나까지 열이 오르면 안 된다.

"모두 조용히 해!"

큰소리 한 번 지르면 해결될 수도 있다. 하지만 그건 해결이 아니다. 수면 아래로 잠시 가라앉혀 두는 것일 뿐. 그래서 나름 현명하게 꺼내 든 정의의 검이 경청이다. 아이들에게 똥꼬까지 내려가도록 깊게 숨을 들이마셨다 내쉬라고 주문한다. 그런 다음 한 사람씩 하고 싶은 말을 다하게 한다.

앞뒤를 꿰맞추거나 논리를 적용할 필요도 없다. 그냥 간간이 고개를 끄덕여 주기만 하면 된다. 그러고는 한마디 거든다.

"음, 그랬구나. 그래서?"

지치도록 자기 할 말을 다 뱉어내고 나면 아이들은 언제나 답을 찾는다. 사과라는 답, 용서라는 답을 각자 찾아든다. 그래서 아이들과 대화할 때 교사는 절대 먼저 지치면 안 된다. 아마추어처럼 먼저 열이 뻗쳐서도 안 된다. 아이들의 입에 빨려 들어가서도 안 된다. 돌부처 근성으로 인내하며 기다릴 줄 알면 다 된다. 아이들은 답을 알고 있기 때문이다.

사람은 누구나 관계라는 상황 속에선 '자칼이 될 것인가, 기린이 될 것인가?'를 고민하게 된다. '잡아먹히느냐, 잡아먹느냐?'와 같은 약육강식의 선택을 하게 되는 것이다. 아이들의 세계도 예외는 아니다. 본능적으로 큰소리가 이기는 것이라 생각하고 행동을 한다. 그런 아이들에게 잠시 귀 기울여 상대방의 이야기를 들어주는 여유와 기린의 말로 자신의 생각을 차분하게 전달하는 배려를 익히도록 도와주면 된다. 답은 아이들에게 있으니 그 답을 협력하여 찾을 수 있도록 다독여주면 된다.

♥ 사랑 더하기 3 **석고붕대로 손 모양 본뜨기**

석고붕대, 미지근한 물 한 컵, 가위, 물감, 붓을 준비한다. → 석고붕대를 여러 가지 크기의 조각으로 자른다. → 둘이 짝이 되어 순서를 정한 다음 본뜰 손 모양을 정한다. → 손에 오일이나 핸드크림을 바른 후 미지근한 물에 석고붕대 조각을 살짝 적셔 손등에 붙인다. → 석고 붕대를 겹쳐 붙이며 손으로 매끈하게 다듬어준다. 3~4겹 정도 붙이고 다듬기를 반복한다. → 짝의 손 모양도 똑같이 해준다. → 어느 정도 마르면 떼어낸 후 떼어낸 손 모양의 가장자리를 가위로 말끔하게 정리한다. → 물감으로 색칠하고 꾸미기를 한 후 친구에게 힘이 되는 응원의 메시지를 써주는 것도 좋다. → 손 모양이 아닌 발 모양 본뜨기를 함께해도 좋다.

토닥토닥, 괜찮아! 마음으로 안아주기

저학년 아이들과의 하루는 꽤나 힘이 든다. 하루 종일 종알종알, 규칙을 정해주지 않으면 고자질도 쉼 없이 이어진다. '이 아이들은 과연 가만히 서 있는 걸 할 줄이나 알까?' 싶을 정도로 마구 움직여대고, 아무리 주의를 줘도 뛰고 또 뛴다. 아주 조그만 것에도 섭섭해서 토라지고, 아주 작은 부딪힘에도 아픔을 호소하며, 무심코 던져진 말 한마디에도 엄청 속상해하며 운다.

윙윙 벌 떼가 쉼 없이 날갯짓하며 꿀을 찾듯 아이들도 진종일 지치지 않고 뭔가를 찾는다. 그런 아이들 곁에 내가 있다. 난 무질서해 보이는 아이들에게 질서를 가르치겠다고 애를 쓴다. 거듭되는 노력에도 변화가 없어 금세 지친다. 잠자리까지 따라붙은 아이들의 윙윙거림에 멍을 때린다. 꽤 긴 시간이 흘렀다 생각했는데 아직도 오늘이다.

그 오늘이 아직 가시지도 않았는데 난 벌써 내일에 지쳐있다. 내일도 오늘 같으리라는 생각에 난 이미 지쳐있다. 이런 깊은 수렁에서 과연 누가 날 꺼내 줄 수 있을까? 어떻게 하면 이 수렁의 깊이를 알고 스스로 탈출 계획을 세울 수 있을까? 그 답을 찾겠다고 고민하며 1년을 훌쩍 보내고 만다.

그러고는 또 반복이다. 생각해 보면 너무 과한 열정에서 오는 욕심이지 싶다. 조금 내려놓고 아이들 곁에서 그냥 윙윙 함께 날갯짓해도 쉬 1년은 갈 터인데, 난 늘 내 꾀에 빠져 변화시킬 수 있다는 착각 속에 산다. 올해

만큼은 꼭 성공하겠다는 환상 속에 오늘을 산다. 그래서 늘 지치고 힘든 밤을 지새운다.

이럴 때면 딱 한 가지, 누군가 내게 다가와 다정한 말씨로

"그랬구나, 그래, 그게 잘 안됐구나."

한 마디만 건네주어도 힘이 나고 입꼬리가 씰룩 올라갈 것 같은데 그것도 때론 쉽지 않다. 그래서 찾은 방법이 윙윙거리며 나만 바라보는 우리 반 아이들과 함께 놀이를 해보기로 했다. '그랬구나, 그랬던 거구나.'이다. 근데 신기한 것은 가벼운 놀이로 시작한 이 놀이가 진짜 힘이 된다. 위로가 된다. 나를 다독일 수 있게 된다.

💙 사랑 더하기 4 그랬구나, 그랬던 거구나

두 사람이 짝이 되어 마주 보고 선다. → 두 손을 꼭 잡고 바라본다. → 한 사람이 먼저 하고 싶은 말을 상대에게 한다. 이때 평소에 서운했거나 언짢았던 일을 중심으로 얘기해도 좋다. → 듣는 사람은 말하는 사람의 이야기를 귀 기울여 듣는다. → 말하는 사람의 이야기가 끝나면 듣는 사람은 공감해 주는 언어 표현을 한다. (예) 그랬구나./그래서 속상했구나./그래서 그랬던 거구나. → 역할을 바꾸어 반복한다.

우리, 민주시민으로 커나가기

재원이와 은아, 민아는 동백 마을에 살았다. 하지만 재원이네 집은 동백 마을 반대편 산자락에 외따로 자리한 탓에 동백 마을 사람들과의 왕래는 적었다.

간호사였던 엄마는 알코올 중독인 아빠와 헤어져 집을 나갔다. 민아가

아주 어렸을 적 일이라 민아는 엄마를 몰랐다. 알코올 중독인 아빠는 늘 술에 찌들어 살았다. 군으로부터 보조금을 받아 살았는데, 보조금이 나오는 날이면 술집에 자리를 차지하고 앉아 밤새도록 술을 마셨다. 아이들은 늘 관심 밖이었다. 세상을 향한 불만은 차고 넘쳐 길바닥에 '大'로 누워서는 하늘을 향해 고래고래 소리를 질러댔다. 그러다 휘청휘청 학교로 걸어 들어와서는 운동장을 맴돌거나 복도를 배회하곤 했다. 처음엔 '이게 도대체 무슨 일인가?' 하여 타일러 보기도 하고, 하다 하다 안 되면 경찰을 부르기도 했다. 하지만 아무런 소용이 없었다.

재원이 아빠의 또 다른 문제는 오토바이였다. 꼭지가 돌 정도로 술을 마시고도 오토바이를 탔다. 위험천만하게도 아이들까지 태우고 돌아다닐 때가 잦았다. 말이 통하지 않는 재원이 아빠를 설득할 순 없었기에 아이들에게 오토바이를 타선 안 된다고 신신당부를 했다. 하지만 그것도 잘 지켜지지 않았다. 항상 저러다 사고 나면 어쩌나 마음을 졸여야 했다.

땟국물이 질질 흐르는 와이셔츠 주머니에 돈이 철철 넘쳐흘러도 먹거리 한 번을 챙겨주지 않으니 아이들은 늘 배가 고팠다. 오늘은 좀 뭘 먹었냐고 물으면 아이들은 그래도 먹었다고 답했다. 뭘 먹었냐는 물음에 막내 민아는 자존심 강한 은아 언니의 눈치를 살피며 "초코파이 하나"라고 말했다.

가정방문을 가서 살펴본 재원이네 집은 그야말로 아수라장이었다. 겨우겨우 비집고 들어간 부엌은 더 처참했다. 까만 곰팡이와 텅 빈 반찬통, 꽁꽁 언 초코파이 한 상자가 다였다. 그래서 아이들은 늘 학교의 급식이 고팠다. 주말이면 더 그랬다. 그래서 아이들이 언제든 먹을 수 있게 간식거리를 챙겨두곤 했다. 재원이네 사정이 이렇다 보니 동네도 등을 돌렸다. 아이들을 생각하면 안타까웠지만 없는 일도 만들어서 시비를 거는 재원이 아빠랑 마주하고 싶은 사람은 아무도 없었다. 군 복지과에 도움을 요청해 보 았지만 말도 안 되는 억지뿐이니 방법이 없었다. 그래도 재원이 삼 남매에 겐 최고의 아빠니 한숨만 나왔다.

아이들은 학교에서도 눈치 보기 바빴다. 그러지 않아도 된다고 가르쳤지 만 습관처럼 눈치를 봤다. 공동체 생활 자체가 어려울 정도로 마음이 일그 러져 있었다. '이 아이들을 위해 학교가 과연 무얼 해줄 수 있을까?'를 늘 고민했다. 어른들의 세계가 아이들의 세계 속에도 깊이 자리해 있어 마음 이 아팠다.

비단 작은 학교만의 이야기는 아니겠지만 이렇게 작은 학교에는 사연이 많다. 그렇기에 작은 학교 아이들에겐 교사의 관심과 사랑이 더 필요하다. 학교라는 울타리를 넘어 가정, 마을, 지역사회와의 협력이 강력히 요구된다.

동고동락(同苦同樂) 행복공동체

"이것 좀 빌려줄 수 있을까?"
"안돼요. 그건 제 거예요."

요즘 우리 아이들은 자기 것에 대한 애착이 무지 강하다. 잃어버리면 절 대 찾지 않고, 아직 쓸 만한데 새로 사는 것에도 너무나 익숙해 있다. 하지 만 그럼에도 불구하고 내 것을 남과 나누는 것에는 인색하다. 내 것인데 왜 친구와 나눠야 하며, 버릴지언정 필요한 사람에게 주는 건 결코 안 된 다고 한다.

"불편해도 우리 한 번 그렇게 해볼까?"

"싫어요. 왜요? 왜 그래야 해요?"

물건뿐만이 아니라 공동의 문제를 해결하는 과정에서도 그렇다. 습관적으로 반대를 먼저 하고 든다. 차분차분 설명을 해주면 마지못해 그러겠다고 하긴 하나 도통 이유를 모르겠다는 표정이다. 그러니 교수와 학습의 차원을 넘어 더불어 사는 삶을 위한 공동체 역량 강화 측면에서도 학교가 해야 할 일은 많다.

나와 너를 넘어 우리를 이루고, 우리가 모여 크고 작은 공동체를 이루고 살아갈 아이들의 내일이 사람 사는 맛과 멋을 품을 수 있게 '함께함'에 대한 힘을 다양하게 길러주어야 한다. 학교라는 울타리 안에서 즐겁게 놀며 배우는 가운데 경쟁보다는 공동의 목표가 공동체의 행복은 물론 나의 성장과 배움에도 도움이 된다는 걸 알게 해 주어야 한다.

♥ 사랑 더하기 5 **모둠 발 수를 줄여라**

모둠별로 둘러서면 진행자가 숫자를 불러준다. (예) 7을 불렀다면 모둠의 발이 땅에 7개 붙어 있어야 한다. → 5초 동안 제시된 숫자만큼의 발을 유지하면 성공이다. → 같은 방법으로 6→5→4→3→2로 진행한다. → 모둠별로 아이디어를 탐색하고, 좋은 아이디어일 경우 받아들일 기회를 준다. → 마지막에 가장 좋은 아이디어를 뽑아 칭찬하고 마무리한다.

애기애타(愛己愛他) 민주시민

4차 산업혁명 시대를 넘어서 포스트 코로나 시대를 준비해야 할 시점에서 가장 주목해야 할 것은 ICT와 교육의 변화이다. 코로나19로 인해 제도

권 교육인 학교교육의 기존 틀이 심히 흔들리면서 새롭게 탈바꿈해야 함을 강하게 요구받고 있다. 미래교육은 학습이 권리인 시대로 변화할 것이라는 예측과 함께 학교교육의 변화에 도전장을 내던지며 다가서고 있다.

수없이 쏟아지는 정보의 흐름으로 지식의 특권과 논리적 연결은 인공지능 및 컴퓨터의 몫이 되었으며, 공감능력과 감성지능은 미래사회에서 스스로 생각하고 자발적으로 행동하며 책임질 줄 아는 미래 인재를 양성해야 할 학교교육의 몫으로 남겨졌다.

그렇다면 공감능력과 감성지능을 지닌 사람은 어떤 사람일까? 바로 도산 안창호 선생이 강조한 애기애타(愛己愛他), 즉 나를 사랑하고, 나를 사랑하듯 남을 사랑하는 '사랑과 나눔의 리더십'을 지닌 사람이 아닐까 생각해 보았다.

'나는 누구인가?'로부터 시작하여 자기 성찰을 게을리하지 않으며, 앞서 실천하고 맡은 바 책임을 다할 줄 알며, 사랑과 섬김의 정신으로 더불어 같이하며 변화를 이끌어낼 줄 아는, 그런 인재를 기르기 위해 학교가 애써야 한다.

♥ 사랑 더하기 6 **인간 글자 만들기**

반 전체를 3개 모둠으로 나눈다. 작은 학급일 경우에는 다른 학년과 연합하여 모둠을 구성한다. → 미리 초성팀, 중성팀, 종성팀으로 역할을 부여할 수도 있다. → 교사가 글자판에 글자를 제시하면 모둠별로 글자를 만들 방법과 서로의 위치를 정하는 의논을 한다. → 모둠별로 글자를 완성한다. → 모둠별로 글자가 완성되면 사진을 찍고 소감을 나눈다.

수업의 변화로 희망 더하기

해가 지는 것을 보려면 해가 질 때까지 기다리지 말고
해가 지는 쪽으로 가야 해.

〈어린왕자〉

둘일 때는 딱 셋만 되어도 좋겠다, 셋일 때는 다섯이면 좋겠다는 꿈을 꾼다. 전남의 작은 학교들이 다 그렇다. 둘만 되어도, 하나만 더 있어도 복식 학급이 되지 않을 텐데, 그 하나가 없어 복식 학급으로 묶인다는 게 슬프다. 하지만 슬픔도 거기까지다.

일단 작은 학급이 되고 나면 작은 학급이기에 고민해야 할 것들이 너무나 많다. 복식 학급이 되면 그 고민이 배의 배가 된다. 그래서 작은 학교는 너무 힘들다는 굴레에서 벗어나지 못한다. 때문에 많은 교사들이 작은 학교는 어쩔 수 없이 잠시 머무는 곳 정도로만 여기게 된다. 그런 현실이 밉고, 그런 오해들이 정말 싫다. 숫자가 다는 아닌데, 경제적 논리로만 따질 순 없는데.

작은 학교에도 작은 학교만의 매력이 차고 넘친다. 업무가 많아 힘들고,

복지가 엉망이라 정이 안 가고, 고민해야 할 것들이 많아 빨리 빠져나가고 싶지만 교사로서 가장 많은 성장과 보람을 느낄 수 있는 곳도 사실은 작은 학교이다.

제대로 된 환경이 갖추어져 있지 않기에 약간의 변화만으로도 큰 교육적 효과를 이끌어 낼 수 있는 장점이 있다. 조금만 관심을 가지고 주위를 둘러보면 얼마든지 의미 있게 교실 수업 속으로 끌어드릴 수 있는 소재들이 주변에 가득하다. 다양한 가족 구성 특성이 그렇고, 인접해 있는 천혜의 자연환경이 그렇고, 예전과는 많이 달라진 지역사회 자원이 그렇다.

코로나19를 경험하면서 더 깊이 있게 다루어지고 있는 미래교육의 모습이 어쩜 지금 작은 학교들에서 고민하면서 실행하고 있는 모습들과 가장 비슷하게 닮아 있는지도 모른다. 소인수이기에 특히 강조되었던 자기 주도적 학습부터 시작해 인접 학년이나 인근 학교와의 협력학습, 주변 환경을 활용한 다양한 프로젝트 학습, 교사의 전문성을 연결한 팀티칭 학습, 복식 학급의 단점을 보완하고자 적용한 온라인 학습과 가정 연계 협력학습까지. 그 연결고리를 대라면 얼마든지 찾아서 댈 수 있다.

어느 시인이 푸르른 날에는 푸르게 살고 흐린 날에는 힘껏 살자고 노래했다. 그렇다. 작은 학교여서 투정하고 불평하며 떠나갈 날만을 손꼽아 기다리기보다는 작은 학교이기에 감사하며 힘껏 살아주었으면 한다. 그날이 푸르른 날일지, 흐린 날일지는 잘 모른다. 하지만 푸르면 푸르게, 흐리면 흐린 대로 힘껏 살다 보면 분명 그다음을 함께할 교사들에게 큰 힘이 되어줄 것이다. 그 길 위에서 내가 찾은 답 하나 정도 자신 있게 나눌 수 있도록 작은 학교에서 오늘도 푸르게 그리고 힘껏 살아주길 당부한다.

교실을 뒤흔드는 감동수업하기

"얘들아, 무슨 일이야?"

"선생님, 참새가 운동장에 떨어져 있었어요."

"아기 새인가 봐요. 날지 못해요."

"어떻게 해요? 다리를 다친 것 같아요."

부슬부슬 비가 내리던 어느 금요일 아침 일이다. 등굣길에 아이들은 참새를 발견했고, 가엾은 참새를 어찌해야 할지 몰라 교실까지 안고 들어왔다.

"짹, 짹"

겁먹은 참새는 잔뜩 움츠린 채 힘없이 울어댔고, 아이들은 신기하다는 듯 "나도, 나도"를 외치며 모여들었다.

"아이고야, 가엾어라. 이 일을 어쩐다지?"

그 한 마디와 함께 충분히 동기유발이 된 아이들은 저마다의 생각을 쏟아내 놓기 시작했다.

"그래그래. 그럼 우리 오늘은 '참새 살리기' 프로젝트 어때?"

신이 난 아이들은 누가 뭐라 말하기도 전에 머리를 맞대고 앉아 참새를 살리기 위한 열띤 토의를 시작했다.

"동물 병원이 없으니까 우리가 붕대를 감아서 치료해 주자."
"참새는 뭘 먹을까?"
"컴퓨터로 찾아보자."
"참새를 쉬게 해 줘야 해."
"그래, 집을 만들어 주자."

우연히 만나게 된 참새 한 마리는 선물처럼 다양한 토론거리를 아이들에게 던져 주었으며, 빽빽하게 짜인 시간표를 벗어나 즐거운 마음으로 교과 융합 프로젝트를 펼치게 했다. 아이들은 그 과정에서 생명의 소중함과 더불어 공존의 책임, 의사소통과 협동의 필요성 등을 느끼며 그 어느 수업에서도 볼 수 없었던 진지함과 열정으로 '참새 살리기' 프로젝트를 수행해 나갔다.

참새가 온전히 날갯짓을 하고, 두 발을 사용하여 설 수 있으며, 짹짹 기운차게 노래하기까지는 2주가 넘는 긴 시간이 걸렸다. 그동안 아이들은 참새에게 '싼초'라는 이름도 지어주었고, 자기들끼리 순서를 정해 먹이와 물을 챙겨주고, 깨끗하게 집 청소도 해주었다.

"싼초" 하고 부르면 아이들 손끝으로 날아와 앉아 빨대 끝으로 먹여주는 먹이를 받아먹게 될 정도로 상태가 좋아졌을 때, 우리는 싼초와의 이별을 준비했다. 예쁘게 그림도 그리고, 편지도 써서 싼초에게 읽어 주었다. 맛있는 먹이를 선물한다며 빵조각을 가져와 먹였고, 마지막 기념사진도 남겼다. 그러고는 햇살 좋은 금요일 오후에 창문을 활짝 열어 밖으로 날려 보냈다.

그 후에도 아이들은 한동안 싼초 이야기를 계속했다.

"선생님, 쟤 싼초 같아요."
"짹! 짹! 싼초랑 똑같이 울어요."

이렇게 교실을 뒤흔드는 감동 수업은 의도를 하지 않았는데도 어느 날 선물처럼 찾아들기도 한다. 그런데 경험상 의도하지 않았지만 자연스럽게 교실 상황 속으로 밀고 들어온 이야기들이 훨씬 값지고 소중한 것들을 아이들에게 안겨주곤 한다.

의도하지 않았는데 어느 날 선물처럼 찾아오는 감동, 그것을 맛보는 행복이 있어 작은 학교가 아름답다.

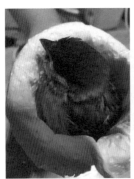

싼초와의 추억

스스로 생각하게 하라

"너는 어떻게 생각하니?"

"왜 그렇게 생각했어?"

'생각할 수 있다'는 건 '소통할 수 있다'는 것이며, '소통할 수 있다'는 건 '더 많이 이해하고 공감할 수 있다'는 것이다.

우리 아이들이 성장하여 살아가야 할 미래사회는 학교에서 배우지 못한 갖가지 문제에 대처하는 힘을 요구할 것이다. AI 등장 등으로 미래사회를 향한 변화 속도가 굉장히 빨라졌으며, 미래사회에서 아이들은 현재에서 한 번도 경험해 본 적이 없는 새로운 문제들을 접하게 될 것이다. 때문에 우리 아이들은 이런 문제를 해결해 갈 힘을 길러야 한다. 문제를 해결하는 힘, 그건 바로 '생각하는 것'이 아닐까 싶다.

미래사회에서 아이들은 당장 눈앞에 펼쳐진 갖가지 걸림돌에 대해 자신의 머리로 스스로 생각하고, 협력하여 함께 답을 내고, 행동하여 바꿔 나가야 한다. 어떤 상황에서도 물러서지 않고 강인하게 대처해 나가는 기술, 바로 '생각하는 힘'일 것이다. 생각은 방법을 찾게 하고, 그 방법들은 '함께'라는 공동체 안에서 빛을 발하게 되며, '변화'라는 놀라운 결과를 이끌어 낼 것이다. 그러니 우리 아이들이 스스로 생각하는 힘을 기르도록, 학교라는 공동체 안에서 문제 해결을 위해 협력하고 소통하는 경험을 다양하게 해내도록, 교육공동체가 적극 협조해야 한다.

작은 학교 아이들에게 이런 사고의 과정과 경험의 축적이 더 중요한 까닭은 소인수이기 때문이다. 형제나 자매가 많지 않은 가정에서 문제 해결을 위한 부대낌의 과정을 경험하긴 쉽지 않다. 그런데 학교에서도 학생 수가 적어 그런 과정들을 충분히 경험하지 못한다면 작은 학교 아이들은 영영 '생각하는 힘'을 길러낼 기회를 갖지 못하게 된다. 내 스스로 생각을 하고, 누군가와 생각을 공유하며, 타협점을 찾고, 행하는 즐거움을 경험할 수 있어야 아이들이 당당히 설 수 있게 된다. 그러니 작은 학교에서 특별히 더 다양한 경험을 통해 생각하는 힘을 길러내도록 애써 주어야 한다. 바로 작은 학교 우리 교사들의 몫이다.

✖️ 희망 더하기ㅣ 마음으로 통하는 일심동체!

화이트보드와 보드 펜을 준비한다. → 선생님이 주제를 말하면, 그 주제에 대한 답을 적는다. 이때 모둠이 모두 같은 답을 써야 일심동체 점수를 받을 수 있다.

(예) 주제가 "진도의 자랑거리는?"이라면 친구들이 가장 많이 쓸 것 같은 것을 생각해서 써야 텔레파시가 통한다. → 10문제 중 모둠이 모두 같은 답을 써서 받은 일심동체 점수를 합하여 모둠별 점수를 비교한다. → 같은 답 쓰기가 익숙해지면 똑같은 동작으로 표현하기나 모두 다 서로 다른 답 쓰기 등으로 변형하여 놀이하면 좋다. → 텔레파시가 잘 통하지 않는다 하여 친구에게 소리를 지르거나 모둠의 일심동체 분위기가 깨져서는 안 된다.

가르치지 말고 참여시켜라

학생들은 재미를 요구한다. 재미는 참여에서 온다. 학습방법에 따른 학습 효과를 보면 읽은 것은 10%, 본 것은 30%, 듣고 본 것은 50%, 말한 것은 70%, 말하고 행동한 것은 90%를 기억한다고 했다. 따라서 수업에서 학생들에게 말하게 하고, 행동하게 하고, 서로 가르치게 하고, 협동하게 하며, 모둠으로 토론하며, 대화를 하고 발표를 하게 해야 한다. 학생들이 직접 뛰어들어야 재미를 만들어 낼 수 있기 때문이다. 참여하지 않고서는 결코 재미를 찾을 수 없다.

하지만 교사는 아이들을 믿지 못한다. 아이들을 이것도 해줘야 하고, 저것도 해줘야 할 약한 존재로 생각한다. 그래서 교사는 수업 내내 바쁘다. 한 명도 딴짓하면 안 되고, 한 명도 다른 방법을 찾으면 안 된다. 모두 집중해야 과정을 벗어나지 않고 답을 찾을 수 있으며, 한 방법으로 가야 혼란스럽지 않다. 그러니 질문보다는 정답만을 외치게 하며, 과정보다는 결과만 보고 달리게 한다. 그러니 아이들은 얼마나 힘이 들고 벅차겠는가. 얼마나 재미가 고프겠는가.

학교에 오면 쉬는 시간이 제일 즐겁고, 점심시간이 제일 신나고, 집에 가는 시간이 제일 좋다. 재미라고는 눈을 씻고 찾아봐도 수업 안에서는 찾아볼 수 없다. 뻔한 답이 판치고, 정답을 외친 아이만이 칭찬을 받고, 기껏 함께 걸었더니 발에 물집만 생길 뿐 남는 게 없다. 그 물집마저도 억지로 끌려가며 생긴 것이라면 결국엔 원망만 남게 될 것이다.

"작은 학교 교사들에게 당부하노니 가르치지 말고 참여시켜라."

갖은 업무에 복식 학급까지 맡고 나면 마음이 급해진다. 업무가 없다 하더라도 작은 학교에서 고민해야 할 거리들은 너무 많다. 그러니 아이들을 기다려 주기엔 시간이 너무 짧고, 아이들에게 다 맡기자니 믿을 수가 없다. 갈팡질팡하다 시간을 다 써버릴 것 같고, 문제 해결보다는 싸우고 다투며 놀기만 하는 것 같다. 그래서 내비게이션이 되길 자처한다.

정해진 길로만 인도하고, 정해진 결과에만 도달하도록 등을 떠민다. 다른 길을 탐색하기라도 하면 경로 이탈 경고를 수없이 날리며 제자리로 돌아오라고 아우성을 친다. 잠시 쉬어가는 것도 용납할 수 없다. 시작했으니 빨리 끝을 보라고 타이머를 쉼 없이 돌려댄다. 그러니 아이도, 교사도 점점 지쳐간다. 그쯤 되면 무엇을 해도 재미가 없고, 학교가 싫어 떠나고 싶다.

작은 학교 교사들은 두 가지 길을 걷게 된다. 먼저는 '몇 안 되는 아이들과 뭘 못하겠는가?' 하는 열정으로 밤을 밝히는 길이다. 이것도 해보고 싶고, 저것도 해보고 싶다. 그러니 시간이 부족해서 밤을 새운다. 그런데 아이들의 변화는 그리 빠르게 찾아오지 않는다. 그래서 금세 지친다. 이것을 해도 안 되는 것 같고, 저것을 해도 소용없어 보인다. 그래서 나중엔 모든 걸 내려놓는 길을 걷는다. 그러고는 핑계를 찾는다. 여건이 열악하여, 아이들이 소극적이라, 해도 해도 안 되니 어쩔 수 없다며 포기를 선언한다. 나는 쏙 빼내고 너만 계속 핑계 속에 써 붙이다가 어떨 수 없다며 멈춰선다.

그러니 작은 학교 교사여, 열정을 너무 과하게 쏟지 말라. 내가 곧 길이요 진리라고 목소리 높이지 말라. 혼자서 다할 수 있다고 자신하지도 말라. 아이들이 더디 간다고 낙심하지 마라. 더디 가는 것보다 멈춰 서 있는 것을 두려워하라고 했다. 강한 사람이 아니어도 괜찮으니 함께 가며 서로 돕고 나누게 해라. 약하고 더디 가는 듯해도 함께하는 그곳에 재미가 있고, 그리해야 변화도 싹이 트나니 천천히 아이들과 함께 가자.

✿ 희망 더하기2 스트라이크? 볼?

문제를 내는 사람이 머릿속으로 생각한 숫자를 알아맞히는 놀이로 메모지, 연필을 준비한다. → 문제를 내는 사람을 먼저 정한 후 시작한다. 문제를 맞힐 때 앞에 사람이 말했던 숫자는 다시 말할 수 없다. → 문제를 내는 사람은 0~9까지의 숫자 중에서 3개를 골라 세 자리 숫자를 만든다. 같은 숫자를 두 번 이상 쓸 수 없다. → 세 자리 숫자를 생각했다면 시작한다. 세 자리 숫자 중 숫자와 자리까지 맞히면 스트라이크(S), 숫자만 맞히면 볼(B)이 된다.

(예) 483인데 389라고 했을 경우 8은 숫자와 자리까지 맞았으므로 1S, 3은 숫자만 맞았으므로 1B이 된다. → 세 자리 숫자를 알아맞히는 사람이 다시 문제를 내는 식으로 진행한다. → 세 자리 숫자 알아맞히기가 익숙해지면 같은 숫자 중복하기, 네 자리 숫자 알아맞히기 등으로 규칙을 바꿔서 진행하면 좋다.

교실 밖으로 열린 상상수업하기

"우와, 시원하다."
"으흐흐, 춥다."

찌는 듯한 더위에 견디다 못해 창문을 닫은 후 에어컨을 켜면 아이들은 각기 다른 반응을 보인다. 사물을 바라보는 눈은 다 이중적이다. 덥고 따뜻하며, 시원하며 춥고, 날카롭고 까칠하다.

"선생님, 이거 완전 재밌어요. 또 해요."
"선생님, 이거 재미없어요. 안 하면 안 돼요?"

똑같은 놀이나 놀잇감을 가지고도 아이들이 보이는 반응은 제각각이다. 개성이 다르고, 취향이 다르기 때문에 호기심과 질문에 차이가 생긴다. 그런데 우린 자꾸 아이들의 생각의 폭을 좁혀 공통점만 찾으려 하고, 엉뚱한 생각은 그만하라고 한다. 아이들의 언어보다는 어른들의 말만 앵

무새처럼 반복하라 가르친다.

"엉뚱한 생각"

어쩌면 시도 때도 없이 질문하는 튀는 아이가 드넓은 세상과 더 가깝게 소통하고 있는 것인지도 모른다. 그런데 어른들은 엉뚱한 상상은 공부에 도움이 되지 않으니 하지 말라고 가르친다. 몇 안 되는 작은 학교 아이들에게도 기계적으로 문제집만 풀라고 시킨다. '1+1=2'가 중요하다는 건 안다. 하지만 사람 사는 세상엔 '1+1'이 3이요, 4인 경우도 얼마든지 있다.

그러니 이제 우리 아이들이 엉뚱한 상상을 많이 하게 가르치자. 아이들의 상상에는 결승점이 없다. 매사에 결론을 미리 짓고 답을 내는 어른들과는 다르게 결승점이 없는 아이들의 상상에는 정답도 없다. 정답이 없는 대신 무한한 가능성이 있다. 정해진 틀이 없기에 무질서해 보이지만 그 무질서해 보이는, 정답 없는 엉뚱한 상상이 세상을 향한 공감과 소통의 창이 되어준다.

작은 학교 아이들도 정답이 없는 엉뚱한 상상을 즐기게 하자. 다양한 경험을 통해 새로운 생각을 많이 하게 하자. 아이들이 쏟아내는 새로운 생각들은 아이들에게 재미가 된다. 그런 재미를 맛본 아이들은 자연스레 수업의 중심으로 돌아오게 된다.

수업의 중심에 선 아이들은 주도적으로 만들어가는 수업을 펼친다. 그러니 이제 작은 학교 교사들은 수업 속에서 아이들이 상상을 'Maker' 할 수 있도록 도와주면 된다. 상상한 것을 아이들 손으로 만들어 갈 수 있도록 교육과정과 연계하여 다양한 장을 펼쳐주면 된다. 그 안에서 작은 학교 아이들도 상상이 현실이 되는, 눈에 보이지 않던 것들이 눈에 보여지는 배움의 참 기쁨을 맛볼 수 있게 도와주면 된다. 작은 학교 교사가 작은 학교 아이들을 진심으로 보듬으며 함께 머물러 주면 된다.

마음이 통해 "두근두근 내 마음이 떨려"

상상하는 것은 즐거워!

"우웩, 똥 냄새나요."

"이건 절대 밟으면 안 돼."

"우와, 물고기다."

"얘들아, 이 잎은 나비 닮았어."

상상하는 일이 즐거우려면 그것에 대해 잘 알고 있어야 한다. 자연에 대해 관심을 가지고 관찰하거나 직접 느껴보는 경험을 하지도 않았는데, 교실에 앉아 눈을 감고 아무리 상상의 나래를 펴고자 한들 아이들의 상상은 무한할 수 없다. 그 끝이 너무나 짧아 자꾸 "이거 왜 해야 해요?"를 외치게 된다.

아이들은 생각보다 경험이 짧다. 굵직굵직한 경험은 부족함 없지만 작은 것들에 집중해 본 경험이 별로 없다. 나와 가장 밀접해 있는 부분들에 대해서는 더 그렇다. 우리 마을에 무엇이 있는지, 우리 집 마당에 무슨 꽃이 피었는지, 실잠자리가 뭔지 아이들은 자세히 관찰해 본 적이 없다.

그래서 아이들은 경험 속에서 나온 결과들을 활용한 학습 내용에는 매우 취약하다. 우리 마을에 무엇이 있는지 자세히 살펴본 적이 없으니 동네를 상상할 수 없으며, 강아지풀을 본 적이 없으니 감성이 살아나지 않는다. 매일 같이 오가는 길에서 수없이 보는데도 벼가 뭔지, 콩이 뭔지를 몰라 질문을 쏟아 놓는다.

두루뭉술한 앎은 아이들에게 두려움만 키워준다. 애벌레는 한 번도 본 적이 없으니 소리 지르며 도망쳐야 할 대상이고, 풀피리를 불어본 경험이 없으니 그 가능성을 짐작도 하지 못한다.

"재미없게 이걸 왜 해요? 게임하면 되지."
"난 벌레가 젤로 싫어요. 싹 다 없어졌으면 좋겠어요."

이런 이유로 아이들을 교실에만 가둬두어선 안 된다. 아이들을 모니터 앞에만 앉혀둬선 안 된다. 아이들을 교과서 옆에만 붙들어둬서도 안 된다. 아이들을 데리고 교실 밖으로 나가야 하며, 모니터를 벗어나 직접 만져보게 해야 하며, 교과서를 덮고 경험을 펼쳐 들게 해야 한다. 그래야 아이들은 진정성을 담은 그림을 그리게 된다. 그래야 아이들은 마음을 다해 노래할 수 있게 된다. 그래야 아이들은 공감하며 고개를 끄덕이게 된다.

교실 문을 열어라. 그리고 밖으로 나가라. 아이들과 함께 경험하는 걸 귀찮아하거나 두려워하지 말라. 함께해 봐야 무엇인지 알 수 있고, 함께해 봐야 이해할 수 있다. 함께해 봐야 방법을 찾아 실천할 수 있나니 이제 교실 문을 활짝 열자.

✹ 희망 더하기 3　사물에 상상을 더해!

상상 더하기 활동을 할 사물을 하나씩 준비한다. → 사물을 자세하게 관찰하며 이야기를 나눈다. → 모둠 친구들의 상상을 더해 하나의 그림으로 표현한다.

(예) 딱풀을 보고 우주선 발사대를 생각한 후 출발 직전의 우주선을 덧대어 그리기 → 사물과 사물의 특징을 연결 지어 새로운 것을 만들어내게 하거나 이야기에 이야기를 더해 새로운 이야기를 만들고 수업 연극으로 표현할 수 있도록 진행해도 좋다. → 아이디어가 돋보이는 모둠을 칭찬하고 함께 표현해 볼 수 있게 한 후 소감을 나누고 마무리한다.

새롭게 보고 다르게 연결하라

"챠르르, 콜콜콜, 휙휙"

"음~ 스멜~"

난 커피를 좋아하지 않는다. 하지만 믹스커피는 좋다. 서로 다른 알갱이들이 옹기종기 모여 있는 믹스커피 한 봉지를 '챠르르' 커피잔에 쏟아부은 후 '콜콜콜' 뜨거운 물을 붓는다. 그리고선 인간미 넘치게 빈 봉지로 '휙휙' 저어주면 커피와 설탕과 프림 입자들이 회오리를 치며 사르르 녹아내리는 모양이 사랑스럽다. 잠시 회오리를 보고 있노라면 콧대 높게 밀고 올라오는 갈색 빛깔이 보기 좋다. 뜨거운 커피잔을 두 손으로 조심스레 받쳐 들고 '후' 입김을 불어 넣으면 하얀 수증기를 타고 풍기는 고소한 믹스커피만의 향이 좋다. 딱 한 모금을 입에 머금고 눈을 감았을 때 혀끝으로 전해지는 텁텁하면서도 달콤한 그 맛이 좋다. 부담 없이 소박하게 이야기 나누게 하는 믹스커피 한 잔의 여유가 엉킨 가슴에 찡한 위로가 되어 다가서니 참 좋다.

작은 학교도 믹스커피 같다. 똑같아 보이지만 펼쳐보면 놀랄 만큼 다채로운 이야기를 품고 있음이 쏙 빼닮았다. 분명 똑같은 믹스커피 한 봉지인데 어디를 잡고 얼마나 쏟아붓느냐에 따라, 어떤 물을 얼마나 부어 주느냐에 따라 맛과 향과 빛깔이 달라진다. 작은 학교도 그렇다. 특색 없어 보이는 몇 안 되는 아이들이 어디에서, 뭣 하려고, 어떤 방법으로 뭉치고 흩어지느냐에 따라 제각각 맛과 향과 빛깔이 다른 이야기들이 만들어진다.

그러니 이제 문을 열자. 작은 학급의 문을 열어 다른 학급과 만나고, 작은 학교의 문을 열어 다른 학교와 만나고, 하나의 생각을 열어 다른 생각들과 만나 새롭게 보고 다르게 연결 짓게 하자. 작은 것과 작은 것이 자꾸 만나다 보면 그곳에서 발견이 일어나게 되며, 창의가 결실을 맺게 되나니.

"out of the woods"

변화무쌍한 학교 밖 상황들은 우릴 보며 위기에서 벗어나라고, 위험에서 벗어날 수 있는 힘을 기르라고 한다. 코로나19가 터진 상황에서도 그랬다. 기존에 한 번도 경험하지 못한 급박한 상황이 전개되자 여기저기에서 교육현장을 향해 다양한 시범적 도전을 해내라고 강력히 요구했다. 이것저것을 향한 도전을 통해 새로운 방법을 찾고 새로운 길을 트라고 등을 떠밀었다.

새로움은 상상을 통해 얻어낼 수 있다. 존재하지 않지만, 경험해보지 않았지만 상상할 수 있었기에 놀랄만한 성과를 거둔 대작들이 많다. 있는 그대로의 사실에만 의존하거나 검증 없는 이론 익히기에만 급급하다면 결코 상상은 현실이 될 수 없다.

그러니 하나의 사실도 다양한 각도에서 새롭게 바라보는 눈을 갖게 하자. 당연하다는 굴레 속에 실재를 가두지 말고 도전하게 하자. 사실을 기반으로 한 서로 다른 것들을 다양하게 연결 지어 새로움을 만들어내도록 격려하자. 실패를 두려워하지 말고 당당히 즐길 수 있도록 빗장 풀어 활짝 문을 열어 주자.

그러다 문득 지쳐오는 날, 가볍게 믹스커피 한 잔을 타서 창가에 앉자. 소박한 그 커피 한 잔이 다 식어가도록 그 맛과 그 향과 그 빛깔에 취해보자. 그러면 마음에 쌓인 스트레스가 녹아내리는 위로를 만나리니. 그럼 또 힘이 솟지 않겠는가! 나의 신념이 걸어야 할 길이 보이지 않겠는가! 그럼 다시 또 걸어보자. 그 걸음이 쌓여 작은 학교 아이들의 성장을 이끌 수 있다면 그리해보자. 새롭게 보고 다르게 연결 지으며 힘을 내 함께 가보자.

🧩 희망 더하기4 교실 밖으로 걸어 나온 시!

시를 쓰기 전 대상을 찾기 위해 학교 주변을 돌아다니며 눈에 보이는 것들 중 마음에 드는 것을 적는다. → 적은 것 중에서 가장 마음에 드는 것 3개를 고른다. → 각자 고른 3개를 가지고 모둠으로 모여 의논한 후 하나의 시적 대상을 고른다. → 선택한 하나의 시적 대상에 대한 느낌을 그림으로 그린다. → 각자 대상에 대한 생각을 띠지에 한 문장으로 적는다. →

띠지의 순서를 정해 시를 완성하고, 시의 제목도 정한다. → 모둠 시를 감상하며 생각을 공유한다. → 모둠 시를 바탕으로 하여 개인 시를 쓰는 활동으로 연결한다. → 완성된 시를 종이나 손수건 등에 표현하고 나눈다.

지역과 융합하는 맛난 수업하기

"죽림의 자랑거리는 뭘까?"

"강계 소나무 밭과 갯벌이요."

"우리 동네 헌복동 바다요."

"우린 거기 잘 몰라요."

"그래, 그럼……."

그렇게 시작된 '우리 동네 자랑거리 말하기'는 잘 모른다는 아이들의 반응 때문에 '우리 동네 자랑거리 조사하기'로 바뀌었다. 그런데 막상 조사하려고 해도 별다른 자료가 없어 과제 해결이 어려웠고, 아이들의 궁금증은 풀리지 않았다. 그래서 다시 '우리 동네 자랑거리 찾기' 프로젝트로 바꿔 진행하게 되었다. 처음에는 매우 간단하게 하루, 이틀이면 되겠지 싶었던 과정이 약 3주간의 대장정으로 프로젝트를 재구성하게 되었다.

먼저 어른들께 여쭤보고 우리 동네 자랑거리를 모아 보았다. 아이들이 몇 안 되고, 동네도 몇 안 되었지만 제법 많은 자랑거리가 수집되었다. 우리 동네 자랑거리를 목록화하는 과정에서 알게 된 것이지만 아이들은 그곳에 한 번도 가본 적 없고, 심지어 무엇인지도 잘 모르는 것도 있었다. 부모님께 여쭤보거나 인터넷 검색을 통해 자료를 찾아보기도 했지만 큰 성과를 얻지 못했다. 아이들과 어떻게 하면 좋을지를 의논했다. 직접 발로 뛰며 조사하거나 전문가에게 여쭤보자고 의견을 모았다.

그게 시작이었다. 우리는 마을별로 나뉜 자랑거리를 조사하기 위해 요일별 플랜을 짜기 시작했고, 좀 더 깊이 있게 알아보기 위해 문화 해설사 선생님을 섭외했다. '토요 자전거 라운딩 마을 탐사대'를 조직하여 직접 발로 뛰기 시작했다.

처음엔 정말 순수하게 우리끼리 마을에 대해 좀 더 깊이 알아보려는 취지에서 시작된 프로젝트가 점점 깊게 파고들면서 우리만의 힘으로 해결할 수 없는 문제들이 발생했다. 자전거 라운딩을 갔는데 꽤 멀리 이동하다 보니 아이들이 지쳐 돌아오지 못하는 일이 생겼다. 그럴 때면 학부모님께서 기꺼이 트럭을 몰고 와 이동시켜 주셨고, 교외활동 시 매번 간식을 준비하여 챙겨주었다. 동네 이장님께서는 동네 역사나 지명 유례 등을 잘 알고 계신 어르신들을 찾아뵙고 인터뷰도 할 수 있게 도와주셨다.

우린 계속해서 프로젝트 내용을 검토하고 자료를 정리하며 새로운 플랜을 덧붙였고, 오후엔 교실 밖으로 나가 자료를 수집했다. 이게 꽤 기간이 길어지면서 아이들이 내심 포기 선언을 하지나 않을까 염려했지만 예상과는 달리 열정적으로 참여했다.

헌복동 산책로를 완주하며 아이들은 바다와 인접한 우리 지역 자연의 아름다움을 만끽했으며, 동행해 주신 문화 해설사 선생님께서 들려주신 진도의 역사와 문화, 자연환경 관련 다양한 이야기들은 참 배움이 일어나게 하는 좋은 계기가 되어주었다.

토요일 오후 자전거 라운딩의 마지막 코스로 여귀산을 오르던 날은 정말 최악이자 최고로 행복한 시간이기도 했다. 어린 동생들까지 굳이 옆에 끼고 가파른 산을 올랐다. 꼬맹이들은 힘들다고 울고불고 난리를 쳤다. 누가 먼저랄 것 없이 동생을 업고 달래며 산을 오르는 모습에 눈물이 왈칵 쏟아질 것만 같았다. 감동을 일게 하는 아름다운 풍경이었다.

가만히 교실에만 앉아, 조금 더 깊이 알아본다고 컴퓨터 앞에만 앉아 뒤적거리고 마는 그런 활동이 아닌 지역사회로 직접 나가, 지역사회를 두루두루 누비며, 지역민들의 협조 속에서 찾은 자료는 우리 아이들에게 큰 자산이 되어주었다.

그렇게 3주를 함께 애쓰며 모은 자료로 〈우리 동네 관광 지도 만들기〉를 하며 최종 마무리를 했다. 그 과정을 이대로 흘려보내기에는 너무나도 아쉬워 국립청소년 어린이 도서관의 한 프로그램에 응모하여 좋은 성과를 거두기도 했다.

"한 아이를 키우려면 온 마을이 필요하다."

아프리카 속담인 이 말은 한 아이가 온전하게 성장하려면 한 가정만의 책임이 아니라 이웃과 지역사회가 관심과 애정을 갖고 협력해야 한다는 걸 강조한다. 뒤집어 생각해보면 한 아이가 온전하게 성장하도록 도우려면 학교가 가정, 마을, 지역사회와 협력하지 않으면 안 된다는 뜻이기도 하다. 생각보다 그 둘의 간극은 훨씬 좁고 가깝다. 아이들의 성장을 위해서라면 가정과 마을과 지역사회는 너무나 기쁘게 마음을 열어 협력해 준다. 그러니 이제 학교가 넓은 안목으로 손을 내밀어 함께할 때이다. 아이들의 온전한 성장을 위해 함께 손잡을 때이다.

꿈꾸는 자만이 가슴 떨리는 성장을 한다

작은 학교는 하루가 매우 빠르다. '안녕'하며 금방 하루를 열었는데 벌써 쫓기듯 퇴근해야 할 시간이다. 아이들은 교사인 나만 쳐다보며 오늘은 뭘 할 것인지를 묻고, 업무라는 녀석은 내 손과 발을 붙들고 앉아 왜 빨리 처리해 주지 않느냐고 물고 늘어진다. 눈 깜짝할 사이라는 말이 실감 날 정도로 하루가 빠르다.

매번 '난 아이들을 방치하고 있지 않나?'라는 생각에 두 손이 무겁도록 연구 자료들을 챙겨들고 퇴근길에 오른다. 내게 조금만 시간이 더 있다면 이 아이들과 진짜 하고 싶은 것을 할 텐데, 내게 조금만 더 여유가 있다면 눈을 마주치고 앉아 차분히 아이들의 이야기에 귀를 기울일 텐데, 그럴 시간적 여유가 없다며 한탄만 늘어놓게 된다. 그러다 지치면 이제 떠날 핑계를 찾는다. 지치도록 힘든 업무와 지겨우리만큼 집요한 아이들을 향한 죄책감에서 벗어나기 위해 옮겨 갈 학교를 물색하게 된다.

그게 더 작은 학교라면 또 다르다. 분교장처럼 나 혼자서 모든 책임을 져야 하는 곳에서의 교사는 또 다른 모습을 보인다. 업무라는 압박에서는 다소 헤어 나올 수 있다. 하지만 복식 학급을 운영해야 하는 상황이라면, 더더군다나 교직 경력이 얼마 되지 않는 신규에 가까운 교사라면 학급 운영과 복식 수업이라는 굴레에 빠져 더욱 허덕이게 되는 현상이 발생하기도 한다.

누구에게 조언을 구하기도 어렵고, 조언을 구할 그 누군가를 만나기도 어렵다. 어떻게 해야 할지, 뭘 해야 할지, 매일이 고민이다 보니 이제 완전히 손을 놓게 된다. 아이들은 그냥 모니터 앞에 앉혀두고 하루를 보낸다.

학습지 한 장 달랑 던져두고 교과 수업을 마무리한다. 아무런 교감도 없이 다시 책가방을 둘러메고 교문을 나서게 한다. 무엇을 해도 재미가 없고, 하루하루가 따분하고 무료하다. 그러니 군대에 간 동기처럼 매일 날짜만 세고 앉았다. 떠나갈 그날만을 기다리며 손을 꼽게 된다.

그래서 더러는 분교장에 근무하는 어느 교사의 행태가 눈살을 찌푸리게 하는 가십거리가 되어 입방아에 오르내리게 된다. 하지만 선배로서 우린 그럴 자격이 없다. 왜냐하면 우리도 거기를 쉬 떠나왔거나 말로만 들은 경험 아닌 경험에 질려 그곳에 찾아 들어갈 용기조차도 갖지 못했으니 입방아만 해서는 안 된다. 한 번도 손 내밀어 잡아준 적 없고, 마음의 무거운 짐 한 조각 나눠질 관심조차 두지 않았으니 손가락질할 자격이 없다.

하나뿐인 아이라 해도 그 아이에게 학교는 최고의 경험치가 모인 곳이다. 학교가 아니면, 지금 그 아이와 함께한 교사가 아니면, 그 누구도 그 아이의 경험치를 쌓아줄 수 없다. 경험치를 쌓을 수 없다면, 그 아이의 평생을 좌우할 배움을 학교가 책임질 수 없다면 그 아이에겐 너무나 큰 슬픔이지 않겠는가.

"꿈꾸지 않으면 사는 게 아니라고 별 헤는 맘으로 없는 길 가려네. 사랑하지 않으면 사는 게 아니라고……(중략)……배운다는 건 가르친다는 건 희망을 노래하는 것"

내가 어느 해엔가 만났던 아이들은 이 노래를 참 좋아했다. 어디에서 배웠냐고 물었더니 유치원에서 엄청 많이 불렀다고 했다. 그런데 난 아이들이 이 노래를 부르자고 할 때마다 가슴이 아렸다. 아이들은 꿈을 꾸게 하는 배움을 갈구하고, 교사인 나는 그런 아이들이 희망을 노래하도록 가르쳐야 한다는데 그러지 못하고 있다는 생각에 그 노래를 들을 때마다 얼굴이 달아올랐다.

그러니 이제 작은 학교와 함께하고 있는 지금의 그대와 앞으로 함께할 내일의 그대가 함께 손을 잡을 때이다. 설레는 마음으로 낯선 길을 터 볼 때이다. 교실을 넘어, 학교를 벗어나, 아름다운 동행이 기다리는 지역과의 융합 속에서 꿈을 꾸게 하는 아이들의 배움을, 희망을 노래하게 하는 교사의 가르침을 실천할 때이다. 그래야 성장이 이루어지고, 그래야 상생의 즐거움이 그곳을 가득 채우게 된다. 그래야 학교만, 교사만 바라보고 있는 작은 학교 아이들의 경험치가 쑥쑥 오를 수 있다. 그러니 지금의 그대가, 지금의 그 작은 학교에서 함께 애써 줄 때이다.

🎓 희망 더하기 5 야! 나도 융합수업 해!

학습 주제를 선정하고 융합 수업을 위해 교육과정과의 연계성을 파악한다.

(예) '진도와 관련된 역사적 인물이나 사건 알아보기'라는 주제로 어떤 교과, 어떤 차시를 융합할지 생각하기 → 융합 수업을 위한 주제를 결정하고 학습 계획을 세운다.

(예) '이순신 장군과 명량대첩'에 대한 주제로 주제망 짜기 → 문제 해결을 위한 활동 계획을 수립한다. (예) 어떤 팀으로, 어떻게 활동할지를 계획하기 → 사전 배경지식을 쌓기 위해 조사 및 탐구 활동을 한다.

(예) 이순신과 명량대첩에 대해 조사하기, 관련 도서 읽기, 관련 영화 감상 후 '골든벨' 추가해 보기 → 현장 활동을 협의하고 추진한다.

(예) 진도와 해남 일대를 돌며 이순신의 흔적을 찾아보고, 명량대첩 관련 자료 수집하기→ 수집한 자료를 가지고 역사 탐험 지도를 만든다. → 학년별로 작성한 자료를 공유하며 마무리한다.

같이, 가치를 잇다

몰입하며 즐길 수 있는, 아이들에게 나름 심오하지만 깃털처럼 가뿐한 수업, 그런 수업이 가능할까?

"아이들은 어떤 내용을 배우느냐보다 누구에게 배우는가가 중요하다. 누구에게 배우는가 보다 어떤 환경이나 분위기에서 배우는가가 더욱더 중요하다."

어느 교육자가 말했다. 그렇다. 작은 학교 아이들과 함께하다 보면 배움에 대해 늘 고민에 빠지게 된다. 그중에서도 상호작용에 관한 고민의 깊이가 꽤 깊다. 아무리 다양한 배움의 길을 잇고, 아무리 다양한 환경과 분위기를 만들어낸다 해도 상호작용의 문제를 해결하지 못하면 배움을 확장하기가 말처럼 쉽지 않다. 몇 안 되는 아이들을 매일 만나고, 부대끼며 반복되는 일상이 매일 겹치다 보니 우물 안 개구리 안목을 벗어나지 못한다. 그로 인해 깊이 있는 상호작용을 이루지 못한다.

한 학급의 학생 수가 다섯 명이라면, 한 바퀴를 돌아도 다섯 번의 생각밖에 만나지 못한다. 다양한 자료를 수집하였음에도 다섯 번보다 적은 의견이 나올 때도 있다. 모둠 구성도 어려운 상황에서 어찌해야 할지 몰라 방황하게 된다. 하지만 그것도 다섯 명 모두가 비슷한 수준일 때 가능하다. 심할 경우 그 다섯마저도 유지할 수 없어 상호작용 자체가 힘들어진다.

학급 안에서 교사하고만 부대끼며 해결하는데도 한계가 있다. 작은 학교 안에서 학년 간의 벽을 트고 해결하고자 애써도 보지만 해결되지 않을 것들이 더 많다. 길을 만드는 수밖에! 분교장, 본교, 이웃 학교로 뻗어나가는 길을 만들면 된다. 여러 가지 여건 상 어려움이 뒤따를 수 있다. 하지만 한 번이 두 번을 낳고, 두 번이 세 번으로 향하면 조금씩 수월해지지 않겠는가. 그러니 도전을 권해 본다.

화상수업이라는 방법으로 길을 만들고, 한 달에 한 번일지라도 만남의 길을 트고, 프로젝트라는 이름으로 길을 엮어 함께하다 보면 자연스레 길이 길로 통한다. 그 길 위에서 '같이'와 '가치'를 찾아 소통하고 상호작용한다면 아이들은 어느새 즐거움과 함께 이만큼 성장해 있을 것이다.

🌸 희망 더하기6 우리 손으로 마을을 그려요

우리 동네 한 바퀴를 돌며 우리 마을에 대해 알아본다. → 우리 마을과 관련된 이야기를 수집한다. → 이야기를 재구성하여 우리 마을 전래동화를 새롭게 만든다. → 우리 마을 지킴이 캐릭터를 그려 넣어 전래동화를 완성한다. → 동네 한 바퀴를 돌며 마을 벽화 그리기 활동 장소를 찾는다. → 동네 이장님의 도움을 받아 마음 모아 마을 벽화 그리기 활동을 진행한다. 마을 벽화 주제는 우리 마을 전래 동화로 한다. → 마을 어르신들과 나눔의 시간을 가진 후 마무리한다.

교실 놀이로 재미 더하기

눈을 감고 자신의 마음에 귀를 기울여 보세요.
그곳에 진정한 보물들이 있어요.
이 보물을 볼 줄 아는 눈을 가졌을 때,
세상은 아름다워 보입니다.

〈어린왕자〉

"야, 이거 봐. 내가 만들었어."

"우와, 대단하다. 어떻게 만들었어?"

"나도, 나도, 나도 해 볼래."

아이들은 노는 게 제일 재미있다. 놀이 속에서는 대화도 잘 통하고, 말씨도 부드러우며, 다툼도 적다. 그러다가 설령 놀이 안에서 다툼이 생기더라도 서로 협력해서 해결할 수 있는 방법을 찾아내며, 나름의 규칙도 수용하고 지킬 줄 안다. 또한 내가 만들어낸 놀잇감을 친구들에게 자세하게 설명하고, 내 차례를 참고 기다리며, 서로 배려하고 도와주기를 주저하지 않는다.

철학자 존 듀이는 오늘의 아이들을 어제처럼 가르치면, 아이들의 미래를 빼앗는 것이라고 말했다. '오늘의 아이들을 위한 어제와 다른 가르침이란 무엇일까?' 나는 함께 놀자고 하면 눈빛부터 달라지는 아이들의 놀이 속에서 그 답을 찾아보았다.

작은 학교, 작은 학급의 교사라면 누구나 한 번쯤 고민해 보게 된다. 다람쥐 쳇바퀴 돌 듯 매일 반복되는 일상 속에서 매너리즘에 빠져 기계적으로 암기하게 하는 수업만으로는 미래를 살아갈 아이들을 올바르게 가르칠수 없다. 학생 개개인의 수준에서 적절한 배움이 일어나도록 충분히 자극시킬 수 없다. 이때 적용할 어제와 다른 오늘의 가르침은 놀이라고 생각한다.

하지만 놀이가 아무리 자발성과 즐거움을 수반하는 효과적인 수업 방법이라 할지라도 무조건적으로 적용하는 것은 곤란하다. 수업에서의 놀이는 반드시 교육목표와 맥을 같이 하며 물 흐르듯 스며들어야 하며, 결과적으론 교육목표의 성취로 이어져야 빛을 발하기 때문이다. 다시 말해 차시 내 학습목표 성취와 교육과정에서 강조하는 핵심 역량 신장이라는 틀을 벗어난 놀이는 수업 상황에서 혼란만 가중시키거나 분위기를 망칠 수도 있으니 반드시 그 효과성을 따져 보아야 한다.

혹자는 놀이란 의도된 목적성을 지니면 효과가 떨어진다고 외치지만 수업과 맥을 같이 하는 놀이는 방향성이 없으면 안 된다. 목적성을 잃어서도 안 된다. 놀이를 단위 차시 목표와 연계하여 계획하고, 의도적으로 목적성을 띤 채 수업에 투입해야 학습목표 달성에 효과를 낼 수 있다. 수업 속에서 눈 뜬 채 멍하니 잠들어 있는 아이들의 뇌를 흔들어 깨울 수 있다면 그보다 더 좋은 방법은 없지 않겠는가 싶다.

단위 수업 목표 달성을 위해 적절히 의도된 놀이가 수업에 더해지면 그에 어울리는 생각과 행동으로 새로운 것을 만들어내는 즐거움을 아이들에게 제공한다. 수학 문제를 풀면서도 좋은 결정을 내리고, 그 결과에 책임을 질 줄 아는 행복을 찾을 수 있을 것이다. 작은 학교, 작은 학급의 수업에서는 놀이를 적극 활용해 볼 것을 추천한다.

교과와 함께하는 수업 놀이로 날개 달기

작은 학교, 작은 학급은 몇 바퀴를 돌며 아이들의 생각을 듣고, 몇 장의 학습지를 활용해도 한 차시 시간이 아직 많이 남아있는 경우가 종종 있다. 그러다 보면 아이들은 지루함의 늪에 빠져들고, 재미없음에 지쳐 칭얼거리기 시작한다. 눈이 풀린 채 하지 않으면 안 되냐고 아우성을 친다. 이쯤 되면 교사는 마음이 다급해지고 또 다른 방안이 떠오르지 않으니 꼼짝 말고 시키는 대로 하라며 엄포를 놓게 된다. 이 무슨 불협화음이란 말인가.

그럴 때 잠시 고개를 돌려 교과를 들여다보라. 효과적으로 학습 목표를 달성할 수 있게 할 다양한 놀이들이 교과 곳곳에 숨어 있는 게 보일 것이다. 그러니 놀이를 통해 아이들이 즐거움을 찾고 성장할 수 있도록 교과를 뒤져 놀이를 찾는 수고로움을 마다하지 말자. 번거롭고 가끔은 버겁더라도 교과 수업 속에 놀이를 꾸준히 투입하여 보자. 놀이 그 자체가 갖는 긍정적 효과와 교육적 성과를 함께 잡아보자.

요즘은 하루 종일 동네를 걸어보아도 아이들 노는 소리가 들리지 않는다. 아이들 노는 소리도 듣기 힘들 정도로 아이들이 줄어든 이유도 있겠지만, 요즘 아이들은 너무 바빠 놀 시간이 없다. 학원 가랴, 아동센터 가랴, 공부하랴, 아이들이 제일 바쁘다. 그렇게 바쁜 아이들을 위해 의도적이라도 놀이를 통한 교육을 실시해보자. 스스로 문제를 해결할 수 있는 능력을 기를 수 있도록 도와주자.

놀이 속에서 아이들은 스스로 소통하는 힘을 기르고, 놀이를 통해서 서로 협력하고 배려하는 힘을 기른다. 그러니 작은 학교가, 작은 학교 교사가 그런 놀이의 기회를 교육과정 속에서 많이 가질 수 있도록 만들어 주어야 한다.

수업 중에 놀이를 하며 쏟아놓는 아이들의 웃음소리가 학교 담장을 넘어 동네 골목을 물들일 수 있게 해줘야 한다. 진짜 놀이의 즐거움을 수업 속에서 맛보도록 도와야 한다.

놀이를 즐기는 아이들

친구랑 와글와글 함께 놀며 배우자!

코로나19 사태로 외부 활동에 제한을 받게 되자 우리 아이들은 더욱더 놀이로부터 멀어졌다. 그나마 주어진 시간을 스마트폰을 하며 보내는 경우가 많아졌다. 이런 사태가 앞으로 쭉 계속될 수도 있다고 볼 때 우린 온라인 수업과 연계한 혼자 하는 놀이나 교실 상황에서 안전하게 놀이할 수 있는 방법들도 다양하게 강구해 두어야 한다.

놀이는 쉬우면서도 간단하게, 별다른 준비 없이 교과 수업에서 활용할 수 있어야 한다. 규칙이 복잡하거나 준비물이 많이 필요하다면 교사도 수업에 적용하기 힘들고, 아이들도 흥미를 잃기 쉽다. 그러니 기왕이면 생활 주변에서 쉽게 구할 수 있는 재료로 쉽고 간단하게 어디서든 풀었다가 담을 수 있어야 한다.

교실 놀이를 할 때 가장 염두에 두어야 할 것은 잠시 재미만을 추구하거나 아이들끼리 견제하고 경쟁에만 빠지게 되는 놀이가 아닌 함께 협력하며 문제를 해결하는 놀이를 고려하는 게 좋다. 그래야 아이들이 학습 상황에서 지루함에 빠지기 쉬운 글이나 말 중심의 배움에서 벗어나 상황이나 활동을 통한 배움에 도달하게 된다. 자연스럽고 즐겁게 자신의 것을 만들어 가게 된다.

✳ *재미 더하기 ǀ* **접Go, 쓰Go, 찢Go 빙고!**

A4 용지 반을 준비하여 2×4로 접어 8칸을 만든다. → 교과 차시 주제 관련하여 서로 다른 낱말 8개를 생각하여 각 칸마다 하나씩 적는다. → 낱말을 말할 순서를 정한 다음 순서대로 낱말을 말한다. → 말한 낱말이 내 빙고 종이의 양쪽 끝에 있는 경우에만 그 칸을 찢어낼 수 있다. 가운데에 있는 경우는 찢어낼 수 없다. → 비슷한 낱말일 경우에는 낱말을 말한 사

람이 찢어낼 수 있는지, 없는지를 결정한다.

(예) '청사과'를 불렀는데 '사과'라고 써져 있을 경우 → 순서대로 진행하고 가장 먼저 모든 종이를 찢어서 내려놓으면 '빙고'를 외칠 수 있다.

오늘은 우리 뭐하고 놀까?

놀고 싶어도 놀 시간이 없고, 놀 친구가 있어도 제대로 놀 줄 모르며, 진짜 놀고 싶은데 놀 친구가 없는 아이들. 이로 인해 아이들은 점점 배려와 공감, 협동심이 부족해져 간다. 학교라는 공간은 놀 시간과 놀 장소와 놀 기회를 제공해 이 부족함을 채워줄 수 있는 있는 최적의 공간이다.

하지만 학교도 나름 바쁘게 돌아가니 놀 시간을 만들어 주는 것이 말처럼 쉽지는 않다. 그러다 보니 놀 시간을 따로 빼려 하기보다는 교육과정 안에서 교과와 창의적 체험활동의 재구성을 통해 체계적으로 융합, 수업 안에서 이루어지도록 해야 한다. 그래야 놀 시간이라는 무거운 주제를 자연스럽게 해결할 수 있다. 수업 안에서의 놀 시간 확보는 교실이라는 놀 공간과 연결되며, 자연스럽게 놀 아이들을 모을 수 있게 되니 작은 학교 입장에선 일석이조가 아닐 수 없다.

"이게 놀이고, 지금이 놀 시간이야."

명시하지 않아도 학생들은 교육과정 안에서 자연스럽게 놀이를 접한다. 몸과 마음으로 느끼고 경험하며 함께 배울 수 있다면 족하다.

"애들아, 오늘 우리 뭐 할까?"

"빙고요."

"끝말잇기요."

"수수께끼요."

부담 없이 교과 활동과 연계하여 수업 속에서 자연스럽게 풀 수 있는 놀이들은 아이들에게도 경험치가 많이 쌓여있다. 아이들 입에서 나온 놀이 활동으로 수업을 열거나 닫았을 때 몰입도가 가장 높다. 그러니 아이들의 놀이 경험치를 쌓아주기 위해 교사가 조금만 더 애써보자. 둘러보면 교실 놀이를 위한 다양한 서적이나 연수뿐만이 아닌, 생활 속 놀이들이 주변에 많다. 그중에서 내 학급에 맞는 몇 가지 놀이들을 뽑아 아이들의 경험치를 쌓아준다면 두고두고 수업 활동에서 덕을 볼 수 있다. 특히나 작은 학교, 작은 학급에서의 놀이는 아이들이 상호작용할 수 있는 기회를 갖게 해주는 좋은 교수학습 방법 중 하나임을 잊지 말자.

✳ 재미 더하기1 **한 문장 포스트잇 퍼즐!**

모둠별로 차시 내용과 관련하여 20자 내외의 문장을 만든다. (예) 인물의 말과 행동을 통해 인물의 마음을 짐작한다. → 모둠이 만든 문장을 포스트잇에 옮겨 적는다. 이때 포스트잇 한 장에 한 글자씩 크게 적는다. → 글자가 써진 포스트잇을 퍼즐을 섞듯 잘 섞어준다. → 다른 모둠과 바꾼 후 포스트잇을 재배열하여 무슨 문장인지 맞힌다. → 알아맞힌 한 문장을 큰 소리로 함께 읽는다. → 문장 퍼즐을 맞추지 못한 모둠 것은 함께 고치고 읽는다. → 왜 그런 문장을 만들었는지 생각을 나눈 후 마무리한다.

자연과 함께하는 생태놀이로 친구 되기

"가위바위보, 가위바위보"

"내가 이겼다. 먼저 한다."

"하나 떨어졌네. 네 차례야."

"난 두 개!"

아카시아 잎 하나만 있으면 아이들 입가에 웃음꽃이 활짝 핀다.

"우리 손으로 치기 힘드니까 뜯기 하자."

"그래, 가위바위보 해서 이기면 두 장씩 뜯기!"

규칙을 바꿔가며 놀이도 잘 한다. 상수리 열매로는 구슬치기, 수 맞추기 놀이도 하고, 열매를 만들기에 활용하기도 한다. 아이들의 놀잇감은 자연에서 훨씬 많이 얻는다.

운동장에 선 하나만 그으면 오징어, 땅따먹기 등 다양한 놀이가 가능하다. 작은 학교, 작은 학급에 바구니 하나만 놓으면 솔방울 던지기, 조약돌 컬링 등 굳이 좋은 자료를 구입하지 않아도 얼마든지 즐겁게 놀이할 수 있는 생태 놀잇감이 가득하다.

관심을 갖는다는 건 주변을 관찰할 수 있는 힘을 갖게 한다. 관찰을 통해 생각할 수 있는 힘이 생긴다. 교사가 먼저 고민하고 찾는 척 이끌어주기만 하면 아이들은 이내 더 열정적으로 고민하고 찾게 된다.

"선생님, 이거 보세요. 이게 뭐예요?"

"동백 씨앗이네."

"아, 이거로 공기놀이해요. 껍질로는 만들기도 해요."

아이들은 매일 등굣길에 한 가지씩 모아들고 교실로 온다. 하나, 둘, 그러다 보면 바구니가 필요하고 상자가 필요하다. 수업 시간 바구니와 상자를 뒤져 활동거리를 찾아내는 또 다른 재미가 있다. 생각 조각을 맞춰 새로운 것을 만들어내는 재미, 창의적으로 만들어냈다는 기쁨의 재미, 그런 재미들을 쌓이면서 아이들이 커간다. 움직이고 생각하며 아이들이 자란다.

자연을 닮은 아이들

바다로 갈까나? 산으로 갈까나?

바람 부는 날이면 바람이 좋아서, 볕이 좋은 날이면 볕이 좋아서 아이들은 밖으로 나가자고 조른다.

바닷가 산책로를 걸으며 갯벌을 관찰하고, 조약돌 멀리 던지기를 즐긴다. 마을 체험센터 앞마당까지 걸어가 달팽이 놀이까지 하면 아이들의 함성이 하늘을 찌른다. 스트레스 풀린다며 덩실덩실 춤을 춘다. 내일 또 나오자며 기어코 다짐을 받아낸다.

탁 트인 바다를 휘휘 감고 도는 바람에 머릿결 흩날리며 걷다 보면 답답하게 막힌 가슴이 뻥 뚫리고 마음이 활짝 열린다. 그 짭조름한 바닷바람의 맛이 잠들었던 감각을 깨워 일으킨다.

바다를 끼고도는 나지막한 학교 뒷산도 아이들에겐 놀이터가 된다. 간단한 산책길이지만 아이들과 함께 오르는 교사의 맘은 혹시나 하는 조바심에 연신 안전을 살피게 된다. 반면에 동네 가까이 있어도 올라가 보지 못한 뒷동산은 아이들의 얼굴에 웃음꽃을 선물한다. 소나무 숲을 걷다 보면 아이들은 날 세운 도깨비바늘이 바짓가랑이에 달라붙겠다며 너스레를 떤다. 도깨비바늘을 피해 경중경중 뛰는 폼이 배꼽을 잡게 한다. 서로의 옷에 달라붙은 도깨비바늘을 떼어내며 수를 센다. 누가 방어를 더 잘 했는지 내기하는 아이들의 모습, 소나무와 어우러져 그림처럼 곱다.

그것뿐이랴, 학교 담장 너머 밭도랑 강아지풀은 언제나 환영받는 아이들의 단골 놀잇감이다. 학교 동백꽃 밑 동글동글 쥐며느리 콩벌레는 또 어떤가. 데굴데굴 굴리며 그 신기한 모양 탐구에 푹 빠진 진지함이 세상 부러울 것 없어 뵌다. 이보다 더 좋은 학습 자료가 없다. 교사가 준비된 멘트로 아이들의 사고를, 학습 목표와 연결된 생각의 씨앗을 살짝살짝 던져주면 금상첨화다. 배움이 폭발하듯 일어남을 보게 된다.

✳ **재미 더하기23** 데굴데굴 솔방울과 함께 놀자!

놀이하기 좋은 너른 장소에 큰 원 하나를 그리고, 그 안에 작은 원 하나를 그린다. → 가위바위보로 팀을 나눈 후 이긴 팀은 작은 원 안에, 진 팀은 작은 원 밖의 큰 원 안에 선다. → 작은 원 안의 팀은 큰 원 밖으로 솔방울을 차 낸다. 큰 원 안의 팀은 솔방울이 밖으로 나가지 못하게 몸으로 막는다. 큰 원 안에 떨어진 솔방울은 작은 원 안으로 다시 차 넣는다. → 놀이를 할 때 자기 팀의 원을 벗어나서는 안 된다. → 시간이 다 되면 큰 원 밖으로 몇 개를 차 냈는지를 세어 승패를 가른다. → 놀이가 끝나면 망가진 솔방울과 조각들을 주워 모아 작은 나무판에 붙여 작품을 만든다. → 작품 감상 후 글쓰기로 연계하면 좋다.

사시사철 자연과 친구할래!

학교 주변의 자연과 자연물을 이용하여 다양한 활동을 어느 정도 하다 보면 이제 새로운 갈증이 생기기 시작한다. 공간을 잠시 옮겨 밖으로 나갔다고 해서 자연 놀이라고 할 수 있을까? 조약돌, 나뭇잎, 강아지풀 등을 이용한 교과 연계 활동이라고 해서 언제까지 재미를 줄 수 있을까? 좀 더 깊이 있고 폭넓은 지식과 생태 감수성, 공존의 행복, 타인과 생각을 공유할 줄 아는 힘 등을 키우려면 자연과 더불어 주야장천 놀게 해주는 것만으로 충분할까?

이런 갈증이 밀고 올라온다면 그댄 지금까지 작은 학교에서 정말 건강하게 아이들과 상호작용하고 있는 중일 것이다. 그러니 토닥토닥 마음을 위로하며 한 가지 권하고 싶다. 좀 더 발전적인 자연 놀이를 하고 싶다면 자연과 자연을, 자연과 교과를, 자연과 사람을 엮는 융합적 사고로 놀이를 찾고 만들어 가길 권유한다.

"선생님, 막대기 하나가 나무예요."

"막대기 하나가 나무?"

"보세요. 막대기 하나 박혀 있는데 잎이 있어요."

"우와, 대단한 발견이다. 큰 나무는?"

"친구랑 손잡자고 하면 큰 나무예요."

"아하, 진짜 그렇구나."

어느 날 운동장을 함께 거닐던 아이가 작은 나무와 큰 나무에 대한 생각을 쏟아 놓았다. 어린 나무는 막대기 하나에 잎이 대롱대롱, 친구에게 손잡자고 가지를 내고, 다시 가지 내기를 반복하며 큰 나무가 된단다. 어떻게 그런 생각을 했을까 대단하다.

"역시 너희들의 생각은 말랑말랑해."

딱딱하게 굳은 어른들의 뇌는 말랑말랑하게 생각하기 힘들다. 이것과 저것을 합해 새로움을 찾는 것에 게으르다. 하지만 아이들과 함께하는 시간을 늘리다 보면 보이기 시작한다. 말랑말랑한 생각이 느껴지고 보인다. 생각이 말랑말랑해지면 새로운 시도도 두렵지 않다.

나무를 관찰하다 각이 궁금하고, 각도를 따지다 보면 같은 각을 가진 것은 어떤 것일까 궁금해서 주변을 살피게 된다. 땅에 떨어진 나뭇가지에서 비슷한 각을 찾고, 다시 눈을 돌리며 한 마디를 던진다.

"비슷한 각 찾기 놀이!"

수학은 책 속에만 숨어 있지 않다. 생활 주변에, 자연 속에 더 많은 수학이 숨어 있다. 아이들을 밖으로 등 떠밀어 자연에서 수학을 찾고, 자연에서 과학을 찾게 하자.

"큰 나무를 만들어 볼까?"

한 마디만 던져주면 아이들은 저희들끼리 머리를 쥐어짠다.
"아니야, 막대기랑 막대기가 붙어야지."
"더 두꺼운 막대기가 아래에 있어."
"나뭇잎과 열매를 주워다 붙이자."
"내가 여길 잡고 있을 게."

아이들은 참 열심히 한다. 이런 과정을 통해 자연스럽게 과학적인 원리 이해를 습득하게 된다. 몸으로 체험하며 생각을 다졌으니 풍경을 묘사하여 그리는 그림도 제법 그럴듯해진다. 직접 해보았으니 느낌 있는 글쓰기도 두렵지 않다. 그러니 자연과 자연을 잇고, 자연과 교과를 잇고, 자연과 사람을 이어 새롭게 생각하고 만들어 보게 하자. 망설이지 말고, 두려워하지 말고, 말랑말랑한 생각을 꺼내서 나누게 하자.

✳ 재미 더하기 4 **거미줄 미션 임파셔블!**

털실, 가위, 테이프 등을 준비한다. → 야외라면 모서리 기둥이 되어줄 나무를 4~5그루 선정한다. 교실이라면 책상을 앞뒤 좌우로 이동시켜 장소를 확보한다. → 털실을 나무나 책상에 묶거나 붙여 거미집을 짓는다. → 방울이 있다면 거미줄 중간중간에 달아주고, 없다면 나뭇가지 등을 걸치는 것도 좋다. → 거미집이 완성되면 술래가 될 거미와 곤충을 정한 후 놀이를 시작한다. → 거미는 거미줄이 몸에 닿아도 괜찮지만 곤충은 몸에 닿으면 안 된다. 곤충들은 거미줄이 몸에 닿지 않게 5칸을 넘어 거미집을 빠져나와야 한다. 거미에게 붙잡히지 않도록 서두른다. → 아이들이 규칙을 정해가며 놀이를 변형하면 더 재미가 있다.

그림책과 함께하는 마음놀이로 힐링 하기

"나도 하고 싶어."

"넌 읽을 줄 모르잖아."

"아냐, 나도 읽을 수 있어."

"넌 너무 느려."

"나도 하고 싶다고."

"선생님"

아이들은 싸우면서 큰다고, 매일이 전쟁처럼 탕탕거리다 보면 몇 안 되는 아이들의 깊어진 골로 교실이 뒤흔들린다. 이쯤 되면 교사의 스트레스도 만만찮다. 수업 상황에서 제대로 수업을 따라오지 못하는 아이가 있는 경우 천천히 더디 가려 해도 주변이 기다려주지 않는다. 교사가 문제를 진단하고 해결책을 찾아 투입한다고 한들 그 결과라는 것이 눈에 확 띄게, 손에 꽉 잡힐 정도로 빠르게 나타나는 게 아니다. 그러니 교사가 애쓰는 그 시간에도 아이들 간의 충돌은 계속적으로 이어지고, 기다려주지 못하는 아이들의 마음은 가정을 넘어 지역으로까지 퍼져 날 선 갈등의 부메랑이 되어 학교로 되돌아온다.

이때가 되면 이미 늦다. 감정이라는 것은 폭발적인 힘을 지니고 있어 이성을 마비시킨다. 나만 보이고, 내 아이만 보인다. 왜 이런 일 하나 학교가 해결하지 못하고, 교육청이 도와주지 않느냐며 반기를 든다. 이미 어른들은 반기를 들었기에 아이들은 안중에 없다. 한 번 꺼내든 칼이니 호박이라도 찔러야 끝이 난다. 아이들은 마음에 생채기가 나 속이 문드러지고 알게 모르게 시름시름 앓게 된다. 그러니 그 지점에 도달하기 전에 먼저 아이들의 마음을 살펴줄 필요가 있다. 더딘 아이의 마음도, 그 더딘 아이와 함께 가는 아이의 마음도 함께 보듬어 줄 방법을 찾아야 한다. 그 방법 중 하나가 그림책이 아닐까 싶다.

교과와 함께하는 수업 속 그림책 도입은 자칫 잘못하면 아이들에게 부담을 줄 수 있다. 더디 가는 아이는 읽을 수 없어서 부담이고, 더디 가는 아이와 함께 가야 하는 아이에겐 또 읽어야 한다는 지루함과 묵직한 과제 같은 거부감을 갖게 한다.

그림책은 놀이와 같아야 한다. 놀이처럼 자연스럽게 아이들에게 스며들어야 배움이 되고, 마음 흔듦이 될 수 있다. 그림책과 함께하고자 할 때는 처음에 교과랑은 별개로 책 읽어주는 시간을 통해 자연스럽게 그림책 속으로 아이들을 끌어들여야 한다.

그림책은 오직 그림이 보여 줄 수 없는 것만을 글자로 말한다고 했다. 아이들은 그림책을 보며 글뿐만 아니라 그림도 읽게 된다. 그림책은 아직 글을 잘 모르는 아이들이 귀로 듣고, 그림을 읽고, 글을 읽는 과정을 자연스럽게 접하게 함으로써 거부감 없이 자신의 생각을 표현하고, 인쇄된 문자랑 친해지도록 만들어주기에 더디 가는 아이들에게 읽음에 대한 도전이 되어준다.

그림책은 시각적으로 이야기를 전달하기 때문에 아이들에게 즉각적이고 생생한 경험이 되어준다. 그림책을 읽으면 아이들의 마음이 열린다. 열린 마음으로 자신만의 경험들을 함께 나눈다. 공감이 일어나고 소통이 이뤄진다. 그림책은 더디 가는 아이들의 마음에 상처를 입히지 않으면서도 지쳐가는 아이들에게 힘이 되어주고 위로가 되어주며 용기가 되어준다.

배움은 교과서에만 머물러 있어서는 안 된다. 우리가 읽고 경험해야 할 것은 교과서에만 있지 않다. 나를 중심으로 나를 둘러싼 내 주변 사람들과의 수많은 상황들 속에서 우린 얼굴을 읽어야 하며, 감정을 읽어야 하며, 다른 사람의 속내와 다양한 상황을 읽어야 한다. 그런데 우리 아이들은 나를 벗어난 남이라는 존재에 대한 공감에 익숙하지 않다.

그런 점에서 볼 때 그림책은 아이들에게 간접적이나마 슬픔과 어려움을 공감하게 하고 주변 사람들의 마음을 들여다보는 연습을 할 수 있도록 도와준다. 그러니 강요된 마구잡이식 읽기의 늪으로부터 아이들을 끌어내어 삶을 경험하게 하고, 생각을 자라게 하는 읽기를 할 수 있도록 작은 학교 교사가 애써줘야 한다. 더디 가는 아이들과 더디 가는 아이들 옆에서 마음의 생채기가 난 아이들 모두를 위해서 말이다.

호모 사피엔스? 포노 사피엔스?

"제발 책 좀 읽어."

"폰 좀 내려놔."

"밖에 나가 친구들이랑 놀아!"

"게임 좀 그만해!"

지금은 스마트폰 시대다. 스마트폰 하나만 있으면 뭐든 할 수 있는 그런 시대가 열린 것이다. 코로나19를 경험하며 우린 스마트폰의 다양한 쓰임새에 다시 한번 놀랐다. 세상과 나를 철저히 단절시켰다고 생각하는 그 순간에도 스마트폰은 나도 모르는 사이에 수만 가지 정보를 주고받으며, 나를 세상 속으로 불러내 상호작용하게 하고 있음을 보았다. 나의 의지, 선택의 유무와는 별개로, 내가 인지하지 못한 찰나에도 난 알게 모르게 동의를 하며 스마트폰 시대를 살고 있다.

하지만 그럼에도 불구하고 우린 아직도 스마트폰에 대해 너그럽지 못하다. 스마트폰만 들여다보려 하고, 스마트폰만 손에 쥐면 몇 시간이고 꼼짝하지 않고 빠져있는 아이들을 책망하고 나선다. 스마트폰에만 고정되어 있는 아이들의 시선을 책으로, 세상 밖으로 돌려보려고 무진 애를 쓴다.

"호모 사피엔스? 포노 사피엔스?"

그림책을 포함한 책 읽기의 관점에서도 호모 사피엔스냐, 포노 사피엔스냐의 불꽃 튀는 대립이 존재한다. 스마트폰은 정보 획득에 도움을 주긴 하지만 자기만의 생각으로 정보를 가공하지 못한다. 사회성, 공감 능력 등과 같은 인간성 형성에 방해가 된다. 책을 중심으로 사람을 세우는 호모 사피엔스로 되돌아가야 한다고 누군가는 외친다. 이와는 반대로 스마트폰을 손에 쥐고 태어나 4차 산업혁명의 주역이 될 세대, 발전된 기술에 적절하게 대응하며 변화를 주도해 나가는 포노 사피엔스에게 무한 긍정의 표를 던지며 환호하는 이들도 적잖다.

그러나 교육현장의 우리는 호모 사피엔스든, 포노 사피엔스든 변함없이 주목하고 집중해야 할 것은 바로 사람이다. 그 모든 사고의 중심에 사람이 서야 한다. 가속적인 기술의 발달 속에서도 사람을 위한, 사람에 의한, 사람의 세상을 만들어가야 하는 것에는 흔들림이 없어야 한다. 사람을 제외하고 행복한 세상, 편리한 세상을 논할 수는 없다.

그러니 사람이 서로 만나 좋든 싫든 얼굴을 맞대고 부대껴야 하며, 진솔한 이야기가 담긴 책을 통해 경험하고 사고함으로써 사람 사는 향내를 입혀가야 한다. 한없이 인정이 메마르고 정서가 고갈되어가는 풍토 속에 내던져진 이 시대의 아이들에게 사람 사는 향내를 입혀 깊이 이해하고 공감하도록 도와줘야 한다.

✳ *재미 더하기 5* **그림책 뚫고 하이킥!**

더딘 아이와 함께 읽고 싶은 그림책을 고른다. → 더딘 아이가 중심이 되어 그림을 읽어준다. → 읽은 내용과 같은 경험을 이야기 나눈다. → 더딘 아이의 경험을 담아 그림으로 표현한다. → 더딘 아이의 친구가 그림책의 글을 읽어준다. → 더딘 아이가 그림책에서 알고 있는 글자를 찾아 읽는다. → 더딘 아이가 알고 있는 글자를 중심으로 낱말을 완성하여 소리 내어 읽어 보고 자음과 모음으로 글자 만들기 놀이를 한다. (예) 자모음 낚시, 자모음 열매 따기 놀이 등 → 익숙해지면 글자를 조합해 낱말 완성하기 놀이로 연결한다. → 마지막으로 경험을 담은 그림에 생활 문장 쓰기 활동을 한 후 이야기를 공유하고 마무리 한다. 이때 아이가 입으로 표현한 문장을 그대로 옮겨 쓰게 함으로써 쓰기가 생활과 밀접하게 관련되어 있음을 느끼도록 해주는 것이 좋다.

골라 먹는 재미가 있어 그림책이 참 좋아!

"나 이 이야기 알아."

"나도 알아."

"나라면 이렇게 했을 것 같아."

어느 정도 그림책에 익숙해지면 아이들은 끊임없이 아이디어를 쏟아낸다. 등장인물들의 상황을 파악하여 마음을 나눌 줄 안다. 새로운 캐릭터를 더하고, 이야기의 일부분을 바꿔 새롭게 줄거리를 짜낸다. 이야기의 끝을 다시 펼쳐 그림책 이어 만들기도 가능해진다. 이때가 되면 아이들은 지치지 않는다. 교사가 힘들어 이제 그만을 외칠 정도로 집요하게 달라붙는다.

"오늘은 언제 해요?"
"무슨 시간에 그림책이랑 놀아요?"
"엥, 오늘도 하고 싶은데......."

아이들의 매일이 이러했으면 좋겠다. 적극적으로 도전하기를 두려워하지 않고, 함께 힘을 모아 문제를 해결하고, 그 완성의 기쁨도 함께 나누며 즐거워할 줄 아는 그런 모습을 갖췄으면 좋겠다. 그렇게 될 수 있는 힘을 기르도록 작은 학교 교사가 수많은 방법 중 하나인 그림책으로 애써줬으면 한다. 왜냐하면 특히나 작은 학교 아이들의 경우 교사가 얼마나 정성을 쏟느냐에 따라 그 변화가 무궁무진하기 때문이다.

우리 아이들은 어릴 적부터 어마어마한 수의 정보와 영상, 미디어 등에 노출되어 자신의 주관에 따른 사고나 선택보다는 유명하니까, 친구가 좋다니까 휩쓸리듯이 선택을 하고 정보를 받아들이게 된다. 이러한 습관이 반복되다 보면 아이들은 정보의 진위를 따지지 않은 채 맹목적으로 믿게 되며, 수박 겉핥기 식으로 정보에 노출되어 얕은 지식만 대량으로 보유하게 된다.

그러니 작은 학교 교사는 미디어의 부정적 측면에 푹 빠져 있는 아이들을 그림책 놀이로 유인해 다르게 생각하고, 당연함이 아닌 다른 사고로 비틀어 생각해볼 수 있도록 시간을 투자해 주어야 한다. '그림책은 유치한 책, 이제 고학년이 되었으니 그림책은 모두 치워야지.'라는 생각은 편견이다.

무궁무진한 이야기로 재해석될 수 있는 그림책을 가지고 역할놀이를 하며 감정을 나누게 하고, 나와 다르게 생각한다고 나무라기보다는 NO를 통해 새로움을 찾게 해야 한다. 남들이 좋다고 하니까 휩쓸려 선택하기보다는 주관을 가지고 좋은 정보를 찾아 선택할 수 있는 힘을 기르도록 작은 학교에서, 작은 아이들 곁에 머무는, 작은 학교 선생님인 그대가 애써주기를 바란다.

✳ 재미 더하기 6 **친구야, 책이랑 함께 놀자!**

작은 학교나 분교장의 경우 본교나 이웃 학교와의 협동학습으로 계획하면 좋다. → 사전 협의로 학급 간, 학년 간, 학교 간 융합 프로젝트를 계획한 후 아이들과 프로그램을 짠다. → 주제를 선정하고 관련 도서를 선정한다. (예) '너와 나 함께 살아가는 세상'이란 주제로 '샌드위치 바꿔 먹기' 책 읽기 → 각각의 학교에서 교과 연계하여 책 읽기 활동을 한 후 간단한 놀이 활동을 하며 프로젝트에 흥미를 갖게 한다. → 협동학습의 날을 정해 함께 모여 생각을 나누고 소통하는 책 놀이 활동을 펼친다. → 각 학교로 돌아가 프로젝트 운영 마무리 활동을 한다. → 기회가 되면 정해진 장소에서 다시 만나 전시회를 열고 지역과 소통하는 시간을 갖고 마무리한다.

"세상에서 가장 어려운 일이 뭔지 아니?"

"흠... 글쎄요. 돈 버는 일? 밥 먹는 일?"

"세상에서 가장 어려운 일은 사람의 마음을 얻는 일이란다.

각각의 얼굴만큼 다양한 각양각색의 마음을...

순간에도 수만 가지의 생각이 떠오르는데

그 바람 같은 마음이 머물게 한다는 건 어려운 일이야."

〈어린왕자〉

4장

아이들아, 우리 교실 밖으로 나가자

정 수 현 금성초등학교

"어린이를 알려고 하기 전에 자신을 먼저 알려고 애쓰세요.

자기 자신을 찾으려고 애쓰고 스스로 길을 찾아가세요.

아이들을 알려고 하기 전에 자기 자신을 알려고 애쓰세요.

아이들의 권리와 책임을 논하기 전에 당신의 능력이 어느 정도인지

먼저 깨달아야 합니다.

무엇보다 중요한 것은 당신도 한때 어린아이였음을 깨닫는 것입니다.

아이들을 기르고 가르치려면 무엇보다도 먼저 아이를 이해해야 합니다."

야누시 코르차크의 『아이들』 중에서

대체 무엇이 빛을 빼앗아 갔지?

새로운 시작

쌀쌀한 바람이 휘감던 2월 어느 날, 나는 여타 선생님들과 마찬가지로 나의 1년이 새롭게 펼쳐질 학교를 찾아가고 있었다. 금성초등학교. 예전에 방문한 경험이 있다. 하지만 부임지라 그런지 그때와는 느낌이 사뭇 달랐다. 거대한 바위로 우뚝 솟은 산이 감싸고, 교정 한끝 오층 석탑이 자리 잡고 있었다. 아담하지만 정겹게 느껴지는 학교 풍경은 아름답기만 했다. 하지만 설렌 마음 한편에는 거대한 바위가 짓누르는 듯한 압박감도 함께했다.

새 학년 집중 준비 기간 첫날, 학년과 업무를 배정받았다. 4학년 여학생 3명. 작은 학교에 근무한 경험이 있지만 3명은 적어도 너무 적었다. 모둠 활동은커녕 짝 토의·토론도 할 수 없는 숫자였다. 게다가 여학생만 3명이라니⋯⋯. 짝수로 떨어지지 않았을 때 생겨나는 갈등 상황들이 머릿속을 스쳐 지나갔다. 전 담임 선생님이 해주신 좋은 말들은 귀에 들어오지 않았다. 일단 아이들을 직접 만나 봐야겠다.

샛별이[28]를 만나다

개학 첫날, 아이들에겐 설레는 날이기도 하지만 동시에 무섭고 두려운 날일 것이다. 『화성에서 온 담임선생님』[29] 책 속 아이들처럼 새로 온 담임선생님을 마녀, 산속 괴물의 딸, 외계인일 거라 상상할지도 모를 일이다.

그건 선생님들도 마찬가지다. 1년을 함께할 아이들이 공동체적 참여에 관심 없어 하진 않을까? 자기 회의에 빠져 무기력하진 않을까? 혹시 선생님과 부모의 말 따위는 안중에도 없는 유령[30]이면 어쩌나? 온갖 걱정으로 잠을 이루지 못했다. 선잠으로 빨개진 두 눈을 비비며 학교에 도착했다. 다른 학년보다 외진 곳에 위치한 4학년 교실, 찾아가는 길에 몇 아이들이 물어온다.

"몇 학년 선생님이세요?"

"글쎄, 몇 학년 담임선생님 같아 보이니?"

시답지 않은 농담을 주고받으며 도착한 교실에는 책을 가슴에 안고 어

---

28) 샛별은 '금성'을 달리 이르는 말로 새벽에 동쪽 하늘에서 밝게 빛나기 때문에 붙여진 이름(국립국어원)이다. 어두울 때 밝은 빛을 내어 사람들에게 방향을 제시하는 길잡이가 되기도 하였다. 여기에서는 나와 1년 동안 생활하는 아이들이 꿈과 희망을 품어 당당한 자신으로, 세상에 밝은 빛이 되길 바라는 마음을 담아 우리 반 아이들을 지칭하는 말로 쓰인다.

29) 미카엘 에스코피에(2016). 『화성에서 온 담임선생님』, 지학사 아르볼.

30) 김진경 외(2014)가 쓴 책 『유령에게 말 걸기』 1장 「바보야, 문제는 헝겊 원숭이야」에서는 학교의 언어적 어루만짐을 통한 정체성 강화라는 정의적 기능을 강조하며, 현재 학교 교육은 아이들에게 가장 가까워야 할 학부모와 교사가 이해할 수 없는 존재가 되어 있고, 교사나 학부모에게 아이들이 이해할 수 없는 존재가 되어 있다고 비판하였다. 이와 같이 '유령'은 물리적으로 존재하지만 언어적으로 인지할 수 없는 존재, 서로를 이해할 수 없는 존재를 의미한다.

정쩡하게 서서 인사하는 아이들.

"안녕, 반가워."

"…. 네…. 선생님, 책 읽으러 도서관 가요?"

"도서관?"

"……. 네."

당황스러워 다른 선생님께 물었더니, 작년 한 해 아침 시간에는 전교생이 도서관에 가서 책을 읽는 아침 활동을 했다고 한다. 2달 긴 방학 동안에 그 활동을 잊지 않고 새 학년 첫날에도 도서관에 가려던 참이었다.

어쩌다 맡게 된 교무부장 역할에 정신없는 하루를 보냈다. 아이들과 마주 앉아 필연적인 우리 만남을 축복하고, 어떻게 1년을 잘 보내야 할지 이야기를 나누었다. 쉬는 시간이면 강당과 교무실을 종횡무진 누벼야 했다. 내 교직 인생 중 가장 소란스럽고 정신없는 입학식 중 하나였다. 전교생·학부모·교직원이 함께 나서서 학교 텃밭에 학년별 나무를 심는 식수 행사까지 마치고 나서야 겨우 아이들이 보였다. 두런두런 모여 앉아 내가 알지 못하는 시시콜콜한 이야기를 나누던 모습이 생경했다. 그렇다. 아이들은 나와 처음일 뿐, 아이들끼리는 적게는 4년, 많게는 8년 가까운 세월을 함께 지내며 단단한 성을 쌓고 있었다. 아이들과 친해지려면 지도 편달 이전에 아이들 집단 속으로 들어가는 것이 먼저이지 않을까? 괜한 걱정이 들기도 했다.

모든 일과를 마치고 집으로 돌아가는 시간에 선아가 쭈뼛거리며 편지를 내밀었다. '선생님, 사랑해요.'라는 말이 적혀있었다. 뒤통수를 얻어맞은 기분이었다. 새 학년 첫날, 서툰 일을 한다고 아이들 볼 새 없이 정신없이 뛰어다니기만 했는데.

"정말 고맙다."

선아는 느끼지 못했을 것이다. 말끝에 어린 감동의 작은 떨림을. 사실 나는 그전까지 여러 일들을 겪으며 심리적 소진[31]을 경험했었다. 불안과 좌절, 피로감과 스트레스, 무력감과 자존감 상실……. 지금이야 이런 정신적인 고갈을 숨기지 않고 이야기할 수 있지만 그때는 그럴 수 없었다. 그래야만 하는 줄 알았다. 문제의 원인은 더 열성적이지 못했던 나 자신에게 있다고 생각했다. 교사는 배려와 보살핌으로 학생의 성장을 도와야 하는 소명 의식과 책임감 있는 사람이어야 했기에, 나조차도 돌보지 못한다는 건 용납할 수 없었다. 건강하지 못한 심리가 예상 밖의 상황에서 불쑥 튀어나오지 않도록 누르고 또 눌러야 했다.

그런 나에게 아무런 조건 없이 감사와 사랑의 마음을 표현해 주다니, 그것도 첫날에. 물론 3명 아이 모두의 마음은 아닐 수도 있다. 으레 새로운 선생님께 예쁨 받고 싶은 마음에 쓴 것일 수도 있다. 하지만 그 편지는 나에게는 봄날 따스하게 내리는 비와 같았다. 갈라진 내 마음에 단비를 뿌려 아이들에게 다가갈 수 있는 용기와 힘을 갖게 하였다.

---

31) 심리적 소진은 직무와 관련된 스트레스에 장기간 노출되어 정신적·신체적 자원 고갈과 피로를 느끼는 상태가 계속되어 심리적 에너지의 불균형이 나타나는 것으로, 교사의 심리적 소진은 대인 관계 및 직무와 관련하여 부정적인 심리 상태를 지속적으로 경험하여 나타나는 결과적인 상태이다(정연홍, 2016).

ON and OFF

어느 날 아침, 우리 반 2명 아이들의 표정이 심상치 않았다. 3명 중 2명, 약 66% 아이의 기분이 좋지 않으니 당연히 수업 분위기 역시 띄우기 힘들다. 그래서 수업 전 아이들 마음을 다독이는 시간을 가졌다. 부드러운 분위기로 수업을 이어나가려 했다.

"자, 여러분들은 어떻게 생각하나요?"
"……"

대답이 없다. '어, 발문이 잘못되었나?' 뜨끔하여 더 풀어 질문하였다. 역시 대답이 없다. '이상하네. 이해를 못 했나?' 다시 활동 전에 알아야 하는 내용을 점검하였다. 모르고 있는 게 아니었다. '아이들끼리 안 좋은 일이 있어서 그런가?' 고개를 갸우뚱거리며 국어 시간을 마쳤다.

다음 사회 시간, 다양한 시각과 함께 심층적인 이해 활동이 필요한 사회 수업은 아이들의 적극적인 의사소통이 절대적으로 필요하다. 이전 수업에서 보여준 아이들 모습에 조금 걱정이 됐다.

"(자료를 보여주며) 지도에서 두 곳의 위치를 찾아볼까요?"
"여기요."
"그렇지, 지도에 나타난 두 곳은 어떤 차이가 있나요?"
"건물이 많아요."
"그리고?"

"……"

"좋아요. 건물도 많고, 상점 많구나. (중략) 그렇다면 중심지와 중심지가 아닌 곳의 특징을 비교해서 학습장에 써볼까요?"

"(수정이의 공책을 살펴보며) 더 찾아볼까?"

"……"

돌부리에 걸린 듯했다. 3명 모두 한 문장만 쓰고 더 이상 진전이 없었다. 아이들은 이리저리 비틀거리며 고통스러운 머리 굴리기를 이어갔다. 지난 시간에 배웠던 내용을 상기해보고 지역화 자료 사진도 보여주며 이리저리 해봐도 소용이 없었다.

하지만 쉬는 시간에는 달랐다. 스위치 ON. 긴 겨울잠에서 깨어난 개구리 마냥 부산스러웠다. 펄쩍펄쩍 뛰며 이제 막 피어난 세상을 탐닉했다. 속살거리는 햇살 속에서 몸을 이리저리 움직였다. 움트는 작은 새싹에도 와르르 몰려들어 재잘재잘. 어제 본 드라마 이야기, 기르던 강아지 이야기, 애써 한 숙제를 망쳐 버린 동생 이야기…….

다시 수업 시간, 스위치 OFF. 10분 전, 반짝거리는 눈으로 대화하던 아이들은 어디 간 거지? 대체 누가 아이들의 눈에 빛을 빼앗아 간 거야?

이런 일은 일상처럼 반복되었다. 하라는 것은 잘 해냈지만 딱 거기까지였다. 아이들은 교육과정이 정해놓은 목표에 성실하게 도달했다. 하지만 의문이나 호기심을 가지지 않았고 나에게 어떠한 것도 묻지 않았다. 처음에는 '그래, 3명이니까.'하며 그냥 넘어갔다. 하지만 점점 익숙해질수록 내 귀 언저리에 외침이 들려왔다.

'이게 수업이냐?'

2016년 광장의 외침과 같았다. 1~2번 가끔 들려오던 외침은 수업이 끝날 때마다 공허해진 내 마음속 울림이 되었다.

'이 시간이 아이들에게 소중한 경험이 되고 있나?'
'정말 아이들은 느끼고 생각하고 깨닫고 있을까?'
'아이들은 자신의 삶을 위한 공부를 하고 있나?'

모두 아니었다. 내가 한 수업은 아이들을 위한 것이 아니었다. 아이들은 그 시간을 통해 자신의 삶을 만나지 못했다. 그렇기에 자신과 자신을 둘러싸고 있는 주변의 의미와 가치를 깨닫지 못했고, 스스로 삶의 주인이 되어 실천하는 실제적 경험도 가질 수 없었다. 수업이 끝났다고 아이의 삶도 끝난 건 아니다. 오히려 그때부터 진짜 삶이 펼쳐진다고 하였다.[32] 혹여 내가 우리 아이들의 눈에 빛을 송두리째 빼앗고 있는 것은 아닌지 걱정이 됐다.

32) 류창기(2017), 『삶이 있는 수업: 수업혁신, 배움을 넘어 삶으로』, 한솔 수북.

교실부터 바꾸자

길을 잃는다는 것은 곧 길을 알게 되는 것과 같다고 했던가. 신랄한 자기반성으로 지쳐 있을 즈음 연수를 듣다 광주광역시 교육청에서 하는 아지트 프로젝트[33]를 알게 되었다. 학교는 민주주의의 배움터이자 학생들의 공간이라는 철학으로 학생이 참여하고 학생이 만들어가는 공간 재구성 프로젝트였다. 연수를 들으면 들을수록 끌렸다. 지금 우리 반, 학교 교실의 모습은 예나 지금이나 변한 게 별로 없다. 높은 사물함 위에 올려진 커다란 브라운관 TV 대신 천장에 매달린 LED TV로, 선생님들 컴퓨터가 더 좋은 사양으로 바뀐 것 말고는. 다른 학교 교실의 모습도 별반 다르지 않을 것이다. 이러한 익숙함을 벗어나 학생들과 함께 공간에 대해 상상하고 논의하면서 실제 삶이 있는 공간으로 변화시키는 프로젝트라니 매우 매력적으로 다가왔다.

문제는 예산과 시간이다. 프레젠테이션에서 보이는 산뜻한 공간, 그 안에서 행복해하는 아이들, 하지만 우리 반 교실을 생각하자니 갈 길이 멀었

---

33) 2018년 광주광역시에서 주관한 학생 중심 공간혁신 프로젝트로, 학교 공간을 아이(학생)들이 중심이 되어 변화시켜 나가자는 의미를 담고 있다.

다. 머릿속엔 해야 할 일들이 주르륵 줄을 이어 떠올랐다. 교육 공동체와 함께 학교 공간 혁신의 필요성과 목적을 설명하고 설득하는 과정, 기존 공간 분석과 재구성 방향 모색을 위한 회의, 공모 계획서 작성, 전문가의 의견 수렴 및 선진지 탐방, 교육과정 연계 과정, 담당 워크숍과 컨설팅, 예산 집행 계획과 각종 품의, 공문, 품의, 공문……

머리가 아파오자 잠시 생각을 멈췄다. 내가 바꾸고 싶은 건 거창한 게 아니었다. 교실에 오랜 시간 머물지만 벗어나고 싶어 하는 아이들을 위해 그들의 시선으로 교실을 바라보는 것, 그리고 불편했던 교실을 스스로 뜻한 대로 바꿔보는 실질적인 경험, 그 과정 속에서 일어나는 여러 문제들을 함께 해결해내는 과정. 그거면 족했다. 물론 많은 예산으로 더 멋지게 바꾸면 좋겠지만 무심코 지나쳤던 것에 의미를 찾아보는 것이 먼저라고 생각했다. 작은 것부터 시작해 보자.

학교 나들이 어때?

점심을 먹고 나서 아이들과 교정을 걸었다. 자연은 봄을 넘어 여름을 준비하고 있었다. 정문에서부터 이어진 향나무 길, 그 길가로 노란 코스모스를 닮은 금계국이 꽃물결을 만들고 있었다. 운동장을 둥글게 감싸 안은 담벼락엔 빨간 장미꽃이 수를 놓았고 초록 내음을 담은 금목서는 학교 앞을 떡하니 지키고 있었다. 태블릿 PC 하나씩 가슴에 품고 나온 아이들은 사진을 찍고 또 찍으며 학교 곳곳을 뛰어다녔다. 금골산 오층 석탑에서 운동장으로, 금목서와 담벼락 장미 가득한 유치원 놀이터로, 삼나무 숲 트리하우스까지. 한숨 돌릴 틈도 없이 아이들은 신나있었다.

"여기 와봐! 우리 학교에 이런 곳이 있었네."

"선생님, 유치원 때요. 여기서 소꿉놀이를 했는데……."

"작년에 트리하우스를 만들 때는……."

"우리 학교 정말 예쁘다. 우리 반도 이렇게 향기 나면 좋을 텐데……."

시키지 않아도 열심히 재잘거렸다. 아이들은 누가 먼저랄 것 없이 자신의 공간과 추억을 나누었다. 내 나름대로 아이들에게 다가가려 했지만 잘되지 않았다. 하지만 학교 나들이를 하는 짧은 시간 동안 아이들은 자신의 삶을 나누어주었고 나는 아이들 삶의 작은 부분을 함께할 수 있었다. 여름을 담은 듯 시원한 바람이 마음에 불었다. 이제야. 눈 감은 채 답답하다고 했던 내가 간신히 아이들을 찾았다. 마음의 문을 활짝 열고 있었던 아이들을 말이다.

우리 교실 어때?

정규 수업과 방과 후 사이 자투리 시간. 아이들의 기분이 좋아 보인다. 이때다 싶어 가볍게, 아무렇지 않게, 그리고 자연스럽게 묻는다.

"얘들아. 아까 우리 반도 트리하우스처럼 매일 가고 싶게 바꾸고 싶다고 했잖아. 바꾸기 전에 우리 반 지도를 한 번 그려보면 어떨까?"

"예?"

"야, 3학년 때 마을 지도도 그렸는데, 우리 반 정도야 껌이지, 껌! 안 그래?"

얼렁뚱땅 기호와 범례를 이용하여 우리 학급 지도를 그리도록 했다. 과제를 주니 어느새 삐쭉 나왔던 입이 쫑알거린다. 자신만의 기호를 만드니 신이 났나 보다. 만든 학급 지도에 내가 마음에 드는 곳과 바꾸고 싶은 공간을 찾고 그 이유를 적게 하였다.

"다른 교실보다 넓어서 친구들과 함께 놀 수 있는 공간이 좋아요. 그런데 같이 할 놀이가 없어서 심심해요."
"책을 읽을 때 고개를 숙여야 해서 힘들어요. 누워서 책을 읽으면 좋을 텐데."
"학급이나 학교 일정을 빠지지 않고 적어놓는 곳이 있었으면 잊어버리지 않고 준비할 수 있어요."

교실이 우리의 생각을 모으고 담아낼 수 있는 학습 공간이 되기 위해 할 수 있는 것과 그렇지 않은 것으로 나누었다. 친구들과 의견을 나누며 수정·보완하여 정리하였다. 그리고 사제동행 독서·토론 동아리 시간을 이용해 진도읍으로 나갔다. 우리 반을 변신시키기 위해 필요한 물건들을 골랐다. 쉽지 않은 과정이었다. 사용할 수 있는 학급 운영비를 알려주고 고를 수 있게 했다. 재질과 디자인, 색깔과 쓰임새, 소재와 가격까지. 어느 하나 쉽게 고르질 못했다. 그래도 서로 묻고 답하며 잘도 해낸다. 학교라는 공간과 수업이라는 시간에 가두지 않으면 이렇게 의사소통을 활발히 하는 아이들인데. 그래서 크게 개입하지 않았다. 아이들이 생각하는 것을 최대한 수용했다. 인터넷에서 물건을 주문할 때도 마찬가지였다. 물건이 올 때만을 기다렸다.

하나둘 물건이 도착하자 선아가 제안했다. 물건을 어떻게 사용하면 좋을지 규칙을 정하자고 했다. 학급 물건을 공용으로 사용하다 보면 반드시 다툼이 생겨나기 때문이란다.

> '3명이 모두 동의해야 사용하기'
> '사용한 사람이 정리하기'
> '다른 학급에 가져가지 않기'

나름의 이유를 덧붙여 꼭 지켜야 할 3가지를 정하고 게시판에 게시했다. 이제 진짜 변신할 시간. 우리 반 지도를 참고삼아 필요한 공간을 확보하기 위해 물품들의 위치를 옮겼다. 전자 피아노와 옷걸이를 안전한 곳으로 이동했다. 놀이용 매트도 한곳에 모아 신발을 벗고 쉴 수 있게 하였다. 아이들은 이곳저곳 물건들을 옮겨가며 어떻게 하면 더 편하고, 더 안전하고, 더 잘 보이게 정리할 수 있을지 고민하고 또 고민하였다.

"읽을 책을 위에 놓으면 불편해. 아래 놓으면 더 좋겠어."
"매트 옆에 투호 놀이를 할 수 있는 매트를 깔면 어떨까?"
"이 옷걸이 여기 있으면 안 다치겠어?"
"우리 반 게시판은 어디에 두면 자주 볼 수 있을까?"

선생님 책상 위에 아이들이 고른 장식도 올려놓았다. 또 자신들이 좋아하는 책도 책 받침대에 하나씩 전시했다.

"카페에 온 것 같네."

만족스러운 듯 웃는다. 샛별이들이 제일 좋아하는 사각사각 쿠션 의자를 동그랗게 만든다. 그리고 자기 자리에 앉아 목을 뒤로 젖혀 친구들을 바라보며 만족스러운지 연신 웃음을 터트렸다.

"선생님, 우리 반에서 향기가 나는 것 같아요."
"방학 때도 우리 반에 와도 돼요?"

아이들의 고민과 소통의 결과가 우리 반에 고스란히 담기게 되었다. 아이들은 무심코 지나쳤던 것에 질문을 던지고 함께 답을 하였다. 함께하였기에 가능했다. 작은 것에 행복해하는 아이들의 눈에 빛이 반짝거린다. 비로소 우리 반이 '우리' 반이 되었다.

교실에서 어때?

쉬는 시간의 풍경이었다. 다른 학년 아이들이 기웃거렸다. 바뀐 우리 반이 신기했나 보다. 샛별이들은 어깨를 으쓱대며 자랑을 해댔다.

"우리 반, 좋지?"
"선생님, 저희 들어가도 돼요?"

다른 학년 아이들이 쭈뼛거리며 들어온다. 쓰윽 보더니 어정쩡하게 서 있다 나간다. 나가는 아이들의 얼굴에는 부러움과 가지지 못한 아쉬움이 묻어났다. 괜히 미안해진다. 우리 반 아이들의 노력으로 우리만의 공간을 만들어냈지만 다른 아이들 또한 어찌 함께 누리고 싶지 않겠는가? 그동안 우리 반의 공간을 아름답게 만들었다면 이제는 그 공간에 우리의 흔적과 경험을 담아내 다른 사람들과 함께 나눌 수 있어야 했다.

그래서 3단원 [행손 프로젝트: 나와 너의 행복한 손]을 아이들과 함께 하기로 했다. 사람의 세 가지 아름다움이 지닌 가치 중에 우리가 더 행복해질 수 있는 아름다움을 찾아 교실에서 나누는 재능 기부 프로젝트였다.

샛별이들은 먼저 자신의 아름다움부터 찾았다. 생활 속에 나타난 나와 친구들의 아름다움을 이야기하기도 하고, 내가 노력할 점도 고민했다. 그리고 틈틈이 자신이 생각한 아름다움을 작은 병에 그려 넣었다. 자신이 무엇을 잘하고 좋아하는지 처음에는 꺼내 놓기 어려워하던 샛별이들도 시간이 흐르자 스스럼없이 적기 시작했다. 상대와의 비교를 통한 아름다움이 아니다. 온전히 '나'를 '나'로서 바라보는 과정이었다. 그리고 2~3주 동안 자신의 아름다움을 가족, 친구, 선생님들께 들어보고 장점 모으기 병에 담았다.

이러한 아름다움을 더욱 발전시키기 위해 재능 기부할 수 있는 일을 찾았다. 소소한 것이어도 괜찮다. 캐릭터 그리기, 머리 묶어주기, 우정 사진 찍어주기 등. 다른 사람과 나눌 수 있는 것이면 무엇이든 괜찮다고 다독였다. 아이들은 자신이 정한 일을 각자 연습하였다. 필요한 물건이 무엇인지, 그리고 몇 명의 친구들을 부스에 초대할 수 있을지도 생각했다. 이런 활동이 처음이라 아이들은 각 학년 아이들에게 홍보를 하였고 나 또한 담임선생님들께 양해를 구했다. 다들 흔쾌히 도와주셨고 아이들이 참여할 수 있는 시간도 내어주었다. 그리고 재능 나눔 광고지를 만들어 복도에 게시하였다. 3~6학년 아이들은 참여하고 싶은 부스의 쿠폰을 받아 갔다.

드디어 점심시간을 이용한 우리 반 재능 나눔 행사가 시작되었다. 아이들은 각자 부스에 필요한 물건을 정리해두었고 부스 소개 팻말도 붙였다. 교실 가운데에는 부스 활동에 참여하지 못하는 아이들을 위한 전통 놀이 부스도 마련해두었다. 시간이 다 되었는데도 1명도 오지 않자 아이들은 아우성이 터져 나왔다. 초조했다. 홍보 시간이 부족했나? 아님 점심시간이라 다들 쉬러 갔나? 머릿속이 복잡해질 즈음. 3학년 아이들이 한 줄로 줄 맞춰 왔다.

"들어가도 돼요?"
"어서 오렴. 기다렸단다."

다행히 아이들은 잊지 않고 와주었다(물론 몇몇은 잊어버렸지만) 오랜만에 교실이 아이들로 가득 찼다. 이러한 북적거림과 시끄러움이 낯설었지만 싫지 않았다. 아이들도 어느새 신이 나있었다. 우리가 채운 공간을 다른 사람과 함께 나누는 행복한 경험을 체험할 수 있었다. '공간'이 아름다운 배움의 '장소'로 탈바꿈되고 있었다.

재능기부 자신의 아름다움을 함께 나누는 재능 기부 부스를 운영하였다.

빛 맞이하러 나가자

금성초등학교는 탄성이 절로 나올 정도로 아름다운 곳이다. 특히 학교 뒤 금골산 삼나무 숲은 자연 그대로의 푸르름과 싱그러움, 자연과 어우러짐을 느낄 수 있기 충분하다. 그래서인지 작년까지 학교 특색 교육으로 이런 자연환경과 어우러지는 학년, 학교 단위의 프로젝트 수업을 진행해 왔다. 삼나무 숲 프로젝트는 봄, 여름, 가을, 겨울 4계절에 어울리는 활동을 연 4회 운영하고 있다.

새 학년 집중 준비 기간에 이 프로젝트에 대해 듣고 가슴이 두근거렸다. '와, 아이들과 이런 활동을 하다니, 얼마나 재미있을까?' 물론 교육과정 재구조화와 더불어 물리적 환경 조성, 협력적 네트워크 구축 등 번거로운 일을 억지로 해야 할 때도 많을 것이다. 하지만 각 계절을 맞이하며 느낄 수 있는 생명력과 신비로움. 늘 내 가슴을 두근거리게 한다. 4계절이 뿜어내는 아름다운 빛을 닮아 본인 삶의 빛으로 투영시킨다면 삶이 얼마나 풍요로워질까? 자연과 늘 함께 있지만 그 소중함을 느끼지 못하는 아이들에게 꼭 필요한 프로젝트였다.

프로젝트 수업은 교사의 기획에서부터 시작한다. 프로젝트를 기획하기 위해서는 고려해야 할 사안들이 많다.[34] 수업은 몇 차시로 할지, 교육과정은 어떻게 구조화할지, 프로젝트를 위해 어떤 자료를 제공할지, 예상되는 학습 질문은 무엇이고 예상되는 결과물은 무엇인지, 아이들에게 생겨나는 문제는 무엇인지, 그리고 교사는 어떻게 지원해 줘야 하는지.

나는 체계적인 프로젝트 수업을 위해 다음과 같은 과정을 거쳤다. 먼저 프로젝트 준비 단계이다. 아이들의 실태, 관심과 흥미, 요구 등을 반영한 의미 있는 프로젝트가 되기 위해 국가수준 교육과정에 제시된 교과별 성취기준을 읽고 해석하며 아래와 같은 준비를 하였다.

[표 2] 프로젝트 준비 단계

- 국가수준 교육과정에 제시된 교과별 성취기준의 설정 의도 파악하기
- 가르칠 내용의 위계와 순서 확인하기
- 프로젝트 주제 정하기
- 교육과정 재구조화 유형[35] 선정하기
- 학습 과제(또는 내용) 추출하기
- 학습 내용에 맞게 시간 배당하기
- 프로젝트 수행 과제 정하기
- 평가 요소 선정하기
- 과정 중심 평가 과제 개발하기
- 채점 기준 개발하기
- 수업 설계 방법 정하기
- 학습 활동 정하기
- 프로젝트 수업을 위한 도움 자료 찾기

---

34) 김 일 외(2019), 『프로젝트 수업으로 배움에 답을 하다』, 맘에 드림.

35) 경기도교육청(2017)에서는 내용 전개의 순서 변경, 내용 추가, 내용 대체, 내용 생략과 축약, 다른 교과와의 융합 등의 방법으로 제시하였다.

이렇게 기획된 프로젝트는 '만나기 - 학습하기 - 마무리하기'의 과정으로 실행하였다. 프로젝트의 시작인 '만나기'에서는 프로젝트와 관련된 그림이나 이야기, 지역의 자료 등을 함께 읽으며 알고 있는 것, 궁금한 것과 해보고 싶은 것 등을 이야기하였다. 이를 주제망으로 짜보면서 질문, 활동, 순서 등을 계획하였다. 작성한 프로젝트 주제망은 프로젝트가 끝날 때까지 학습이 진행되는 공간(교실 벽)에 게시하였다.

'학습하기'는 프로젝트로 기획한 학습을 하나씩 체험하며 프로젝트를 실행하는 과정이다. 이때 교수·학습은 아이들의 여건, 한계 등 통제하기 힘든 조건은 적절하게 조정하기도 한다.

'마무리하기'는 프로젝트의 학습 결과를 발표·공유하는 시간이다. 실천, 탐구, 표현을 정리하는 종합 활동, 지난 학습을 반성하고 점검, 평가하는 평가 활동, 학습한 내용을 살펴보고 정리하는 정리 활동을 한다.

그리고 프로젝트를 실행하고 나서는 성찰의 시간을 가졌다. 프로젝트에서 흥미로웠던 것과 어려웠던 것, 다음 프로젝트에서 해보고 싶은 것을 학생들에게도 물어보았다. 또 교사도 프로젝트의 준비, 실행의 과정에서 강점과 약점에 대해 생각하고 개선 사항을 확인하며 더 나은 프로젝트의 발판을 마련하였다.

좌충우돌, 봄빛맞이 프로젝트

4계절 삼나무 숲 봄 프로젝트가 다가왔다. 봄·가을 프로젝트는 일주일간 집중 운영될 수 있도록 학년 교육과정을 편성했다. 학교 단위의 공통 활동도 존재했기에 선생님들과의 많은 협의도 필요했다. 작년 프로젝트였던 삼나무 숲 트리하우스는 제작에만도 무려 1년의 시간이 필요했다고 한다. 여러 의견 끝에 올해는 트리하우스 옆에 생태교육을 할 수 있는 놀이기구를 교육 공동체와 함께 만들기로 했다. 봄 프로젝트에서는 아이들이 꿈꾸는 삼나무 숲 놀이기구 디자인 공모전을, 가을 프로젝트에서는 이를 바탕으로 실제 숲 놀이기구 제작과 숲속 작은 음악회를 가지기로 했다.

교사의 기획에서 출발하지만 프로젝트 수업은 학생들이 스스로 수업을 구성하고 탐색해가는 과정이다. 때문에 그 무엇보다도 중요한 것은 학생들의 관심이다. 그렇기 때문에 학생들의 관심을 끌 수 있는 것들로 구성해야 한다. 4계절이라는 대주제 아래, 하위 주제를 찾는 노력이 필요했다. 아이들이 무엇을 알고 있고, 알고 싶은지, 어떤 걸 할 수 있는지를 확인할 필요가 있었다.

봄빛맞이 프로젝트 시작하기 전 마인드맵을 작성하였다. 봄에 대해 떠오르는 것을 적게 했지만 나온 단어는 3~4개뿐. 적지 않게 놀랐다. 3년 동안이나 봄 프로젝트를 해왔다고 했지만 아이들은 주변의 '봄'과 그 생생한 변화에 대해 생각 본 적이 없었던 것이었다. 선택의 기로였다.

' 그냥 했던 대로 편하게 해? 이거 말고도 할 일은 많은데....... 그래도 아이들 생각하면 프로젝트 학습을 경험해보는 것도 필요해. 아, 어쩌지......'

다음날, 어제 못다 한 마인드맵을 다시 펼쳐 들었다. 그리고 '봄'에 대해 알고 있는 것뿐 아니라 궁금한 것, 하고 싶은 것을 함께 이야기 나누었다. 생각이 막힐 때는 교과서를 꺼내 들었다. 8종의 교과서를 펼쳐 '봄'이나 '삼나무 숲'과 관련된 내용을 찾았다. 자신이 계획한 개인 프로젝트를 할 수 있도록 최대한 돕는다고 했더니 아이들은 더 열심히 했다. 할 수 있는 것과 그렇지 않은 것도 정해보고, 할 수 있는 프로젝트의 내용과 방법, 순서도 간단하게 세웠다.

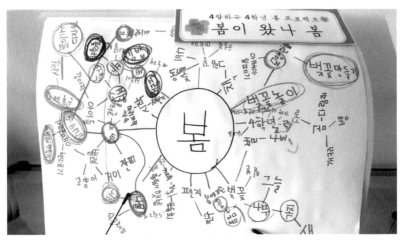

봄빛맞이 프로젝트 마인드맵이다. 학생들의 배경지식을 확인하고 궁금하거나 더 알아보고 싶은 것을 쉽게 볼 수 있게 프로젝트 기간 동안 교실에 게시해두었다.

학년 프로젝트나 개인 프로젝트뿐 아니라 학교 공통 활동(꽃 심기, 쑥개떡 만들기, 숲 놀이기구 아이디어 공모전)도 해야 했다. 각 활동들이 프로젝트의 목표와 잘 어우러지게 구조화하면서도, 프로젝트 속 교과의 성격, 성취기준과도 연계되어야 했다. 실제적인 결과물을 통해 과정 중심 평가도 해야 했다. 프로젝트 수업을 하기 전 머릿속이 복잡했다.

첫술에 배부를 수 있으랴. 마인드맵을 중심으로 학년 프로젝트 계획을 정리하면서 조바심을 버리기로 했다. 완벽하고 멋지게 프로젝트를 완성하는 것보다 프로젝트 학습이 처음인 아이들이 무엇을 어떻게 배워야 할지,

어떻게 결과물을 만들지, 스스로 질문하고 결정 내리는 경험에 더 초점을 두기로 했다.

계획한 프로젝트 주제는 "친구야, 숲에서 놀자!"였다. 교과는 도덕, 과학, 미술, 창체로, 학습 목표는 "삼나무 숲속을 탐색하며 자신의 느낌과 생각을 다양한 방법으로 표현할 수 있으며, 내가 꿈꾸는 학교 숲을 위한 생활 계획을 세워 꾸준히 지켜나갈 수 있다."로 잡았다. 그리고 프로젝트 과제는 '숲을 위해 우리가 할 수 있는 작은 실천과 숲 놀이기구 디자인하기'로 정했다.

프로젝트 첫날, 아직은 바람이 조금 차가웠지만 즉석 사진기를 가지고 삼나무 숲으로 갔다. 그곳에는 2018년 금성 교육 공동체와 함께 제작한 트리하우스가 있었다. 이 트리하우스는 우리 샛별이들이 제일 좋아하는 장소이다. 급식실 공사로 안전사고가 우려되어 출입이 통제되었지만 틈만 나면 그곳에 가자고 졸라댈 정도였다. 트리하우스에 앉아 삼나무 숲을 둘러보며 다가오는 '봄'과 우리와 함께하는 '삼나무 숲'을 느꼈다. 아이들은 따뜻함, 생명, 움직임, 푸르름과 신남 등이 떠오른다고 하였다. 그리고 친구. 가장 좋아하는 곳에서 친구들과 신나게 놀고 싶다고들 했다. 프로젝트 과제와 연결 지을 수 있는 절호의 기회였다.

"그래, 선생님도 트리하우스에 오니까 여기서 더 재미있게 놀면 좋겠어. 그래서 이번 가을에는 숲속 놀이기구를 만들어보려고 하는데 너희가 좋은 아이디어를 내보면 어떨까?"
"저는 여기에 클라이밍을 하는 곳이 있었으면 좋겠어요. 하늘이 다 보일 거예요."
"저는 그네요."

"그래, 이번 프로젝트에서는 너희 아이디어를 다른 사람들도 쉽게 알 수 있게 작품으로 만들어보자!"

숲속 놀이기구 디자인 활동에 쓸 나뭇가지, 풀 등의 부산물을 줍고 서로의 사진도 찍었다. 또 학교 텃밭에 꽃도 심고 옥수수, 고추, 호박, 오이, 방울토마토 등 다양한 모종들도 함께 심었다. 봄에 나는 쑥 나물을 캐면서 '봄'의 변화를 느꼈다. 싱그러운 흙 내음과 따사로운 햇살에 시원함을 더해주는 바람까지. 확실히 교실에서의 수업과는 다르다. 아이들도, 나도 재잘재잘. 신이 났다.

트리하우스 1층 정자에 앉아 삼나무 숲에서 모은 자갈로 공기놀이를 하고 있다.

이제는 학년 활동을 할 차례다. 지난주 배운 국어 교과서에서 제시된 「생태마을 보봉」을 다시 읽으면서 우리 학교 삼나무 숲을 지키기 위해 할 수 있는 일들을 떠올렸다.

"일회용품을 버려서는 안 돼요."

"꽃이나 나무, 모종을 심어야 해요."

"폐건전지 모으기를 하면 좋겠어요."

나도 아이들과 함께 토론에 참여했다. 생각을 정교하고, 구체적으로 하기 위해 질문하고 반론하기도 했다. 필요한 경우에는 예를 들어 설명하기도 했다. 긴 토의 끝에 우리는 꾸준히 실천할 수 있고, 또 여러 사람에게도 알릴 수 있는 '폐건전지 모으기'를 하기로 했다. 그리고 토양에 심각한 영향을 주는 폐건전지를 모아 새 건전지로 바꿔주는 행사에도 참여하기로 했다.

이렇게 학년 프로젝트에 아이들이 개인적으로 하고 싶었던 프로젝트도 같이 해나갔다. 개인 프로젝트는 각자 꼭 해보고 싶다고 밝힌 활동들이라 정규교육과정 시간 외 자투리, 하교 후 시간을 통해 각자 하기로 했다. 프로젝트 주제 만나기에서 가장 적극적이었던 선아는 다른 어떤 활동보다도 개인 프로젝트만 기다렸다. 내가 가져오기로 한 준비물도 다시 한번 챙겼다. 오롯이 혼자 하는 활동이라 각자의 개성도 엿보였다. 자신의 생각을 선, 형, 색으로 표현하기를 좋아하는 은주는 벚꽃이 흩날리는 모습을 다양한 물체와 콜라주를, 곤충을 좋아하는 수정이는 삼나무 숲에 사는 곤충도감을 만들고 싶다고 했다. 선아는 봄꽃에 대해 조사해보고 꽃차를 친구들과 함께하고 싶다고 했다. 개인 프로젝트는 순풍에 돛 단 듯했다. 도서관에 가서 책도 빌려 읽어 보고 점심에는 태블릿 PC로 검색하였다. 수업 시간 멍하니 앉아 있던, 무언가 도전하기 어려워 쭈뼛거리던 아이들의 모습은 온데간데없고 자신이 배우고 싶었던 것을 탐색하느라 집중하여 깊이 빠져 있는 아이들이 보였다.

　이런 아이들과는 달리 나는 봄 프로젝트를 하는 일주일 내내 고민에 휩싸였다. 먼저 샛별이들의 건강 문제였다. 계절 감기가 유행이어서 병원을 가느라 중간중간 활동에 빠진 경우가 많았다. 이를 위해 반복하여 이전 활동을 설명해 주었지만 친구들과 함께하는 수업은 거의 불가능했다. 두 번째는 프로젝트의 흐름이다. 공통 활동은 정해진 시간과 장소에 전교생이 함께 해야 하기 때문에 다른 활동을 끊고 나가야 할 때가 많았다. 프로젝트라는 큰 흐름 안에서 각 활동이 의미 있게 구조화되고, 시의적절한 곳에 배치되지 못했다. 그래서 학습의 흐름이 뚝뚝 끊겼고 활동에 대한 몰입도 떨어졌다.

　가장 큰 고민은 성취기준 중심의 교과-창체 간 통합의 어려움이었다. 1학년부터 6학년까지 꽃과 채소 모종 심기, 쑥개떡 만들기 등 동일한 활동을 하였지만 학년마다 깊이와 수준의 위계는 달라야 한다. 그리고 공통 활동은 각 학년 프로젝트와 자연스럽게 연계되어야 하는데 그렇지 않다는 생각이 들었다. 그런 고민을 다른 선생님께 문의했다. 자신들도 그렇다고 했다. 그리고 사실 프로젝트 수업을 위해 교육과정을 분석하여 재구조화해야 하는데 그 과정도 어렵다고 했다. 성취기준 중심으로 학습 요소를 연계하여 주제를 선정하는 일, 그리고 이를 학생 참여형 수업으로 설계하는 과정……. 프로젝트 수업을 하긴 했지만 잘 모르고 했다는 고백이었다. 감사했다. 나의 어려움에 동조해 주어서가 아니다. 경직된 교직 문화 속에서 쉽사리 말하기 어려운 본인의 시행착오들을 허심탄회하게 이야기해 주었기 때문이다. 그렇게 이야기해 준 덕에 나만 고민하고 있었던 건 아니라는 확신과 함께 나누고 배워갔으면 좋겠다는 희망이 들었다.

좌충우돌, 봄빛맞이 프로젝트와 개인 프로젝트는 결석과 조퇴가 잦았던 2명을 제외하고 결국 선아만 완성할 수 있었다. 선아는 봄에 피는 꽃을 조사하고 그 중 봄에 나는 꽃차를 3학년 친구들과 함께 나누었다. 꽃차를 시음하던 3학년 현준이는 '입에 꽃을 머금고 있는 것 같다'고 말해주어서 준비했던 선아뿐 아니라 함께 있던 모든 사람들을 감탄하게 했다.

또 삼나무 숲을 지키기 위한 '폐건전지 모으기' 캠페인도 진행했다. 아이들은 폐건전지 수합함을 함께 만들어 학급 복도에 비치했다. 많은 사람들이 이 캠페인에 동참하도록 우리의 생각을 전하는 글과 포스터를 제작하여 복도에 붙이기도 했다. 교실을 다니며 홍보를 하니 다음날 6학년 철호는 20개가 넘는 건전지를 쏟아 넣어주었다.

학교 공통 활동을 위해 삼나무 숲에서 가져온 부산물을 이용하여 숲 놀이기구 디자인을 했다. 다양한 재료와 표현 방법으로 자신의 아이디어를 표현했고 트리하우스 옆에 그 놀이기구는 어떤 재료와 모양으로 만들 수 있을지, 왜 필요한지도 놀이기구 설명서에 적었다.

복도에 1~6학년 아이들의 숲 놀이기구 디자인 작품이 전시되었다. 각양각색, 아이들의 아이디어가 넘쳐났다. 이 전시회에 참여한 아이들의 얼굴도 각양각색. 다양한 빛을 뿜고 있었다.

봄빛맞이 프로젝트를 하면서 한 차시라도 허투루 수업할 수가 없었다. 프로젝트를 위한 물품과 기자재를 미리 준비해야 했고 아이들의 탐구 과정을 깊이 있게 관찰해야 했다. 또 아이들의 생각을 보다 명확하게 표현할 수 있게 피드백을 주어야 했고 탐구 과정을 통해 학습한 결과를 다양하게 정리할 수 있도록 안내해야 했다. 그리고 아이들의 학습 상황을 보고 프로젝트 방향 조정하는 것도 잊지 않았다.

결국 힘들게만 보였던 봄 프로젝트가 성황리에 끝이 났다. 환하게 빛나는 아이들을 마주 보고 있으니 일주일 내내 겪었던 괴로움과 고통이 따뜻한 봄바람에 사라지는 듯했다. 더불어 왠지 모를 뿌듯함이 밀려왔다.

"선생님, 여름 프로젝트는 어떻게 할 거예요?"
"응? 왜?"
"이번처럼 하면 좋겠어요."
"저는 여름에 하고 싶은 거 생각해뒀어요."
"어? 너도? 귓속말로 알려줘."

큭큭 거리는 샛별이들의 목소리에 힘이 실려 있었다. 어려운 일도 함께라면 할 수 있다는 용기와 작은 것이지만 해냈다는 자신감이 담긴 목소리. 교실로 가는 길, 우리는 발맞춰 걷고 있었다.

신나게, 안전하게, 여름나게, 여름빛맞이 프로젝트

어느새 더운 바람이 불어오기 시작하고 콧잔등에 송송 땀방울이 맺히기 시작했다. 여름빛맞이를 할 때다. 학교 공통 여름 프로젝트는 감사 꽃다발 만들기와 봉숭아꽃 물들이기로, 자연이 우리에게 주는 감사함을 느끼는 활동이다. 감사 꽃다발 만들기는 5월 8일 어버이날을 맞이하여 텃밭에 핀 패랭이꽃으로 감사 꽃다발을 만들어 감사의 마음을 표현했다. 봉숭아꽃 물들이기는 봉숭아꽃이 활짝 필 때 손톱에 꽃물을 들이는 활동이다. 두 활동 모두 교과 2차시씩의 단발성 활동이다. 샛별이들은 여름빛맞이 프로젝트는 언제 하냐고 성화다. 봄빛맞이를 통해 스스로 탐구하고 계획하고 실천하는 과정에 재미를 느꼈기 때문이다.

감사 꽃다발 만들기는 시기상 여름빛맞이 프로젝트를 계획하기 전에 활동이 끝났다. 아이들은 텃밭에서 패랭이꽃과 안개꽃을 꺾어 부모님을 드릴 감사 꽃다발을 만들고 함께 드릴 편지에 다양한 꽃을 압화로 만들어 편지를 꾸몄다.

여름의 시작을 알리려는 듯 봉숭아꽃이 활짝 피자 우리의 여름빛맞이도 시작되었다. 아이들은 기다렸다는 듯 '삼나무 숲의 여름'에 대한 생각 열기 마인드맵에 개울가, 냉면, 여름, 나무 그늘, 땀 등. 재빠르게 적어 나간다. 또 여름과 관련하여 자신이 하고 싶은 활동도 미리 생각해 두었는지 하고 싶은 이유와 활동 방법도 구체적으로 이야기했다. 봄빛맞이와는 다른 모습이다. 샛별이들은 교과서를 찾아보며 여름과 관련된 소재들도 찾아 마인드맵을 정리해나갔다. 이런 모습을 보니 복잡 미묘한 감정이 들었다.

프로젝트의 주제에 적합한 내용과 방법을 스스로 탐구 계획을 세우는 모습이 기특하면서도 교육과정을 다시 구조화해야 한다는 압박이 느껴졌다. 그래도 어쩌겠는가? 프로젝트 수업은 아이들과 고민하고 찾아가며 서로 성장하는 것이기에 조금의 수고는 감당할 수밖에.

샛별이들과 함께 계획한 여름빛맞이 프로젝트명은 "신나게, 안전하게, 여름나게"였다. 교과는 미술과 체육으로, 학습 목표는 "생활 속에 다양하게 활용되는 미술을 발견하여 다양한 방법으로 표현할 수 있으며, 다양한 활동에서 발생하는 안전사고 예방 및 대처 방법을 익혀 대처할 수 있다."로 정하였다. 여름빛맞이 프로젝트는 학년 교육과정 편성할 때 계획되지 않았기 때문에 시수를 확보하는 데 어려움이 많았다. 따라서 활동 내용, 방법, 순서를 정하면서 최대한 행사나 창의적 체험활동과 연결 지었다.

시작은 봉숭아 물들이기다. 텃밭에서 딴 봉숭아를 동그란 그릇에 넣고 콩콩 빻아 조심조심 올려놓았다. 비닐로 잘라 실로 꽁꽁 묶는 손이 파르르 떨렸다. 빻은 꽃을 동그랗게 올려놓고 아이들과 사이좋게 둘러앉았다. 이곳저곳에서 머리가 간지럽다고 얼굴에 머리카락이 붙는다고 야단이다. 미리 손톱 옆에 로션을 발라두지 않아서 깔끔하게 물들여지지 않았지만 샛별이들과 나도 같은 빛깔로 물들어진 하루였다.

이어 여름의 습기를 제거하는 액자와 공판화 기법을 활용한 나만의 손수건을 만들기, 여름의 계절적 특징을 잘 견디기 위한 자신만의 여름 나기 계획을 세웠다. 또 수영체험에 앞서 수상 활동에서 발생하는 안전사고 예방 및 대처 방법을 알아보며 안전한 여름 나기 계획도 세워 실천해보았다. 그리고 마지막. 아이들이 원하는 그것.

"물총놀이 해요."

시원한 물을 가득 채워 이리저리 쏘다 보면 어느새 무더위도 저만치 물러간다며 나를 설득했다. 샛별이들의 간절한 마음보다 걱정과 고민이 앞선 건 사실이었다. 3명으로 할 수 없기에 3학년 선생님의 협조를 구해야 했고, 온 운동장이 시끌벅적해질 테니, 다른 학년 선생님들과 아이들의 이해도 필요했다. 더 큰 고민은 '과연 여름 프로젝트에 물총놀이가 꼭 필요하나'였다. 프로젝트 흐름상 그 활동은 크게 유의미하지 않았기 때문이다. 하지만 자신의 의견이 긍정적으로 수용되는 과정을 경험하면서 더 적극적으로 주변을 탐구하고 실제적인 성찰을 해나갈 수 있기를 바라는 마음으로 고민 끝에 샛별이들의 의견을 수용하였다. 다행히 관대하게 이해해 준 다른 학년 선생님과 아이들 덕분에 학수고대하던 물총놀이도 함께 하였다.

여름 하늘 아래 환하게 빛나는 아이들의 미소가 더욱 싱그러웠던 물총놀이 시간이다.

청량한 매미 소리가 여전히 들리던 2학기 개학날, 재현이가 전학을 왔다. 2학년까지 샛별이들과 함께 지내던 친구가 다시 온 것이다. 쾌활하지만 장난스러운 재현이 덕분에 샛별이들은 더 많이 울기도 웃고도 했다. 3명보다 4명이 더 영롱하고 아름다운 빛을 내는 건 당연한 일이었다.

Fall in fall, 가을에 빠진 가을빛맞이 프로젝트

오곡이 영글어가는 가을, 풍요와 여유가 함께하지만 나는 가을빛맞이 준비로 분주했다.

봄 프로젝트를 마치고 선생님들의 고민이 한곳에 모였다. 단순히 재미 있는 활동들만 모아 놓은, 학생들의 참여에만 초점을 둔 프로젝트 수업이 아쉬웠기 때문이다. 학년군 성취기준에 부합하는 학생들의 특성과 요구를 반영해 성장과 배움으로 한 단계 더 도약하는 프로젝트로 거듭나길 기대했기 때문이다. 그래서 교육과정-수업-평가의 방향에 대해 깊이 있는 이해와 4계절 프로젝트 편성·운영에 도움을 받고자 전문가 초청 연수를 계획해 추진했다.

5차례의 실습형 연수를 통해 성공적인 프로젝트 학습을 위한 교사의 역할에 대해 공유, 성찰하였다. 교사는 교육과정 전체를 살펴보는 문해력을 바탕으로 학생에게 유의미한 내용을 찾아 이를 적절하게 수업으로 구현해야 하고 평가의 방법과 내용 등 다양한 측면도 고려해야 한다. 더 중요한 것은 이 과정을 동료 교사와 공유하는 것이다. 아쉽게도 동 학년이 없기 때문에 학년군별로 협의회를 구성하여 각 학년의 학생 실태, 교육과정 특성, 성취기준의 학습 요소와 평가 요소, 프로젝트 수행 과제에 대해 자유롭게 이야기하였다. 혼자라면 쉽게 도전할 수 없었던 일이었지만 함께였기에 길이 보였다.

가을빛맞이 프로젝트의 공통 활동으로 교육 공동체의 협력을 통해 트리하우스와 연계한 놀이기구를 만들고 프로젝트 발표 및 정리 활동으로 가족과 지역주민을 초청한 숲속 작은 음악회를 열기로 계획하였다.

이번 가을빛맞이 프로젝트 주제는 "가을에 빠지다 [Fall in fall]"로 '시 낭송회 열기'가 주요 프로젝트 과제였다. 학습 목표는 "삼나무 숲의 가을과 어울리는 시 낭송회를 계획하여 주도적으로 추진할 수 있다. 가을에 대한 생각과 느낌을 시와 그림, 악기 연주 등으로 다양하게 표현할 수 있다"로 정했다. 그리고 "가을과 관련된 시를 읽고 생각과 느낌을 시, 그림, 악기

[표 3] 가을빛프로젝트 주제 선정

성취기준	관련 단원		선정 주제
[4국 05-04] 작품을 듣거나 읽거나 보고 떠오른 느낌과 생각을 다양하게 표현한다.	9. 감동을 나누며 읽어요		
[4미 01-04] 미술을 자신의 생활과 관련지을 수 있다	4-10. 우리 반 음악회	⇨	가을에 빠지다 [Fall in fall]_시 낭송회
[4음 01-06] 바른 자세로 노래 부르거나 바른 자세와 주법으로 악기를 연주한다.	3-3. 가을 길 4-10. 우리 반 음악회		

연주로 생생하게 표현하는지, 시 낭송회를 열어 친구들과 함께 생각과 느낌을 적극적으로 나눌 수 있는지, 계획한 삼나무 숲 시 낭송회를 추진하기 위해 자신이 해야 할 일을 꾸준히 참여하는지"를 평가하기로 계획했다. 그리고 다음과 같이 차시별 계획, 과정 중심 평가 계획도 수립하였다.

프로젝트 시작 2주일 전, 숲 놀이기구 만들기를 위해 교육 공동체의 의견을 수렴했다. 먼저 2학기 교육과정 설명회에서 안내하였지만 다시 한번 학부모님들께는 숲 놀이기구 제작을 위한 아이디어를 서면으로 받았다. 그리고 학생, 교직원 그리고 전문가가 함께 모여 어떤 놀이기구를 어떻게 제작하면 좋을지를 고민하는 사전 협의회를 가졌다. 봄빛맞이 프로젝트에서 나온 공상에 가까울 정도의 숲 놀이기구가 실제 가능할지, 또 아이들이 적극적으로 의견을 낼지도 걱정이었다. 다행히도 작년 트리하우스를 제작해 주셨던 전문가님께서 아이들이 낸 아이디어를 현실 가능하게, 안전하게, 또 삼나무 숲의 생태 환경과 어울리게 설계해 주셨다. 이제 가을빛 맞이하러 가자.

[표 4] 가을빛맞이 프로젝트 차시별 계획

차시	관련교과	교과	수업 방법	평가 방법
1~2	· 가을 시에 관한 시 감상하며 경험 말하기 · 가을 프로젝트 주제망 짜기 · 시 낭송회 계획 세우기	국어	토의·토론	
3~4	· 숲 속 세상 만들기 1	창체	체험	
5~6	· 가을 숲에 떠오르는 느낌 표현하기 · 가을 시 고르기와 바꾸어 쓰기 · 가을 시를 다양하게 표현하기	국어		실기 평가
7~8	· 숲속 세상 만들기 2	창체	체험	관찰평가
9~10	· 가을 숲에 떠오르는 느낌 표현하기 · 가을 시 고르기와 바꾸어 쓰기 · 가을 시를 다양하게 표현하기	음악		관찰평가
11~12	· 숲속 세상 만들기 3	창체	체험	관찰평가
13~14	· 가을 시 낭송회에 어울리는 배경 만들기 · 프레젠테이션 프로그램을 이용하여 사진 다양한 방법으로 꾸미기	미술	협력	실기평가
15~16	· 숲속 세상 만들기 4	창체	체험	관찰평가
17~18	· 리듬악기 정하고 연습하기 · 리듬악기와 신체표현 활용하여 악기 연주하기	음악		관찰평가
19~20	· 숲속 작은 음악회 공연 및 감상하기	창체		실기평가

[표 5] 가을빛맞이 프로젝트 평가 계획 일부

평가 영역	평가항목	평가 척도	채점 기준(판단 기준, 채점 관점)
문학	생각이나 느낌을 시와 그림으로 표현하기	상	마음에 드는 시나 이야기를 읽고, 생각이나 느낌을 시와 어울리는 그림으로 생생하게 표현하고 전시회를 열어 친구들과 함께 적극적으로 나눌 수 있다.
		중	마음에 드는 시나 이야기를 읽고, 생각이나 느낌을 시와 그림으로 표현하고 전시회를 열어 친구들과 함께 나눌 수 있다.
		하	마음에 드는 시나 이야기를 읽고, 생각이나 느낌을 시와 그림으로 간단하게 표현할 수 있다.

프로젝트 첫날, 아이들과 '가을 길'을 들으며 자신이 조사한 가을 시들을 낭송하였다. 그리고 가을에 관한 주제망을 짰다. 가을 하면 떠오르는 것, 궁금한 것과 하고 싶은 활동 등. 교과서도 펼치며 주제망을 짜보았다. 계획했던 프로젝트 설계안과 크게 차이 나지 않았다. 샛별이들과 함께 짠 주제망을 바탕으로 가을에 관한 시를 바꾸어 쓰고 낭송하는 것, 그리고 함께 가을에 관한 노래를 연주하기로 하였다.

가을빛맞이 프로젝트 일주일 동안 3, 4교시는 교육 공동체와 함께하는 숲 놀이기구 제작 체험활동을 하였다. 아이들은 전문가 선생님과 함께 돌멩이를 나르고 그동안 삼나무 숲을 덮었던 낙엽도 한곳에 모았다. 또 나무판을 세우고 칠도 하였다. 경사가 있는 삼나무 숲에 어떻게 놀이기구가 만들어질지 궁금했다.

국어 시간, 샛별이들은 가을을 담은 시를 아이들의 경험과 생각을 담아 바꾸었다. 가을 과일에 대한 재현이 시 [과일 이야기], 가을빛 담겨 있는 풍경을 담은 선아의 시 [가을이 왔어요], 쨍한 가을볕에 속상했던 마음을 말려 다시 투명해지는 수정이의 시 [가을볕], 걱정거리를 삼나무 숲 가을바람에 날려버리게 하는 은주의 시 [가을바람]까지. 아이들은 시의 느낌을 잘 표현하기 위해 친구들과 함께 어울리는 음악과 몸짓, 소품, 몸짓 등을 함께 만들면서 시 낭송을 준비하였다. 또 미술에서는 프레젠테이션 프로그램을 활용하여 사진을 다양한 방법으로 꾸미는 방법을 알아보고 가을 시화를 완성하였다. 교실 안에 잔잔하게 흐르는 음악과 아이들을 비추는 듯한 시와 그림, 내 마음도 가을빛으로 울긋불긋 해졌다.

봄빛맞이 프로젝트와는 달랐다. 아이들의 협동적인 탐구 활동과 수행 과제 이행으로 집중되는 자연스러운 몰입감. 이는 아마도 프로젝트를 선생님들과 함께 깊이 있게 연구했기 때문일 것이다. 연수를 통해 선생님들은 다양한 관점으로 사고의 폭을 넓혔다. 교과 성취기준을 바탕으로 학생의 성장과 배움에 초점을 둔 프로젝트를 구상할 수도 있었다. 또 수업 경험과 프로젝트 성찰 과정을 함께 공유, 추진하면서 예상되는 학생 반응과 결과에 대해 고민하고, 이를 대비하기 위해 꼼꼼히 프로젝트 전반을 점검하였다. 그렇기에 여러 활동을 준비하느라 동분서주했던 봄빛맞이와는 달리 학습의 과정을 지켜보면 도움을 주고 때로는 질문하면서 아이들의 프로젝트를 수정, 보완해 주는 안내자 역할을 충실히 할 수 있었다.

가을빛맞이 프로젝트로 만들어진 숲 놀이터를 축하하기 위한 숲속 작은 음악회 모습.

드디어 프로젝트의 마지막 날. 각 학년 프로젝트 소산물 발표회인 [시끌벅적 숲속 작은 음악회]가 삼나무 숲 트리하우스에서 열렸다. 트리하우스와 삼나무 숲 일대에 일주일간의 학습 소산물을 전시하니 아이들의 가을에 대해 알고 있는 것과 새롭게 배우고 느끼게 된 학습 여정이 삼나무 숲에 가득 찼다. 숲 놀이기구 만들기 완공을 축하하는 첼로와 피아노 연주, 하나 되어 소리를 맞추는 아이들 합창 소리와 리코더 연주. 서로 배운 것을 나누고 칭찬하며 축하하는 박수 소리에 시원한 바람과 높은 하늘로 자신도 뽐내는 자연까지. 작지만 소중하고, 느리지만 꾸준하게 한 뼘씩 자라는 삼나무 숲처럼 우리의 손으로 만든 숲 놀이기구와 함께 프로젝트 활동을 되돌아볼 수 있는 뜻깊은 발표회였다. 자연, 배움과 삶. 그리고 사람. 함께 어우러져 물들여가는 가을이었다.

나눔으로 하나 되어 따뜻한 겨울빛맞이 프로젝트

쌩쌩 불어오는 찬바람에 삼나무 숲도 겨울나기를 준비하듯 우리도 따뜻한 겨울나기를 준비하기 시작했다. 겨울빛맞이 프로젝트는 학교 공통 겨울 프로젝트로, 9월에 배추와 무 모종을 텃밭에 심고 12월에는 수확한 배추로 김치를 담가 인근 마을회관에 가져다드리는 봉사 활동이다. 이 활동 모두 2차시씩 배정되어 있다.

공통 활동을 앞둔 11월, 아이들과 겨울빛맞이를 위한 생각 열기 마인드맵을 작성했다. 눈 놀이, 김치 담그기, 마을회관에서의 봉사 활동, 그리고 트리하우스에서 책 읽기. 추워지는 겨울, 바깥 활동이 어려울 때 따뜻한 이불을 덮고 책을 읽듯이 트리하우스에서도 책을 읽고 싶다고 했다. 지금 아무것도 없는 트리하우스를 따뜻하게 꾸미고 싶다고 했다. 겨울빛맞이 프로젝트 역시나 별도의 시간 배정을 하지 않았지만 샛별이들이 제안한 활동에 많은 시간이 소요되지 않을 것 같아 점심과 자투리 시간에 할 수 있는 활동을 하기로 했다.

트리하우스 꾸미기를 위해 머리를 맞대 계획을 세웠다. 이제는 샛별이들 끼리 척척해낸다. 어떻게 꾸미면 좋을지, 언제 꾸미면 좋을지, 어떤 물건들 이 필요한지, 그림을 그려 설명도 했다. 하지만 대상이 문제가 됐다. 트리 하우스는 우리 반만을 위한 공간은 아니었다. 2018년 가을 프로젝트로 전 교생이 만든 공동의 공간이었다.

"선생님, 같이 하면 안 돼요?"

트리하우스 내부
겨울빛맞이 프로젝트로 꾸며진 트리하우스 내부 모습. 생태 관련 책들과 의자,
아이들의 작품을 따뜻한 온기로 품고 있다.

못할 게 없다. 3~6학년 아이들과 함께 하기로 했다. 3~6학년 아이들이 만들었던 작품 드림 캐처[36]도 모으고, 도서관에서 '나무나 숲', '생태'에 관한 책들을 모아왔다. 이번에는 트리하우스에 앉을 자리가 문제다. 이전에는 반에 있는 작은 돗자리나 먼지를 털고 바닥에 앉았지만 아무래도 매번 돗자리를 가져오거나 쓸고 앉기는 불편했다. 그러다 보니 트리하우스에서 수업하기 어려웠다. 그래서 아이들과 고민한 끝에 숲 놀이를 위해 있었던 나무 책상과 의자를 올려두기로 했다.

아이들은 빗자루와 쓰레받기로 트리하우스의 먼지를 없앴다. 힘을 모아 옮겨온 책상과 의자를 배치하고 책도 옮겼다. 자신의 드림 캐처 작품을 곳곳에 게시하니 나무 향 가득한 트리하우스가 완성됐다. 따뜻한 햇살을 머금은 트리하우스 아래로 아이들의 웃음이 몽실몽실 피어올랐다.

텃밭에서 무럭무럭 자란 배추로 김치를 담그는 날, 도란도란 모여 앉아 배춧잎 한 장 한 장 정성을 다해 양념을 발랐다. 몇 번 해봤다며 배추를 버무리는 솜씨가 야무지다. 다음날, 사랑의 마음으로 하나가 된 상자를 들고 인근 마을 회관으로 갔다. 몇몇 어르신께서 아이들을 반겨주었다. 지난번처럼 공연은 준비하지는 않았지만 마을 어르신들을 대접해드린다고 상을 차리고 안마를 해드렸다. 어색함도 잠시, 건강을 기원하는 인사에 감사의 덕담이 쏟아졌다. 작은 정성을 모아 이웃과 나누었던 겨울빛맞이 프로젝트. 추운 겨울이지만 서로의 온기를 나누니 따뜻해졌다.

....

36) 드림 캐처는 아메리카 원주민들이 악몽을 걸러주고 좋은 꿈만 꾸게 해준다는 의미로 만들었던 토속 장신구로 고리 안에 그물이 쳐져 있고 고리 아랫부분에는 깃털과 알록달록한 구슬이 달려 있다.

천천히, 서서히, 문득, 푸른 잎이 되고
푸르른 사월 하늘 들이받으면서
나무는 자기의 온몸으로 나무가 된다

-황지우, [겨울-나무로부터 봄-나무에로] 중

봄, 여름, 가을, 겨울. 4번의 빛맞이가 끝이 났다. 샛별이들은 새로운 계절을 맞이할 것이다. 하지만 이전과는 조금 달라질 거라 기대한다. 가만히 앉아 선생님이 가르쳐주는 대로, 해주는 대로 기다리지 않기를. 스스로 계획하고 다양한 방법으로 상호작용하며 배움을 키워나갈 수 있는 힘을 얻었기를. 그래서 앞으로도 아이들의 삶 속에서 일어나는 경험을 바탕으로 자기주도적으로 학습할 수 있길 기대한다. 그래서 황지우의 시[37]처럼 '온몸이 으스러지도록 부르터지면서'도 '막 밀고 올라가' 오롯이 '자기 몸으로 꽃 피는 나무'가 되길. 자신만의 빛깔로 당당한 '나'로 커나가기를 바란다.

---

37) 황지우, [겨울-나무로부터 봄-나무에로] 중 일부를 인용함.

마을과 함께 배우자

배움 친구로부터

어느 날. 휴대전화 알람이 울린다. 속해 있던 연구회 회원이 쓴 글이 올라 왔다. 그 회원이 근무하고 있는 OO초 분교장의 모습과 함께한 아이가 지역 의 중심지를 찾으러 가는 데 도움을 주면 좋겠다는 영상도 함께 올라왔다.

"얘들아, 이 영상 한 번 봐 볼래? 이 친구가 궁금한 게 있어서 영상 편지를 보내왔 네?"

"어? 우리도 답사 한 곳인데?"

"근데 얘네 반은 왜 1명이에요?"

"너희가 가본 곳이니까 아웃렛에 슬라임이 있는지 전남도청에 들어갈 수 있는지 알 려줄 수 있지 않을까?"

"좋아요!!"

아이들 눈이 반짝였다. 그것이 시작이었다. 샛별이들은 새로운 친구, 사 회를 만나는 것에 시간이 걸린다. 낯선 환경을 호기심 있게 탐색하기보다는 한발 물러서서 안전한지, 불편하지는 않는지 오랫동안 지켜본다. 선생님이나 친구의 권유가 있기 전까지는 도전하지 않는다. 복잡하거나 익숙지 않은 환경에는 얼어버렸고 편한 사람이 다가오면 언제 그랬냐는 듯 자신으로 돌아온다.

샛별이들뿐만이 아니다. 내가 지금껏 근무해왔던 작은 학교 아이들이 가진 대부분의 모습이었다. 이런 아이들에게 폭넓은 관계를 경험하게 해주고 싶었다. '이것도 좋지만 이런 것도 있단다.'며 여러 선택지를 보여주고 싶었다. 그런 확장된 학습 공간 속에서 문제나 상황을 다양하게 바라보고 자신의 생각을 다른 사람들과 공유하면서 다양함을 느낄 수 있게 말이다. 그래서 아이들을 위한 배움 친구를 찾았다. 진도 관내 학교이지만 협동학교군이 아니라 만날 수 없었던 비슷한 규모의 한 학급과 다른 지역의 다인수학급. 2개 반을 연결했다.

처음에는 아이들끼리 친해질 수 있게 자잘한 것을 물었다.

"언제 급식 먹으러 가니?"

"학교 끝나면 뭐해?"

"너희들이 가장 좋아하는 곳은 어디야?"

조금 익숙해지자 아이들의 학습 소산물을 함께 공유했다. 학습한 결과를 다른 사람에게 보여준 적 없던 아이들은 무척이나 떨려 했다. 쓴 글과 시, 리코더 연주, 지역의 역사적인 인물을 표현한 역할극을 실시간으로 보여줬다. 발표하고 나서 늘 선생님의 조언(?)과 1~2명 친구의 칭찬(?)으로 끝이 났지만 배움 친구와 함께하는 원격수업에서는 끝이 아니었다. 같은 내용을 배웠지만 다른 학습 소산물에 질문이 쏟아졌다.

"코딩은 언제 배우는 거야?"
"어떤 과정으로 준비했어?"
"준비하면서 가장 어려웠던 것은 뭐야?"

쏟아지는 질문에 당황하면서도 자신이 학습한 과정을 되짚어가며 설명했다. 날카로운 질문에는 진땀을 빼며 설명하고, 배움 친구에게 맞춰 정선하여 표현하기도 했다. 집중적이고 자연스러운 학습을 위해 배움 친구와 함께한 수업은 이처럼 필요한 부분만 연결하는 형태로 진행되었다. 1차시 수업 전체를 원격으로 진행하기 위해서는 다른 선생님과 수업 목표와 방법, 과정에 대해 깊이 있는 소통이 전제되어야 한다. 또 플랫폼이 불안정하기도 했지만 다인수학급에서는 원격 수업을 위해 여러 기술적, 물리적 노력이 필요했다. 화면에 아이들 전체를 잡기 위한 각도 조절, 발표하는 아이들의 목소리 크기, 다른 학사 일정과 시간 배정으로 원격수업 시간 정하기 등. 준비해야 할 것이 많아 자주 부탁드리기 어려웠다.

어느 날, 한 배움 친구가 샛별이들에게 질문했다.

"너희 학교에 문화유산이 있다던데. 뭐야?"
"응, 금골산 오층 석탑이야."
"근데 왜 그게 학교에 있어?"
"……."
"언제 지어진 거야?"

"……"

알 수 없는 어색한 웃음만 지었다. 아이들의 채근에 선아가 입을 뗐다.

"잘 모르겠는데?"

이럴 수가. 4년 동안 지척에 둔 것을 모르다니. 다음에 조사해서 알려준다며 넘어가고 나서 물었다. 보물이 있다고만 들었지 자세히 알아볼 기회가 없었단다. 곰곰이 아이들의 학교에서의 생활을 떠올렸다. 그럴 만도 했다. 하지만 그래서는 안 될 것 같았다.

주인이 되어

隨處作主 立處皆眞(수처작주 입처개진)
이르는 곳이 어디든 주인 된 마음이면,
보이고 겪는 모든 것이 참된 법이다.

우리는 우리를 둘러싸고 있는 것들과 끊임없이 상호작용하며 살아간다. 구체적인 사건이나 상황에 대한 경험을 바탕으로 나름의 통찰력과 안목을 갖게 되고 이를 자신의 삶 속에서 실천해간다. 그렇기 때문에 아이들은 자신의 일상생활 속 실제적인 문제에 대해 공감하고 토의·토론하면서 민주시민으로 성장해갈 수 있어야 한다.

하지만 아이들은 교실에서 경험 밖의 문제를 접하게 된다. 자신의 삶과 동떨어져 있는 지식과 문제들이다. 생소할 수밖에 없는 정보들은 아이들의 무관심 속에서 의미 없이 사라질 뿐이다. 아이들이 적극적인 탐구 정신과 동기를 품은 배움의 주인이 되기 위해서는 아이들의 경험 세계와 연결 지어 실제적인 맥락 속에서 학습할 수 있는 구체적이고 유의미한 학습 경험이 제공되어야 한다. 그리해야 아이들이 당면한 학습 과제를 '내 문제', '내가 해결해야 하는 문제'로 받아들여 보다 더 적극적으로 참여하게 하고, 스스로 사고 과정을 통해 문제를 해결해나갈 수 있기 때문이다.

마을은 학교를 중심으로 살아가는 아이들의 터전이다. 아이들 삶의 총체적인 경험이 마을 곳곳에 담겨 있다. 따라서 마을은 아이들에게 교실 안과 밖에서 배운 앎을 투영해보고 실천하는 장이 된다. 또 마을은 가까이 듣고 보고 만지며 체험할 수 있는 구체적이고 다양한 교육 경험을 제공한다. 박제된 지식이 아니라 '나'와 '우리'와 밀접하게 연결되는, 실제적인 삶의 배움터가 된다.

따라서 마을은 아이들이 시민이 되는 작은 사회이다. 지역의 특색을 이해하고 지역의 여러 자원을 활용하여 학습하는 과정을 통해 자신이 지역을 살아가는 공동체의 일원임을 인정하고 인정받을 수 있다.

그래서 물리적으로 제한된 공간인 교실을 벗어나 참여와 실천을 바탕으로 한 "우리 마을 프로젝트"를 샛별이들과 함께 해보고 싶었다.

사회과에서의 마을 수업

사회과는 학생들이 사회생활에 필요한 지식과 기능을 익혀 이를 토대로 사회현상을 정확하게 인식하고, 민주 사회 구성원에게 요구되는 가치와 태도를 지님으로써 민주 시민으로서의 자질을 갖추도록 하는 교과이다. 자신이 속한 크고 작은 사회인, 지역과 마을을 이해하고 이를 토대로 지역사회의 한 구성원으로서 필요한 자질과 태도를 형성할 수 있는 마을 수업은 사회과에서 구현하기 가장 적합한 수업 형태이다.

이리저리 궁리하고 있을 때 한 편의 글을 읽었다. 그 글에서 서용선(2019)은 사회과 수업에서 마을과 학생, 마을 교사와 마을 학생, 마을 학생과 마을 학생 사이의 상호작용으로 이루어지는 수업 활동을 마을 수업(community learning)이라 하였다. 이러한 마을 수업은 사회과 교육과정에서는 '마을에 관한 사회과 수업(social studies learning about community)', '마을을 통한 사회과 수업(social studies learning through community)', '마을을 위한 사회과 수업(learning for community)'으로 나누어 접근할 수 있다고 제시였다.

먼저 '마을에 관한 사회과 수업'은 학생들이 속해 있는 마을과 지역에 대해 배우는 것이다. 학생들이 마을에 대해 조사하고 체험하면서 '나와 우리'의 삶의 공간으로 마을을 인식하게 하는 것이다. '마을을 통한 사회과 수업'은 지역사회의 인적·물적·환경적·역사적 인프라를 활용한 사회과 수업이다. 학교와 마을은 다양한 사람, 공간, 시설, 역사, 문화를 통해 배울 수 있는 실질적 배경 맥락이 된다. '마을을 위한 사회과 수업'은 학교와 마을에서 드러나는 문제에 관심을 두고 이를 해결하기 위한 프로젝트로 이어질 수 있다고 했다.

바로 이거다. 별도의 시간을 따로 할애하지 않고, 해당 학년 교육과정만 충실히 이해하여 계획한다면 아이들이 주도적으로 마을과 의미 있는 관계를 맺으며 배울 수 있을 것이다.

우리 마을의 공간, 시간 그리고 사람

1학기의 시작, 아직 마을 수업에 관심이 없을 때였다. 그저 나는 샛별이들 모두 통학버스를 타지 않았기에 '과연 아이들은 어떻게 학교에 오지?', '학교에 오면서 무엇을 보고 듣고 느낄까?' 학교 외의 생활과 삶을 좀 더 들여다보고 싶은 마음이 들었다.

그래서 [어서 와, 우리 마을은 처음이지?] 활동을 구상했다. 이 활동은 학교와 내가 살고 있는 마을(집)을 지도의 기본 요소를 담아 그려보고, 지도에 나타난 지리 정보를 활용하여 우리 마을을 소개하는 수업이었다. 2~3학년 때 마을, 그림지도 등에 대해 학습한 경험이 있기 때문에 이번 활동에서는 지도에 나타난 지리 정보를 찾아 소개하는 활동에 더 초점을 두어 계획했다. 관련 성취기준은 '[4사 03-01]지도의 기본 요소에 대한 이해를 바탕으로 하여 우리 지역 지도에 나타난 지리 정보를 실제 생활에 활용한다.'이었다.

아이들과 함께 지역의 다양한 지도를 살펴보고 학습 과제를 제시하였다. 어떤 활동을 하게 될지 몰라 어안이 벙벙한 표정들이었다. 처음부터 '어려운 활동에 좌절하면 어쩌지.' 걱정하며 마을 지도 그리기 계획을 세웠다. 정규 수업, 방과후학교, 공부방 등 아이들의 스케줄이 꽉 찬 평일 대신 주말에 하기로 했다. 아이들이 사는 마을은 가까이 있으면서도 조금 떨어져 있기 때문에 어느 마을을 먼저 찾아가면 좋을지, 지도를 그리기 위해 무엇이 필요한지 등도 같이 계획을 세웠다.

아이들과 한 마을을 찾았다. 마을의 정자에 앉아 오늘 답사에 대해 이야기하고, 위성지도를 참고하여 간단한 지리 정보를 그려 넣고는 마을을 둘러보았다. 나도 아이들의 생활하는 공간을 찾아가는 것은 처음이었다.

"저기가 우리 집이에요."

방금 전에 나온 집인데도 반가웠나 보다. 조금 더 내려가 보니 큼지막한
바위가 빨간 벽돌로 둘러 싸여져 있었다.

"응? 처음 보는데?"
"선아도 처음 보는 거야?"
"네, 근데 바위가 세워져 있어요."
"그러게, 생뚱맞은 곳에 요거 하나만 달랑 있네."

의아해하며 아랫길로 내려갔다. 우물과 함께 팻말이 눈에 띄었다. 방금
본 돌이 '당할아버지'라고 했다. '당할아버지'는 마을의 수호석이었다. 공동
우물에서의 샘굿과 당제는 마을의 평화와 안녕을 비는 중요한 행사였다.
자신의 마을이 간척 사업을 했던 곳이라고 하니 아이들의 눈이 반짝였다.
선아는 우물터도 처음이라고 했다. 배시시 웃으며 우물터를 보더니, 친구
들과 물놀이를 하면 좋겠다고 했다. 여름빛맞이 프로젝트 때 물놀이를 하
면 좋겠다는 말과 함께. 같이 있던 수정이도 고개를 끄덕이며 공터에서 함
께 놀 거리를 생각해낸다. 재잘거리며 다시 올라가는 길, '당할아버지'를 보
았다. 아까와는 다른 느낌이었다. 영험해 보이는 것이 이 '당할아버지'와 관
련된 전설이 셀 수 없이 나올 것만 같았다.

가족끼리 거닐었다던 벚꽃길, 학교가 끝난 뒤 시간을 보낸다는 공부방과 인조 잔디가 깔린 중학교 운동장. 마을 사람들이 쓰레기를 함부로 버려서 싫다던 분리수거장과 강아지가 큰 소리로 짖어 싫다는 가게. 쏟아지는 햇살에 눈을 찡그려가면서도 아이들은 즐겁게 조잘댄다. 아이들이 바라보는 마을. 그 마을을 듣고 있으니 아이들의 모습이, 그들의 삶이 그려졌다.

다시 교실. 아이들은 지도를 완성했다. 자신이 사는 곳과 학교까지 가는 길, 자신이 좋아하는 곳과 지도에 필요한 지리 정보를 담았다. 물론 지도로 쓰이기에는 허술하다. 축척도 거리도 정확하지 않다. 하지만 상관없다. 완성된 지도는 아이들이 사는 세상을 담은, 아이들의 삶이 담긴, 아이들 시각이 담긴 유일한 지도이기 때문이다.

마을 수업에 관한 글을 읽고 나서 다시 [어서 와, 우리 마을은 처음이지?] 활동을 되짚어보았다. 이 활동을 통해 아이들이 속해 있는 마을을 조사하고 경험할 수 있었다. 조금 더 마을을 '나와 우리'의 삶의 공간으로 인식하기 위한 활동을 해보고 싶었다.

그래서 아침 사제동행 독서 시간을 활용하여 문학작품과 함께하는 마을 수업을 이어갔다. 자기와 비슷한 또래, 자신을 둘러싸고 있는 세계와 비슷한 곳에서 막연하게 상상했던 일이 일어나는 문학작품에 아이들은 재미를 느꼈다. 그러면서 개인적인 경험과 배경을 문학작품으로 연결 지었다. 이런 과정을 통해 마을 학습 과정과 내용이 더욱더 선명해질 것이란 기대를 들게 했다. 그래서 선택한 책은 한윤섭 작가의 『우리 동네 전설은』이다. 이 책은 도시의 아이가 시골 마을로 전학을 한 후, 새로운 친구들과 우정을 쌓아가며 성장하는 내용이다. 마을의 전설을 듣는 상황 묘사가 인상적이다. 하루 1~2쪽을 읽고 나의 1줄 정리, 궁금한 것, 새롭게 느낀 것

등 붙임쪽지에 적고 매일 아이들과 이야기를 나누었다. 이야기 정지 동작으로 표현하기, 우리 동네를 표현하는 사진 찾기, 등장인물의 마음 단어 고르기. 국어사전에서 뜻 찾기 게임, 나만의 '무릉도원' 찾기, 우리 동네 전설 책 만들기 등. 모르는 단어를 찾는 시간이 생각보다 많이 필요했다. 하지만 그 시간이 아깝지 않았다. 오랜 시간을 두고 책을 읽으며 아이들은 책 속 등장인물들의 경험과 생활을 이해하고 깊이 공감하였다. 또 따뜻한 눈으로 다시 자신들의 생활과 마을을 되돌아볼 수 있었다.

그리고 4학년 1학기 2단원(우리가 알아보는 지역의 역사) 수행 과제인 '우리 지역 문화유산 해설가 되기'의 마무리 활동으로 [우리 마을 문화유산 UCC 만들기]를 하였다. 우리 지역의 다양한 문화유산과 지역의 역사를 소중히 아끼기 위해서 '우리부터 잘 알아야 한다.'는 샛별이들의 답을 듣고 마무리 활동으로 진행했다. 우리 학교에 있지만 아이들이 잘 알지 못했던 금골산 오층석탑에 대해 실제로 조사하고 직접 대본도 써가며 UCC로 제작하였다. 제작한 UCC를 배움 친구에게 공유한 날, 아이들에게 그 소감을 물었다.

"문화유산이 있는 학교가 자랑스러워요."

"홍보대사가 된 것 같아요."

"우리 마을을 더 잘 알고 싶어요."

늘 아이들 곁에 있었지만 잘 알지 못했던 마을과 마주하며, 참된 마음으로 보고 듣고 경험하려 했다. 그러면서 자신들이 하루하루 살아가는 공간, 그곳에 담긴 삶의 흔적과 시간, 그리고 역사를 생생하게 느끼려 했다. 나 또한 마을을 함께 배우면서 지금 나와 함께하는 아이들을 진정성 있게 바라볼 수 있게 되었다. 교실이라는 작은 틀에서 벗어나서 말이다.

우리 마을 해결사 프로젝트

4학년 1학기 3단원-②지역의 공공기관과 주민 참여는 지역 사회에 발생하는 여러 가지 문제를 알아보고 이를 해결하기 위한 민주적인 절차와 방법을 탐색하는 데에 중점을 두고 있다. 학교와 마을에서 드러나는 문제에 관심을 두고 이를 해결하기 위한 '마을을 위한 사회과 수업'과 직접적인 관련이 있다. 문제 확인, 자료 수집, 분석과 해석, 해결 방안 제시, 문제 해결의 단계를 경험하는 동시에 실제 지역의 문제 해결을 위해 직접 참여하게 된다. 실제적인 학습 효과를 내기 위해 사회와 국어, 수학을 연계한 프로젝트 수업을 구성했다. 지역에서 발생하는 여러 가지 문제를 조사하고 이를 통계 자료로 나타낸 후, 지역 문제 해결 방안과 그 이유가 잘 드러나도록 정리했다. 문제 해결에 적극적으로 참여할 수 있도록 다음과 같이 재구조화했다.

[표 6] 프로젝트 주제 선정

성취기준	관련 단원		선정 주제
[4국 03-03]관심 있는 주제에 대해 자신의 의견이 드러나게 글을 쓴다.	8. 이런 제안 어때요	⇨	우리 마을 해결사
[4사 03-06] 주민 참여를 통해 지역 문제를 해결하는 방안을 살펴보고, 지역 문제의 해결에 참여하는 태도를 기른다.	3-❷ 지역 문제와 주민 참여		
[4수 05-01] 실생활 자료를 수집하여 간단한 그림그래프나 막대그래프로 나타낼 수 있다.	5. 막대그래프		

[표 7] 프로젝트 차시별 수업 전개 계획

차시	학습 요소	주요 학습 내용	관련 교과
1	단원 도입	· 선수 학습 내용 확인하기 · 자료를 정리한 경험과 막대그래프를 본 경험 이야기하기	수학 108~109
2	막대그래프를 알아보기	· 막대그래프의 특성 이해하기	수학 110~111
3	막대그래프의 기본 요소 찾기	· 막대그래프의 특성과 기본 요소 찾기	수학 112~113
4	막대그래프를 그리는 방법 알기	· 막대그래프로 나타내는 방법 알기	수학 114~115
5	우리 지역의 문제 알아보기	· 우리 지역의 문제 알아보기	사회 118~120
6	자료를 조사하여 막대그래프를 그리기	· 자료를 조사한 후 막대그래프로 나타내기(원격 수업)	수학 116~117
7~8	지역 문제 해결하기	· 지역 문제 원인 파악하고 해결 방안 탐색하기	사회 121~126
9~10	제안하는 글 쓰는 방법	· 제안하는 글을 쓰는 방법 알아보기	국어 235~239
11~12	제안하는 글쓰기	· 우리 지역의 문제가 해결되도록 제안하는 글쓰기(마을 주민과 군의회, 학교 관계자, 학생)	국어 240~244
13~!4	막대그래프로 이야기를 만들기	· 막대그래프를 보고 지역 문제가 해결된 우리 지역 이야기 만들기	수학 118~119

아이들과 수학 수업을 통해 막대그래프의 특성과 조사한 활동을 어떻게 막대그래프로 나타낼 수 있을지에 대해 알아보았다. 그리고 시·도청 누리집을 방문하거나 지역 신문이나 뉴스, 지역 주민과의 면담 등 우리 지역에서 발생하는 여러 가지 문제를 확인하는 방법을 살펴보았다. 그리고 우

리는 아이들이 살고 있는 마을의 주민들을 면담하여 마을(진도)에서 해결해야 할 문제가 무엇인지 조사하기로 했다. 주말에 선생님과 만나 마을 주민들을 면담하거나 부모님과 친인척을 전화로 면담하기로 계획하고 질문들을 함께 만들었다.

면담자들은 낯가리는 아이들의 질문을 끝까지 들어주고 좋은 공부를 한다며 아이들을 격려해 주었다. 또 자신의 생각을 아이들의 눈높이에 맞춰 이해하기 쉽도록 잘 설명해 주었다. 반면에 귀찮다며 쫓아내는 주민도 계셨다. 면담하는 이유를 구구절절 설명해도 소용없었다. 바빠 아이들과 이야기할 시간이 없으니 빨리 가란다. 또 몇 주민들은 마을 문제를 해결하려는 의지를 보이지 않았다. 지켜보던 내가 다 민망할 정도였다.

마을은 단순히 학교 주변이 아니라 학교와 순환하는 관계의 범위에 있는 공동체다. 학생은 학교를 포함한 그 마을에서 상호작용하면서 배운다.[38] 하지만 마을의 주민들이 우리 아이들을 대하는 태도를 보면서 '과연 마을은 우리 아이들을 의미 있는 관계의 주체로 인정하기는 하는 걸까? 배움의 주체로 존중받고 있나?' 의심할 수밖에 없었다. 학교와 교실, 마을을 학습 생태계로 만들어가기 위해서는 마을 주민들의 역할과 태도도 매우 중요한 한 축임을 실감했다.

우리 마을 사람들이 심각하게 생각하는 지역 문제를 막대그래프로 나타냈다. 이 수업은 관내 선생님들도 참관하였기 때문에 별도로 면담하지 않아도 지역에 살고 있는 선생님들의 의견도 함께 모을 수 있었다. 가장 많

---

38) 서울시마을공동체종합지원센터(2015), 여섯 갈래의 마을학교로 가는길: 2015 마을과학교 상생프로젝트 모니터링 및 사례연구 보고서.

이 조사된 지역의 문제는 쓰레기 문제였다. 분리수거가 잘 안되고 쓰레기가 지저분하게 방치되기 때문이라는 의견이 다수였다. 이 과정을 배움 친구와의 원격수업을 통해 마을마다 다른 문제와 원인이 있음을 확인했다.

이렇게 우리 지역의 문제를 확인한 뒤 왜 그러한 문제가 생겼는지 원인을 파악할 수 있는 자료를 수집했다. 각자 생각하는 쓰레기 문제에 대한 원인을 찾는 객관적인 자료를 수집하는 것은 매우 어려웠다. 그래서 소소하게, 시간에 얽매이지 않고 천천히, 아이들 주변에서부터 시작하기로 다시 마음먹었다. 아이들은 쓰레기 문제의 원인을 파악할 수 있도록 각자 계획을 세웠다. 쓰레기 분리수거장이 마을에 없어 쓰레기를 아무 곳이나 버리는 모습을 봤다는 은주는 학교 주변 마을에 쓰레기 분리수거장 현황을 조사하기로 했다. 우리 학교에서도 분리수거가 잘 안되는 것은 분리수거 방법을 모르기 때문이라고 생각하는 수정이는 우리 학교 학생들을 대상으로 분리수거 방법을 알고 있는지를, 선아는 주변에 가까운 사람들과 면담을 하여 분리수거가 잘 안되는 이유가 무엇인지 깊이 있게 물어보기로 하였다. 그리고 3명의 아이들이 조사한 자료 속에서 의미 있는 정보를 찾고 해결방안에 대해 토의했다.

아이들이 내놓은 3가지 의견의 장단점을 찾았다. 선아는 학교 분리수거장에 CCTV를 설치하자고 했다. 무관심이 해소되고 참여가 잘 이루어질 거라 했다. 수정이는 분리수거하는 방법을 알리자고 했다. 은주는 마을마다 분리수거장을 만들면 좋겠다는 의견을 냈다. 예산이 많이 든다는 반론도 나왔다. 아이들은 의견을 깊이 있게 고민했다. 실제 마을의 문제이고, 자신의 문제이었기 때문이다.

다음 과정은 지역 문제를 해결하기 위해 여러 가지 의견을 모으는 것이었다. 가장 적절한 대안을 찾기 위한 평가 준거도 알아보고, 하나의 의견을 모으기 위해 주의해야 할 점을 찾았다. 각자 평가 준거에 따라 적절한 방안을 선택했다. 아이들은 자신이 제안한 해결 방안이 최선이라 주장했다. 아이는 3명. 해결 방안은 3개. 평행선을 달리는 듯한 토의가 계속되었다.

다음날, 나는 3개의 해결 방안 실천 계획서를 받아들었다. 하나의 의견으로 모으는 것보다 각자 생각한 해결 방안을 실천해보는 경험이 낫겠다 싶었다. 수정이는 샛별이들과 힘을 모아 분리수거 방법에 대한 UCC를 찍어 현관 영상 게시판에 올렸다. 은주는 분리수거장 설치를 위한 포스터를 만들었고 진도군의회 체험을 하는 날엔 자신의 의견을 발표하였다. 아쉽게도 군 의원님들을 만날 수는 없었다. 학교에 CCTV를 설치하기가 어렵다면 가짜 CCTV라도 달자는 선영이는 학교 행정실장님과의 면담 시간을 가졌다. 행정실장님께서는 아이들의 관심과 노력에 칭찬을 듬뿍해주셨고 가짜 CCTV를 달 때 생겨나는 문제점도 이해하기 쉽게 설명해 주셨다.

아이들의 노력에도 쓰레기 분리수거 문제는 여전하다. 하지만 우리의 프로젝트가 미완이라 생각하지는 않는다. 지역에 뿌리내리고 있는 아이들 자신의 삶과 마을에 대해 돌아볼 수 있었던 경험, 그 문제를 '나와 우리'가 해결하고 싶다는 의지, 미약하지만 마을을 위한 적극적이고 자발적인 참여 태도가 조금이라도 샛별이들을 끌었다면 그것만으로도 충분했다.

백구과극[39], 그래도 꿈꾸자

한 학기가 끝나면 아이들과 찍은 사진을 둘러보며 활동들을 되짚어보는 좋.아.해 활동을 한다. 샛별이들에게 1년 동안 생각나는 활동들을 칠판에 모두 적어보게 했다.

좋았던 점, 아쉬웠던 점, 또 해보고 싶은 것, 이야기가 끝이 없다. 한 학기 동안 한 활동이 칠판에 가득 채워졌다. 샛별이들과 한 활동이 주마등처럼 지나간다.

3·1운동 및 대한민국임시정부 수립 100주년을 맞이하여 기억과 기념이라는 주제로 우리 지역을 탐방한 일, 평화의 소녀상을 보고 샛별이를 기억하기 위해 찍은 흑백사진. 노란 리본을 매달고 언니, 오빠들을 위한 작품을 만든 일, 연이동 원령전[40]을 읽고는 답사한 5·18 민주화운동 사적지에서 캠페인을 한 일, 학생독립운동 기념 마라톤 대회를 태극기를 들고 헉헉대며 도착선을 통과한 일, 차를 마시며 나를 되돌아본 다도교육에, 행복사진 전시회까지……

아이들과 함께 나도 나의 1년을 되돌아본다. "샛별이들과, 샛별이들을 위해, 샛별이들로부터" 외치며 함께 노력한 1년이지만 얼굴이 붉어진다.

'아이들을 아이들로서 이해하고 그들의 권리를 존중하였나?'

'통제하고 훈육하는 것이 아니라 서로 배우고 가르침을 주는 동반자적 관계로 대하였나?'

'어느 책에서처럼 교실 안에서 가지는 막강한 권력에 도취되어 아이들을 몰이해와 공감의 결여로 옭아매지 않았나?'[41]

'지역을 살아가는 아이들의 삶을 있는 그대로 이해하였나? 그게 아니라 한계 짓고 함부로 평가하고 독단하지는 않았나?'

아이들은 저마다 다른 속도와 방향으로 배우고 성장한다. 그리고 누구든 크고 작은 어려움을 겪는다. 적지 않은 시행착오 속에서 자신을 놓아버리거나 끊어버리지 않도록 교실이 샛별이들의 편안한 안식처, 즐거운 배움터가 되길 꿈꾸었다. 이를 위해 나 역시도 많은 시행착오를 겪었다. 아무것도 하고 싶지 않은 막막한 기간도 있었다. 하지만 나에게 아이들과 함께한 시간은 도전이자 힐링이었다. 샛별이들의 마음에 감동하고, 작은 변화에 뿌듯해하며, 세상과 소통해가는 샛별이들이 자랑스러웠다. 1년이라는 짧은 시간 동안 어찌 모든 것을 바라겠는가? 다만 샛별이들의 배움의 공간을 확장하여 진도라는 곳에 뿌리내리고 있는 나와 우리, 마을을 마주할 수 있었다면 그것으로도 만족한다. 선명한 빛을 뿜어내는 샛별처럼 자신만의 색으로 빛이 나기를, 그리고 세상과 어우러져 함께 빛을 내기를 응

39) 백구과극(白駒過隙)은 흰 망아지가 빨리 달리는 것을 문틈으로 본다는 뜻으로, 세월(歲月)이 너무 빨리 지나감을 이른다(국립국어원).

40) 김남중(2012), 『연이동 원령전』, 상상의 힘.

41) 김현희(2017), 『왜 학교에는 이상한 선생이 많은가?』, 생각 비행.

원할 뿐이다. 고맙다! 애썼다! 장하다!

　다시 주어진 삶의 길. 위대한 사랑으로 내가 할 수 있는 작은 일을, 작지만 꾸준하게 해나가기로 다짐한다. 그리고 또다시 찾아올 샛별이들을 위한 희망찬 꿈꾸기를 다시 시작한다.

　　　　우리는 위대한 일을 하는 것이 아니라
　　　　위대한 사랑으로 작은 일을 하는 것
　　　　작지만 끝까지 꾸준히 밀어가는 것
　　　그것이야말로 내가 아는 가장 위대한 삶의 길이다

　　　　　　　　　- 박노해(2014), 『다른 길』 중에

5장

너+나=우리의 학생자치

최민지 고성중학교

새는 알에서 나오려고 투쟁한다. 알은 세계이다.

태어나려는 자는 하나의 세계를 깨뜨려야 한다.

〈헤르만 헤세의 『데미안』 중〉

"啐啄同時(줄탁동시)"

병아리가 알을 깨고 나올 때

어미 닭이 같이 쪼아 새끼가 밖으로 나오게 된다.

새끼와 어미가 함께 만든 새로운 탄생처럼

소중한 기회를 위해 합심하여 나아간다.

생각 바꾸기

카리스마 없는 학생부장

"학생부장 업무를 맡아주실 수 있나요?"

새로 발령받은 학교에 인사를 드리러 간 날, 교장선생님이 이런저런 대화 끝에 물으셨다. 드디어 나에게도 올 것이 왔구나 싶었다.

매년 2월이 되면, 선생님들 대부분의 관심은 어떤 선생님이 어디 학교로 가는지, 새로운 학교에서 어떤 업무를 맡게 되는지에 쏠린다. '2월만 버티면 1년이 편하다'라는 말이 나올 정도인데, 그만큼이나 업무 분장이 중요하다는 뜻일 것이다.

소규모 학교는 보통 교무부, 정보부, 학생부 세 부서로 구성된다. 그중 제일 기피하는 직책과 업무는 단연코 학생부장이다. 나 역시 다르지 않다.

"제가 학생부 업무는 한 번도 안 해봐서요…"

얼버무렸지만, 어떻게 해야 하나, 머릿속이 복잡했다.

나에게 '학생부장'하면 가장 먼저 떠오르는 이미지가 있다. 내가 학창 시절 만났던 '학생주임 선생님'이다. 복도를 걷기만 해도 분위기를 압도했고 손가락 하나만으로 학생들을 일사불란하게 만들었던 카리스마와 포스!

나에겐 그런 카리스마란 눈을 씻고 찾아봐도 없는데 학생부장이라니! 교장선생님은 나의 심란한 마음을 눈치채셨는지

"우리 학교는 학생 수도 적고, 학생들이 정말 착해요. 학교폭력 사안도 거의 없고, 학생부 업무도 많지 않아요."

라며 거듭 학생부장 업무를 강조하셨다. 학생들이 착하다는 말씀과 간절한 요청 때문이었는지 모르겠지만, 평소 거절을 잘 못하는 나는

"예, 열심히 해보겠습니다."

겁 없이 덜컥 말하고는 교장실을 나왔다.

나오자마자 속으로 '으이고, 또 일 쳤네. 일 쳤어.' 후회했지만, 이미 흘러간 물을 되돌릴 수는 없는 일이니 감당할 수밖에 도리가 없었다.

전임지에서 전출하시는 선생님이 네 분이었다. 그분들 중 나를 포함한 세 사람이 부임지 학교에서 학생부장 직책을 맡았다고 한다. 그러고 보면 학생부장은 새로 오는 새내기에게 떠넘기는 '뜨거운 감자'와 같은 직책이라는 생각이 들었다. 내가 학생부장을 맡았다는 소식을 들은 한 선생님은

"선생님이 학생부장이라고? 맙소사, 그 학교도 정말 할 사람이 없었나 보네."

속으로는 울고 싶은 심정이었지만 나는 애써 웃으며 이야기할 수밖에 없었다.

"그래도 내가 가는 학교 애들은 착하대."

그러자 선생님께선 안타까운 미소를 지으며

"처음엔 다 그렇게 이야기해. 원래 그렇게 속아서 시작하는 거야. 올해 일복 터졌네."

라며 위로 아닌 위로를 전해주셨다.

그렇게 나는 학생들이 착하다는 교장선생님의 말씀에 속아 학생부장을 하게 되었다(그렇다고 오해하시진 마시길. 우리 학교 학생들이 착하지 않다는 뜻은 아니니.)

선생님들은 학생부 업무를 맡지 않으려 하고, 교장선생님은 학생부 업무를 맡아달라고 사정하고, 주위 동료 선생님은 학생부 업무를 맡은 동료를 짠한 시선으로 보며 위로하는 일이 언제쯤이나 없어질 수 있을지, 이것이 오늘의 학교 현실이다.

왕초보 학생부장

학교마다 다르겠지만 소규모 학교는 교사 수가 적다 보니, 한 사람이 맡는 업무가 큰 학교에 비하여 많은 편이다. 우리 학교도 예외는 아니었다.

나는 학교폭력 관련 업무, 생활지도, 선도위원회, 수학여행, 수련활동, 축제, 안전 및 복지 관련 업무와 더불어 학생자치활동까지 담당하게 되었다. 그렇게 나는 학생자치와 처음 마주하게 되었다.

학생부장 업무를 맡은 것이 나와 학생자치의 첫 만남이긴 했지만 '어떻게 하면 학생들이 자기 주도적으로 문제를 해결하고 자신의 미래를 디자인하며 살아가게 할 것인가?'에 대한 고민은 늘 가지고 있었다. 마침 학생부장 업무를 맡게 됐으니, 그 고민을 바탕으로 우리 학교에서 학생자치를 실현시켜보고 싶다는 욕구가 들기도 했다. 하지만 원래 일이란 마음먹은 대로 되지 않기 마련이다.

시간을 먹는 하마처럼 수업에, 밀려드는 공문과 학생지도까지, 당면한 사안 처리에 매달리다 보니 학생 자치활동까진 신경 쓰지 못해 유명무실해지기도 했다. 아마도 학생자치 활동은 다른 사안에 비해 덜 주목받고, 단기간에 눈에 띄는 성과를 보이기도 어렵고, 활동을 해도 크게 표가 나지 않기 때문일 것이다.

하지만 '자치(自治)' 해보지 못하고 학교생활을 보낸다면 학생들은 앞으로 어떤 시민이 되어 어떤 삶을 살아갈 것인가? 걱정이 됐다.

나는 왕초보 학생부장이다. 지금까지 학생부와는 거리가 먼 업무를 주로 해왔고, 담임 경력도 짧다. 이를 극복하기 위해 학생자치, 회복적 생활교육에 관련된 연수에 참여를 했고, 책을 읽고 공부하며 선생님들에게 조언을 구했다. 그럼에도 아직도 많이 부족하다. 하지만 열망한다. 우리 학생들이 창조적이고 주체적인 삶을 살아가는 건강한 민주시민이 되는데 조그만 밀알이 되는 교사이길 희망한다.

정기적인 모임의 필요성

지혜는 새 학기 시작과 함께 신입생으로 왔다. 지혜는 말수가 없는 친구에게 다가가 따뜻한 말을 건넸고, 급식실에선 다른 학생들이 정리하지 않고 놔둔 의자를 다 제자리에 넣고 가는 그런 학생이었다.

뜨거운 햇볕이 내리쬐던 날, 지혜가 친구 몇 명과 함께 교무실로 찾아왔다. 운동장에 쓰레기가 많이 떨어져 있어 줍겠다는 것이었다. 모두를 위해 스스로 나서는 그 행동이 너무 예뻐 칭찬과 함께 아이스크림을 사주기도 했다.

그러던 어느 날, 지혜가 교장실을 찾았다. 학교에 건의할 사항이 있다고 했다. 건의 사항은 복도 출입문 끝이 깨져있어 학생들이 다칠 수도 있으니 이를 고쳐주었으면 좋겠다는 것이었다.

교장 선생님으로부터 지혜의 이야기를 전해 들은 난, 그 출입문을 살펴보았다. 정말 문 끝이 날카롭게 깨져 위험해 보였다. 사람들이 잘 오가지 않는 복도 끝 출입문이어서 그 누구도 관심을 두지 않았었다.

주인 의식이 강한 지혜는 정례화된 학생자치 회의가 없었기에 혼자서 고민하고 있었나 보다. 정기적인 학생자치회의 또는 학교장과 간담회가 있었다면, 지혜는 공동체의 힘으로 학교의 문제를 고민하고 나누며 해결하는 주도적인 활동을 할 수 있지 않았을까? 지혜의 학교에 대한 관심이 대견하게 느껴졌다.

이렇듯, 학교에서는 학생자치활동이 정기적으로 이루어질 수 있도록 시간과 공간, 예산을 최대한 지원하고, 학생자치역량을 키워주는 다양한 프로그램을 마련할 필요가 있다. 학생들과 관련된 주요 안건에 학생회 임원들과 함께 회의를 한다면 주요 결정 사항을 학생들 손으로 직접 결정함과 동시에 학생회 임원으로서 존중받는 느낌을 가질 수 있을 것이다. 이러한 작은 경험이 학생자치의 출발점이 될 것이다.

학생자치회 정립

한 고등학교에서 근무하던 시기, 학생들의 흡연으로 많은 문제가 발생했다. 몇몇 학생들이 학교 화장실에 숨어 몰래 연기를 뿜어내다 보니, 선생님들은 쉬는 시간, 점심시간마다 화장실 앞을 지키고 서 있어야 했고, 학생 상호 관계에도 문제가 생겼다.

교내 흡연이 힘들어진 학생들은 학교 밖에서 흡연을 시작했는데, 그곳은 마을 주변이었다. 그러자 지역 주민으로부터 많은 민원이 발생했다. 몇몇 학생들은 교내에 별도 학생 흡연구역을 만들어 달라고 학교에 제안했다.

"별도의 흡연 공간을 마련해 주면 마을 주변에서 흡연을 하지 않기 때문에 민원이 들어오지 않는다. 또한 학생들이 원하기 때문에 학생들의 뜻을 받아들여 흡연구역을 설치해야 한다."라고 이야기했다.

주민들로부터의 민원을 해결하고자 하는 학생들의 의도가 포함되어 있긴 했지만 실상 대부분의 학생들은 교내 흡연 구역 설치에 동의하지 않았다. 민주적인 의사결정이 아닌 주장이 강한 몇 명 학생의 의견이 마치 전체 학생의 의견을 대변하듯이 포장되었던 것이다.

학생자치 회의는 목소리가 큰 사람이 이기는 것이 아니라 회의 참가자들의 힘이 평등하여 소외가 발생하지 않는 구조여야 한다. 평가나 판단을 내려놓고 있는 그대로 들어주고 공평한 발언 기회로 힘을 공유하고 다수결이 아닌 합의에 의해 결정되어야 함이 당연하다.

학생자치 회의를 통해 민주적인 절차와 수평적인 의사소통 방법을 터득할 수 있도록 해야 한다. 교육 활동의 적극적인 참여를 통해 자기 발견의 기회와 성장의 기회를 가질 수 있도록 학교 구성원 모두 함께 나가야한다.

복·붙(Ctrl+C, Ctrl+V)

학생자치활동을 처음 담당하면서 학생자치를 활성화해야겠다는 열정은 활활 타올랐으나, 해보지 않은 일에 대한 어려움과 막막함을 느꼈다. 어디서부터 어떻게 시작해야 할지 방향을 잡지 못했다.

학생자치에 대한 경험도, 아는 것도 없는 내가 할 수 있는 가장 빠른 방법은 다른 학교에서 검증된 학생자치 우수 사례를 복사(Ctrl+C), 우리 학교에 붙여넣기(Ctrl+V) 한 후 따라 하는 것이었다.

가장 먼저 학생자치회 캠프를 진행해보기로 했다. 학생자치 활성화를 위한 학생 임원들의 역량 강화 연수! 얼마나 멋진 일인가!

학생자치를 주도적으로 담당할 회장과 부회장, 그리고 각 부서의 부장, 차장 등 학생자치회 임원을 모아 학생자치 역량 강화 교육을 시작했다. 전교생 60명이 채 되지 않는 학교에서 15명 정도의 학생이 교실 밖으로 나오니 2·3학년의 경우 교실이 텅 비어버린 느낌이었다.

많지도 않은 학생들 사이에서 어떤 학생은 임원으로 캠프에 참여하고, 어떤 학생은 캠프가 뭔지도 모르는 채 교실에 덩그러니 남아 소외감을 느꼈을 것을 생각하니 모두에게 너무 미안했다. 경험 없이 서툴게 서두르다 보니 규모가 작은 우리 학교의 실정을 반영하지 못한 것이다. 다른 학교의 우수사례를 아무 생각 없이 따라 하다 보니 오히려 역효과를 가져왔다. 학교 실정에 맞는 우리만의 학생자치 문화를 조성하는 것이 필요했다.

자치 성공 경험이 있어야…….

학생자치 회의실을 새로 만들 때였다. 교장선생님께서 말씀하셨다.

> "우리 학생들의 꿈이 자라는 공간인데, 정말 멋진 공간이 되었으면 좋겠어요. 학생들의 의견을 적극 반영해 학생들이 찾고 싶고, 머물고 싶은 공간을 만들어 주려면 학생회실을 어떻게 해야 할 것인지 구상해보세요."

학생들은 자신들만의 공간이 생긴다고 하니 신이 났다.

> "진짜 저희가 원하는 대로 다 해줘요?
> "그럼!"
> "에이~ 그렇게 말하고 나중에 안 된다고 할 거면서…."

지금까지 학교가 지시와 통제 안에서 학생들을 규제하고 따르기를 강요하고, 학생들의 의견은 제대로 반영되지 않았던 경험 때문이었을까? 학생들은 잔뜩 기대하면서도 마음속으로는 '이번에도 안 될 거야!'라고 생각하는 듯했다.

> "아니야. 교장선생님께서 너희 의견 반영해서 만들어주신다고 하셨어."

그러자 학생들은 신이 나서 말하기 시작했다.

"선생님, 바닥에 앉게 만들 수는 없어요?"
"맞아요, 같이 모여 앉아 회의를 하고 싶어요."
"겨울에 추우니까 바닥이 따뜻했으면 좋겠어요."
"비밀 회의할 때, 다른 사람이 못 보게 유리문도 가렸으면 좋겠어요."
"컴퓨터도 필요해요."

자신들의 공간이 새롭게 탄생한다고 하니 학생들의 관심도 부쩍 높아져 다양한 의견이 나왔다. 학생들의 의견을 적극 반영해 학생회실 리모델링 기획안을 교장선생님께 말씀드렸다.

"바닥에 앉을 수 있도록 하는 것은 좋지만, 겨울에 누워 자는 학생들이 나올 수도 있으니 열선은 안 되겠어요."
"유리문을 다 가리면 학생들이 뭐 하는지 안 보이는데, 어떻게 하려고! 안 되지."
"점심때 보니까 학생들이 컴퓨터만 있으면 게임하던데… 컴퓨터가 꼭 있어야 하나요?"

회의 내용을 기록해야 하니 컴퓨터는 꼭 필요하다고 말씀드렸다.

"그럼 한글만 쓰면 되니까 인터넷 연결은 필요 없겠네요."

그렇게 인터넷 선과 함께 학생들의 의견도 잘려나갔다. '그럴 줄 알았다.'

는 듯, 학생들의 얼굴엔 씁쓸한 표정이 스쳐 지나갔고, 그 후 학생들은 더욱더 입을 닫아버렸다.

학생들의 의견을 존중해야 한다는 것은 모두가 잘 알고 있다. 그러나 우리도 모르는 사이, 학생들의 의견을 사소한 것으로 분류하고 있지는 않은가? 학생이 소극적으로 학교의 일을 관망하도록 조장하고 있지는 않은지, 교사들의 염려와 노파심이 학생들의 의견을 묵살하고 있지는 않은지 점검해볼 필요가 있다.

교사가 자신들의 의견을 믿고 존중한다는 인상을 받을 때, 학생들은 그제야 입을 열기 시작한다. 학생들은 교사로부터 존중과 신뢰를 받을 때 교육 활동의 파트너, 협력의 주체로 자리매김할 수 있음을 새겨보아야 한다.

관심 이끌어내기

학생자치 활동이 활발한 학교를 견학하면서 느낀 점은 학생들에게 동기부여가 되어 있다는 것이었다. 학생들은 누구의 간섭도 없이 하교 후, 심지어 방학 중에도 자신의 시간을 할애해서 자치활동에 활발히 참여하고 있었다.

반면 우리 학교 학생들은 학생자치에 대한 관심과 인식이 생각보다 저조했다. 학생자치에 대한 작은 성공의 경험이 부족해서일까? 학생자치에 대한 교육이 부족해서일까? 관심이 저조한 것을 넘어 학생자치를 귀찮아하거나 중요하지 않다고 생각하는 학생도 있었다.

하루 수업이 끝나고 학생자치회 회의를 하려고 하면 학생들은 난색을 표했다.

"저 학원 가야 해요."

"저는 과외 가요."

다들 바쁘게 짜인 일정 탓에 학생자치회 시간과 기회를 마련하는 것조차 힘들었다. 학생들을 어르고 달래 점심시간을 이용해 회의를 열기로 했다.

회의를 위해 점심을 후다닥 먹고 약속한 시각에 학생자치 회의실에 갔다. 역시나 예감이 틀리지 않았다. 회의실엔 아무도 없었다. '학생자치 회의실'이 아니라 '학생 없는 자치 회의실'이라 불러야 할 판이었다.

약속시간 10분을 훌쩍 지나서 여학생 몇 명이 왔고, 남학생들은 배구를 한다고 아예 오지도 않았다. 여학생들은 오지 않은 남학생들을 흉보기 바빴다.

"선생님, 남자애들 오지도 않았어요."

"학생회장이 회의에 참석도 안 하고! 이래도 돼요?

"탄핵해야 돼요!"

탄핵이란 말을 이리 쉽게 꺼내다니, 깜짝 놀랐다. 이런 분위기 속에서 회의가 잘 진행될 리 없었다. 어찌어찌 회의는 시작됐지만 의견을 나누기는 커녕 서로를 비난하기에 바빴다.

하지만 이대로 학생자치회를 그만둘 수는 없었다. 그 후로도 계속 나는 학생들을 찾아다니고, 쫓아다녔다.

"우리 이거 해볼까?"

"우리가 왜요?"

"우리 저거 해볼까?

"아~ 귀찮아요."

학생들의 답은 항상 부정적인 메아리가 되어 돌아왔다.

"왜요? 귀찮아요."

관심도 의욕도 없는 모습에 가슴이 꾹 막히는 듯했다. 결국 성격이 급한 나는 학생들이 스스로 행동하기를 기다리지 못하고 선봉에 나서서 학생들을 끌고 나갔다.

"선생님이 알아서 해주겠지!"

학생들은 스스로 해나가야 할 이유를 찾지 못하고, 선생님이 먼저 해주길 기다리고만 있었다.

학생들을 조급하게 바꾸는 것, 결과물을 만들어내려고 하는 것은 교사인 나만의 욕심과 욕망이었다.

학생자치회를 개최하는 것보다 우선시되어야 할 것은 학생자치에 대한 학생들의 관심을 이끌어내는 것이다. 학교의 주인의식을 가지고 주체적으로 참여해야 한다는 인식을 가질 수 있도록 해주는 것이 학생자치의 시작이다. 학생들 스스로 깨닫고 자율적으로 행동하도록 시스템을 만들어야 한다.

급하게 조바심 내지 말고, 천천히 걸어가야 한다. 작은 문제들을 하나씩 천천히 해결해나가면서 한 걸음 한 걸음 스며들 듯이 학생들이 의미를 찾을 수 있게 해야 한다. 학생들이 작은 한 걸음마다 함께하는 기쁨을 누릴 수 있게 도와 스스로 목표 의식을 갖도록 하는 것이 교사의 역할이다.

새로운 만남을 통해 경험하기

광주에 있는 어느 학교를 방문했을 때였다. 개교한 지 얼마 되지 않은 학교였는데, 혁신학교로 지정되어 학생자치와 학생문화, 학생 복지를 구현하기 위해 중장기적으로 계획하고 실천하고 있는 학교였다.

학생자치 선진학교를 방문한다는 이야기를 들은 학생들의 반응은 부정적이었다.

"안 가면 안 돼요?"

"아~ 왜 거기 가요? 창피하게…."

다른 학교에 간다는 것이 부담스럽게 와닿은 것이다.

---

42) 不怕慢 只怕站(부파만 지파참): 중국 속담.

학교에 도착해 보니 지은 지 얼마 되지 않은 새 건물에, 학교 규모도, 학생 수도 우리 학교와 비교도 안 되게 컸다. 그래서인지 아이들은 조금 위축된 모양이었다. 작은 학교의 아이들은 자신들이 경험해보지 못한 큰 학교를 부러워하고 있었다.

학생자치가 잘 되기로 워낙 유명한 학교이고, 많은 학교들이 이 학교를 다녀가서 그런지 학생들은 익숙한 듯 지금까지 활동한 학생자치 실천 사례에 대하여 설명해 주었다. 학생들의 설명을 듣고, 모둠별로 자유 토의 시간을 가졌다. 나는 물가에 내놓은 아이들을 보는 것처럼 걱정스러운 마음으로 학생들의 대화를 지켜보며 한편에 서 있었다.

학생들이 축제 계획과 앞으로 축제에서 해보고 싶은 활동에 대해 이야기를 나누고 있을 때였다.

"내가 하고 싶은 활동은 e-스포츠 대회야"

학생회 시간에 참석도 잘 하지 않고 귀찮아하던 동희였다.

"단체로 하는 게임을 통해서 팀워크도 기르고, 같이 응원하면서 즐길 수도 있으니까 축제에 하면 좋을 것 같아."

당당하게 자기의 의견을 이야기하던 모습이 어찌나 대견하던지, 다음 축제엔 꼭 e-스포츠 대회를 해야겠다고 마음먹었다. 학교 방문을 끝내고 돌아가는 길에 학생들은

"아이디어를 많이 얻었어요."

"선생님 학교 가면 우리 이것도 해봐요"

돌아가는 내내 조잘조잘 이야기를 나눴다.

하지만 여기까지! '다른 학교를 방문하고, 우리 학교 학생들의 열정이 솟아올라 학생자치활동이 엄청나게 활성화되었다.'라는 결말이었다면 더할 나위 없이 완벽한 해피엔딩이었을 것이다.

하지만 동희는 그 뒤로도 "왜요?" "귀찮아요."를 연발했고, 학생회의 시간에 늦기도 하고 참석하지 않기도 했다. 하지만 학생자치를 대하는 마음가짐은 예전과는 달라졌음을 느낄 수 있었다.

(동희가 하고 싶다던 e-스포츠 체험부스를 지난 축제 기간 동안 운영했다. 동희의 생각과 같이 e-스포츠 체험부스는 가장 먼저 마감되었다.)

사람 사이의 만남은 성장을 촉진한다. 또래 학생들과의 만남은 고충과 걱정거리를 함께 나누고 서로를 지지하는 시간이 되었다. 이만하면 더할 나위 없는 해피엔딩은 아닐지라도, 앞으로가 기대되는 오픈 엔딩 정도는 될 수 있지 않을까?

할 수 있어!

타 학교 학생들과의 만남은 학생자치에 대한 의지와 도전정신을 일깨우는 계기가 되기도 한다.

처음 학생자치회를 맡으면서부터 학생들에게 인근 중학교와 체육대회, 축제와 같은 학교행사를 같이 개최하는 것에 대하여 어떻게 생각하는지 의견을 물었다. 흔쾌히 찬성하리라고 생각했던 내 예상과는 달리, 학생들은 해보지 않은 것에 대한 두려움 때문인지 몰라도 반응이 썩 좋지 않았다.

이런 학생들이 변화의 모습을 보인 것은 타 학교와의 만남 이후였다. 고흥에 있는 우리 학교와 비슷한 규모의 한 학교를 방문했을 때 학교 간 연합축제에 대한 이야기를 듣게 되었다. 고흥의 소규모 학교들은 여러 학교가 모여 함께 축제를 개최하고 있었다. 처음엔 어려움이 많았지만, 몇 년간 함께 진행하다 보니 단독으로 진행할 때보다 더 다양한 프로그램을 진행할 수 있었으며, 또한, 예산을 효율적으로 사용해 풍성한 축제가 되었다고 한다.

이야기를 들은 학생들은 우리도 할 수 있겠다는 생각이 들었는지, 학교 연합 축제에 대해 긍정적인 의사를 표현하기 시작했다.

이후, 우리의 새로운 목표는 학교 연합축제가 되었다. 학교 연합축제를 진행하기까지 넘어야 할 산이 많을 것이다. 그 과정 속에서 좌절하고 실패를 맛보게 될지도 모를 일이다. 하지만 우리 학생들 눈동자에 도전 의식이 불타고 있는 것만으로도 좋다. 앞으로 다른 학교와의 협력을 통해 우리 학교 학생들이 어떻게 변화가 될지 한껏 기대가 된다.

"경험은 만들어낼 수 없다. 그것은 겪어야만 한다."
- 카뮈 -

직접 경험해야만 비로소 배울 수 있다는 말처럼 경험 하나하나가 학생을 자라게 만든다. 한 명의 변화가 다른 사람의 변화를 불러일으키고, 그렇게 일어난 변화가 학교 문화로 자리하게 된다. 경험을 통해 학생들은 변화를 꿈꾸고 오늘과 다른 내일을 기대하고 준비한다.

그렇다면 교사는 무엇을 해야 하는가? 학생들이 할 수 있도록 시간을 가지고 기다려줘야 한다. 기다림, 그것이 핵심이다.

학교를 넘어

요즘 학생자치는 학교 내에서만 이야기되지 않는다. 학생자치문화 확산을 위해 지역사회 공동체가 학교와 함께 움직이고 있다.

2019년부터 진도 지역에서는 각 중·고등학교 학생회 임원들로 구성된 연합 학생회가 구성되어 활동하고 있다. 관내 학교 학생회 임원들은 정기적으로 만나 각 학교의 리더로서 네트워크를 형성하여 상호 협력의 토대를 구축하고 있다.

연합 학생회는 학생들이 스스로 계획해 자주적으로 운영된다. 학생들은 학교에서 하고 있는 다양한 학생회 활동 내용을 서로 공유하고 나누면서, 자연스레 학교 내 학생자치문화 확산을 위해 고민하고 실천하는 과정을 경험한다. 이를 통해 자치역량을 함양한 학생들은 각 학교 학생회 운영의 질을 높이게 되는 것이다.

그걸로 끝이 아니다. 연합 학생회는 지역 선후배 간 만남을 통해 학생자치를 넘어 진로나 진학에 대한 조언을 주기도 한다. 고등학교 선배들이 앞서서 중학생들을 이끌어 주면서 멘토-멘티로서 상호 긍정적인 영향을 주고 있다.

2019년에는 연합 학생회가 주체가 되어 세월호 추모 행사를 진행했다.

연합 학생회 안의 학생들은 교실에서 벗어나 각종 체험부스와 학생 한마당 등 지역사회에서 행사를 진행하면서 스스로 결정하고 실행하는 경험을 얻었다. 이런 경험을 품은 학생들이라면 점차 지역사회의 주역이 될 가능성을 갖게 될 것이다. 책임감과 자치 능력을 함양하고 지역사회에 관심을 가지고 지역사회를 이끌어갈 핵심적인 시민으로 말이다.

참여하고 실천하는 연합 학생회는 오늘도 학생자치에 대한 참여와 확대를 도모하고, 꾸준한 소통과 협력으로 진도 지역의 학생자치문화 발전을 이끌고 있다.

너와 나, 목소리 듣기

비 온 뒤에 땅이 굳는다?

'비 온 뒤에 땅이 굳는다.'는 속담은 비에 젖어 질척거리던 흙도 마르면서 단단하게 굳어진다는 뜻으로, 어떤 시련을 겪은 뒤에 더 강해짐을 비유적으로 이르는 말이다.[43] 하지만 말처럼 쉽지 않다. 친구 사이의 다툼이나 갈등이 새로운 발전의 밑거름이 되면 좋겠지만 그렇지 못한 것도 현실이다. 때론 사소한 갈등이 화근이 되어 회복하기 어려울 지경으로 관계를 비틀어 버리기도 한다. 깊어진 갈등은 더욱 심화되어 건강하지 않은 관계로 굳어지기도 한다.

진도에 사는 사람은 모두가 이웃사촌이라고 말한다. 주민 모두가 넓지 않은 지역에 옹기종기 모여 살며 가깝게 지낸다. 이런 이유로 유치원 때부터 초등학교, 중학교 때까지 함께하는 경우가 허다하다. 그렇다 보니 어렸을 때 맺어진 학생들 간의 관계가 고착화되어 이어지기도 한다.

---

43) 국립국어원 우리말 샘.

수업 시간이었다. 한 명씩 돌아가면서 자신의 의견에 대하여 발표하는 시간이었다. 진수의 차례가 다가오자 진수가 갑자기 배가 아프다고 하더니 책상에 얼굴을 파묻고 우는 것이 아닌가. 옆에서 다른 학생들이 웅성웅성 거렸다.

우선 진수를 진정시키고, 수업을 마친 후 진수를 따로 불러 이야기를 했다. 한참을 뜸을 들이던 진수는 친구들이 자신을 쳐다보는 것이 싫다고 조심스럽게 이야기했다.

교실에서 같이 지내다 보면 아무리 피하려 해도 잠깐씩 친구들과 눈을 마주치는 것은 당연한 일일 터인데도 쉬는 시간이든 수업 시간이든 다른 친구들과 눈이 마주치는 것조차 싫다는 것이다. 초등학교 3학년 때 친구들이 자기를 놀린 후로 트라우마가 생겼단다. 많은 시간이 흘렀음에도 중학생이 된 지금도 그 친구들이 싫다고 했다.

진수뿐만 아니라 수희도 그랬다. 초등학교 때 단짝으로 지내던 철수가 자기 험담을 해서 사이가 나빠졌는데, 지금까지 서로 이야기를 하지 않는다고 했다. 서로 오해를 풀고 친하게 지내는 것이 어떻겠냐고 물었지만, 수희는 물론 철수도 서로 친하게 지내고 싶지 않고, 그냥 지금처럼 아는 체하지 말고 서로를 신경 쓰지 않으며 지내고 싶단다.

문제를 무시하거나 상황을 회피하는 것만으로 친구들 사이의 갈등을 해결할 수 없다는 것도 아이들은 잘 알고 있다. 그럼에도 아이들은 문제를 해결하기보다 그저 갈등을 피하는 소극적인 자세로 임하거나 공격적인 자세로 대처하고 있었다.

갈등에 대한 인식 전환

갈등 상황은 비단 학생들 간에만 발생하지 않는다. 교사들 간의 갈등도 존재한다. 한 학교에서의 일이었다. 학교 행사를 진행하거나, 학생 지도 방법에 있어 선생님들간의 견해 차이가 생기기 시작했다. 조그마한 불평과 불만은 시간이 지남에 따라 눈덩이처럼 커져 결국, 서로의 말 한마디에도 예민하게 반응하게 됐다.

서로에게 감정이 상했던 어느 회의 시간, 냉랭한 분위기 속에 주요 사안만 전달되고 있었다. 그러다 어느 쟁점 사안 하나에 옥신각신 의견이 오가더니, 점차 언성이 높아졌다. 결국 한 선생님은 화를 참지 못하고 큰 소리와 함께 문을 쾅 닫고 회의실을 나가버렸다. 회의실은 쥐 죽은 듯 조용해지고, 누구 하나 그 분위기를 깨고자 선뜻 나서지 못했다.

그 사건 이후 교무실은 더욱더 냉랭해지고 적막해졌다. 하지만 동료 선생님들은 차마 이 사안을 입 밖으로 내지 못했다. 결국 두 선생님은 관계를 회복하지 못하고 그 일은 시간이 흐름에 따라 흐지부지 잊혔다. 얽혀버린 매듭을 풀지 못한 채 끝나 버린 이 일은 두고두고 가슴 깊이 남았다.

어느 사회에나 갈등의 요소는 있다. 학교도 예외는 아니다. 서로 성격과 생각이 다른 사람들이 모여 공동체를 이루고 있기 때문에 갈등의 발생은 당연하다.

회피만이 능사가 아니기에 갈등에 대한 인식 전환이 필요하다. 문제에 적극적으로 대처하고 대화, 회복하는 과정을 통해 우리는 공동체로 재통합되고 성장할 수 있다. 비단 학교뿐만 아니라 사회 공동체가 이해와 공감의 바탕 위에서 해결 방법을 나눌 수 있다면 문제를 극복하고 더욱 건강한 공동체로 성장할 수 있게 될 것이다.

대화와 협력을 통하여 적극적으로 문제를 해결하는 것이 개인의 변화와 공동체의 성장으로 이어질 수 있기에 갈등 상황보다는 서로를 지혜롭게 이해하고 대처하는 것이 필요하다.

회복적 생활교육과의 만남

내가 회복적 생활교육을 만난 것은 몇 년 전 한 선생님의 권유 때문이었다. 경력이 많은 선생님이셨는데, 학생자치, 회복적 생활교육 등 학생생활지도에 열정을 가지고 계신 분이셨다. 그때만 해도 나는 신출내기 교사로 학생부 활동에 관심이 없었을 뿐 아니라 교무부 업무처리에도 벅찼기에 회복적 생활교육에 관심을 둘 여유가 없었다.

나의 학창 시절 학생생활지도의 가장 유용한 수단은 학생주임 선생님의 카리스마와 포스였다. 하지만 이젠 사회의 변화 추세에 발맞춰 생활지도 방법도 억압과 통제의 지도 방식을 벗어나 바뀌고 있다. 그 방법 중의 하나가 회복적 생활교육이다.

지금 진도의 많은 학교들은 회복적 생활교육, 비폭력 대화 등을 학교에 적용하기 위해 노력 중이다. 그 결과 회복적 정의에 기반한 관계 회복 중심의 평화로운 학급 운영과 학교폭력 조정을 위한 '회복적 생활교육 연구회'를 운영 중이다. 회복적 생활교육 확산과 평화로운 학교 문화 조성을 위해 교사들 또한 함께 배우고 나누며 성장하고자 하는 것이다.

우리 학교도 이런 노력에 동참하기 위해 전 선생님들이 회복적 생활교육 연수에 참여하고 있다. 동료 선생님과 신뢰 서클 활동을 진행하면서 진솔한 이야기를 나누며 서로의 생각을 알게 되고 상대에 대한 이해의 폭을 넓혔다. 공동체 안에서 우리의 의미와 우리는 어떤 방향으로 성장해야 하는지 끊임없이 묻고 답했다. 그 과정을 통해 우리 학교의 공동체 비전을 자연스럽게 세울 수 있었다.

선생님들은 학생들이 자신의 행동과 그 결과에 책임지는 책임감 있는 사회 구성원으로 성장할 수 있도록 혼신의 힘을 다해 돕기로 약속했다.[44)]

또한 학생들과 많은 대화의 시간을 갖고, 학생들 내면의 소리에 귀 기울여 듣고, 배려와 존중하는 문화가 되도록 교사들이 함께 노력하고 있다. 학생들을 존중하고 신뢰하며 평화롭게 성장할 수 있는 학교 문화 정착에 박차를 가하기로 다짐했다.

우리 목소리 듣기

우리 학교는 학생들 사이의 문제와 갈등을 관계 중심, 평화적 방식으로 해결할 수 있는 능력을 키워 위기를 성장의 기회로 전환할 수 있도록 전문가의 도움을 받아 회복적 생활교육을 지속적으로 실천하고 있다.

회복적 생활교육을 처음 시작했을 때, 학생들은 의외로 자신의 마음이 어떤 상태인지 몰라 감정을 표현하는 데에 서툴렀다. 서클 활동 마무리 질문으로 서로에 대한 느낌이나 다짐을 나누자는 제안에 학생들은 별로 말이 없었다.

---

44) 로레인 수투츠만 암스투츠, 쥬디 H, 뮬렛(2018), 『학교 현장을 위한 회복적 학생생활교육』, 대장간.

"좋아요."

"재미있었어요."

짧은 말로 끝내버리곤 했다. 다른 친구의 눈치를 보느라 자신의 이야기를 풀어 놓는 것을 부끄러워하며 꺼렸다.

어느 서클 활동 시간이었다. 다른 친구들과 잘 어울리지 못하는 영철이는 그날도 쭈뼛쭈뼛했다. 그날의 서클 활동은 '너와 나의 연결고리' 활동이었다. '너와 나의 연결고리'활동은 큰 종이에 자신의 이름을 쓰고, 한 명씩 돌아가면서 자신이 좋아하는 것을 말하면 좋아하는 것이 일치하는 사람끼리 서로의 이름에 선을 그어주는 활동이다.

앞에 있던 몇 명의 순서가 지나가고 영철이 차례가 되었다. 영철이는 부끄러운 듯 주춤주춤 일어서더니.

"나는 영화 보는 걸 좋아해."

소심하게 말했다.

"너도??"

"나도!!"

친구들은 연신 외치며 자신의 이름과 영철이의 이름을 선으로 연결하는데 열심이었다. 영철이의 얼굴에 미소가 살짝 비쳤다.

영철이와 친구들은 다양한 색의 매직을 들고 신이 나 선을 그었다. 서로의 공통점을 발견해나가고, 이해하면서 유대감을 쌓았다. 학생들은 서클 활동을 통해 우리가 서로 다르지 않다는 것을 발견하고 있었다. 서로를 연결하면서 그 연결성의 깊이를 함께 공유하고 신나 했다.

영철이는 이제 쭈뼛거리지 않고 서클 시간이 되면 자연스레 의자를 가져와서 친구들과 동그랗게 앉아 서클 시간 준비를 하고 있다. 다른 친구들도 처음과 달리 자신의 감정과 마음을 솔직하게 표현하고, 친구의 감정을 진실 되게 받아준다. 그렇게 변화되어 가는 학생들의 모습을 보면 너무 흐뭇하다.

서클 활동은 우리 한 사람 한 사람을 공동체 안에서 의미 있는 존재로 만들어 주는 역할을 한다. 함께 배우고 성장하는 경험을 통해 서클의 힘과 역동성을 믿게 되었다

회복적 생활교육의 상징인 '벌새' 이야기는 회복적 생활교육을 실천하는 우리 교사들의 몸짓이다. 무너진 관계를 세우고 학교 공동체를 회복하는 데 기꺼이 한 마리 벌새가 되고자 한다.

> "나는 내가 할 수 있는 일을 하는 것뿐이야"

작고 꾸준한 실천의 중요성을 말하고 있는 이 말은 학교폭력으로 위기에 처한 학교와 이 위기를 극복하기 위한 방안일 뿐 아니라 우리의 삶을 보다

행복하게 살아가기 위한 공감, 배려를 다 포괄하는 말이 아닌가 싶다.[45] 회복적 생활교육을 통하여 서로의 따뜻한 마음이 서로에게 스며들어 우리는 행복한 교육공동체로 나아간다.

---

45) 회복적정의 평화배움연구소 에듀피스 http://edupeace.net.

함께 나아가기

함께 만들어가는 학생자치

학생 자치는 함께 배우고 성장할 수 있는 공동체적 학교 문화를 조성해 가는 것이다. 학생들이 학생자치의 의미를 알고, 우리 학교 환경에 맞게 적용하기 위해 학생자치에 대한 비전과 철학을 공유하는 활동이 필요했다. 때문에 학생자치활동과 관련된 책을 한 권 선정하여 읽고 앞으로 학생자치회를 어떻게 이끌어 가는 것이 좋을지 학생들과 토의를 반복했다.

학생들이 원하는 학교는 즐거운 학교, 모두가 함께하는 학교였다. 함께하는 문화 조성을 위해 모든 학생들이 학교 활동에 참여하는 데에 포커스를 맞췄다. 소외되는 학생이 없도록 전체 학생을 학생회 부서에 배정해 자치활동에 참여할 수 있도록 했다.

각 부서들은 부서별 특색을 살려 학교 행사를 기획하고, 기획한 부서에서 학교 행사를 주도적으로 추진하도록 각 부서별 활동을 강조해서 진행하기로 했다. 이전까지는 2, 3학년 학생들로 구성된 학생회 임원끼리 회의가 진행되었기 때문에 1학년 학생들의 의견 반영이 어려웠다는 문제가 있었다. 하지만 전교생이 참여해 부서별 작은 모임을 구성해 회의를 열자, 학년 구분 없이 모두의 이야기를 들을 수 있게 됐다. 또, 선후배 간 사이가 보다 돈독해진 것은 긍정적인 부가 효과였다.

학생들은 학생자치가 활성화되기 위해서 가장 필요한 것은 '시간'이라고 생각했다. 학생 부서별 활동과 자치활동이 잘 이루어지기 위해서는 자주 만나는 것이 중요하다고 적극적으로 주장했다. 이 의견을 반영해 학교에서는 자치활동을 할 수 있는 시간을 확보해 주고, 필요한 지원을 아끼지 않기로 했다.

마지막으로 각 부장들은 부서별 회의 시에 도움을 줄 수 있는 부서별 담당 선생님이 있었으면 좋겠다는 의견도 냈다. 그 이야기에 학생자치담당 교사만의 활동이 아니라 모든 선생님이 참여하여 학생들 활동에 도움을 제공해야겠다는 생각이 들었다. 학생들이 자율적으로 회의하는 과정에서 자율성을 해치지 않는 범위와 교사가 개입해야 할 정도를 판단하는 것이 쉽지 않았지만, 학생들의 활동이 중간중간 의도치 않은 방향으로 흘러갈 때는 교사가 어느 정도 개입하여 방향성을 잡아주는 것이 필요했다.

그렇게 학생들의 의견을 받아들여 부서별 자치활동이 학생회 자치활동의 기초 역할을 할 수 있도록 했다. 학생들이 부서별 활동에서 스스로 할 수 있는 일을 찾아 계획하고 활동하는 데에 선생님들이 적극 나서기로 했다.

학교 자치가 잘 되기 위해서는 소규모 단위의 자치부터 살아나야 학교 자치가 활성화될 수 있다. 우리의 학생회는 이렇게 점차 서로 협력하는 방법을 익히고, 공동체 안에서 조화로운 균형을 이끄는 리더의 모습을 갖춰가고 있다.

다모임이 뭐야?

다모임은 학생들이 다 같이 모여서 이야기를 나누는 전체회의라고 할 수 있다. 다모임을 알게 된 후, 소규모 학교의 특수성과 장점을 살려 모든 학생들이 참여하는 다모임을 우리 학교에도 적용하여 자율과 소통의 학생자치회를 만들어야겠다는 생각을 하게 됐다.

그렇게 몇 번의 다모임을 진행한 후, 이제 다모임은 우리 학교에서 공동의 문제 해결이 필요할 때, 학교의 중요한 행사를 준비할 때 거쳐야 하는 필수 코스가 됐다. 다모임을 하려면 많은 준비가 필요한데, 우리 학교에서는 다음 순서에 따라 다모임을 진행하고 있다.

① 준비단계

다모임을 진행하기 전에는 꼼꼼한 준비가 필요하다. 먼저 가장 중요한 것은 회의 주제인 안건을 정하는 것이다. 안건을 정하기 위해 학생회의실 앞에 다모임이 무엇인지, 간단한 설명과 함께 다모임에서 의견을 나누었으면 하는 안건을 써주도록 게시판을 만들어 놓았다.

처음 진행하는 다모임이었고, 다모임에 대한 학생들의 이해도가 낮았기 때문인지, 바람과는 달리 아무 의견도 나오지 않았다. 다른 사람들이 지나다니는 공개된 장소에서 무엇인가를 쓰는 것이 힘들다는 의견을 듣고 다음 다모임부터는 각 반에서 안건을 쓰도록 게시판을 걸었더니 몇 개의 안건이 나왔다.

안건이 정해지고 나면 다모임 회의 진행 준비를 한다. 회의를 진행할 때 어떤 방법으로 토의할 것인지, 모둠은 어떻게 구성할 것인지, 필요한 준비물은 무엇인지, 시나리오까지 이야기를 나눴다.

첫 다모임 때 회의 진행을 위하여 학생회장에게 개회 멘트와 다모임 소개를 하도록 예시를 주고 시나리오를 써오도록 했다. 며칠 지나 학생회장은 알아볼 수 없는 글씨체로 휴지조각과 같은 종이에 끄적끄적 시나리오를 써가지고 왔다.

'학생회장에게 맡길 게 아니라 내가 시나리오를 써주고 읽기만 하라고 해야 할까?'하는 생각이 들게 만들었다. 하지만 고민 끝에 시작이 중요하다는 생각이 들어 몇 번을 다시 알려주고, 다시 써 오게 하는 작업을 반복하게 했다. 결과적으로 학생회장이 개회사와 다모임 소개를 멋지게 해내면서 첫 회의는 무난하게 진행할 수 있었다.

"선생님 저 잘했죠??"

회의가 끝나고 으쓱대던 학생회장은 그다음 회의 때는 가르쳐주지 않아도 알아서 준비했다. 속으로는 답답함이 있을지라도 학생들이 스스로 해나갈 수 있도록 교사는 필요한 지원을 주는 조력자임을 다시 한번 깨달았다.

② 실행

이제 드디어 다모임 회의를 진행할 수 있게 됐다. 다모임 회의를 시작하면서 학생들에게 자유롭게 의견을 말하고 소통할 수 있도록 두 가지에 대하여 안내를 했다.

먼저 포스트잇이다. 우리 학교 학생들은 회의를 '포스트 잇 회의'라고 부른다. 안건을 토의하기 전에 생각할 시간을 주고 자기 생각을 포스트잇에 쓴 뒤 큰 종이에 붙이고, 한 명씩 돌아가면서 자기 생각을 이야기하도록 한다. 생각을 정리하여 포스트잇에 써서 붙인 후 포스트잇의 내용을 보고 말하기 때문에 학생들에게 안정감을 준다.

다음으로 규칙 세우기다. 신뢰 서클을 시작할 때 사용하는 규칙 세우기를 학생자치 회의를 시작하기 전에도 첫 단계로 활용하고 있다. 다른 사람을 대할 때의 자세와 배려에 대하여 다시 한번 생각해보는 기회와 함께 진솔하게 말하고, 경청하는 공간을 만들어 원활한 회의 진행을 돕는다.

다모임을 실행하기 전에 많은 자료를 보고, 준비하면서 학생들이 자유롭게 의견을 나누고, 자유로운 토론을 거쳐 자신들의 문제를 스스로 해결하는 아름다운 모습을 꿈꿨다. 하지만 역시나 꿈과 현실은 달랐다.

"조용히 해주세요!!"

"집중!!"

나는 학생들의 참여를 끌어내기 위해 연신 땀을 흘려야 했다. 다모임이 끝나고 '한 번 시도해본 것으로 족하다. 두 번은 못해.'라고 생각하며 땀을 닦았다.

③ 회의가 끝난 후

첫 다모임이 끝나고 교장선생님께서 부르셨다. '아…, 한 소리 듣겠구나.' 하고 단단히 마음의 준비를 하고 교장실로 갔다.

"우리 학교에서 다모임을 처음 시도했는데, 학생들이 서로 자유롭게 발언하고 의견을 나누는 모습이 너무 좋았어요."

예상과는 다른 교장선생님의 반응에 깜짝 놀랐다.

"학생회장이 회의를 능숙하게 진행하던데, 준비를 많이 했나 봐요. 회의에 참여하는 학생들의 모습이 자못 진지하던데. 계속 다모임이 이어질 수 있도록 어떻게 지원해 주면 좋을까요?"

낯선 지역에 신규교사로 발령받아 생활하면서 주변에 조언을 얻고 싶어도 얻을 곳이 많이 없었다. 내가 하고 있는 일이 잘 되는 일인지 고민이 많아 털어놓을 때가 없었는데 교장선생님의 긍정적인 말씀에 마음이 울컥했다. 다모임이 잘 되기 위해서 오늘 회의는 어땠는지 학생들 소감을 물어보고 또 피드백해보라는 조언을 해주셨다. 교장선생님의 진지한 조언이 마음에 와닿았다.

교장선생님의 말씀처럼 다모임을 하는 회의 과정도 중요하지만 다모임이 끝나고 피드백 과정까지 이루어져야 회의가 완성된다. 교장선생님의 조언이 나에게 힘이 되었던 것처럼 말이다. 학생들은 회의를 하는 것 그 자체뿐만 아니라, 다모임을 하면서 느낀 점, 인상 깊었던 점, 배운 점, 실천하고 싶은 점 등 소감을 나누면서 서로 배우고 더욱 성장할 수 있다.

다모임을 실시하고 활동 결과물을 학생들이 많이 지나다니는 복도에 전시하고, 각 반별로 다모임에 참여한 소감과 느낀 점, 보완점에 대한 학생들의 의견을 받았다. 그 결과를 학생회 임원들과 정리하여 다음 다모임에서는 어떻게 적용할지 다시 한번 의견을 나누고 다음 다모임에 반영하도록 했다.

처음 다모임을 준비하면서 잘 하고 있는 것인지, 이게 맞는 건지 확신이 없어 고민했는데, 첫 발걸음을 떼는 것이 어렵지 한번 해보고 나니 두 번째 다모임에서는 학생들도 역동적인 상호 과정 안에서 많은 것을 터득하여 한층 더 진지해졌다.

경험해보지 않으면 알 수 없듯이 실천해보면서 미숙하지만 작은 성공적인 경험을 나눌 때 앞으로 나아가는 원동력이 되는 것이다. 우리는 선생님과 학생들의 지지를 통해 계속 나아갈 힘을 얻었다.

■ 다모임 소감
  ○ 선배들 앞에서 발표할 때 떨리기도 했지만 하고 나니 좋은 경험이라고 생각했다.
  ○ 학년들이 전부 모여서 의견을 나누니 재미있고 좋았다.
  ○ 모든 학생들의 의견을 들을 수 있어서 좋았고, 전교생이 모여 회의를 하니 신기하기도 했고, 뜻깊은 시간이었다.
  ○ 전 학년이 모여서 이야기를 해보니 많은 의견과 좋은 의견이 나왔다. 다음에 또 모여서 이야기하고 싶다.
  ○ 학생들이 이런 경험이 적어서 어색했던 것 같지만 앞으로의 고성중학교를 생각해보면 꼭 필요하단 생각이 들었습니다. 조금 더 체계가 잡히면 좋은 소통의 장이 될 것 같습니다

■ 다모임에서 보완되어야 할 부분
  ○ 1교시부터 하는 건 좋지 않은 것 같다.
  ○ 충분한 시간이 있었으면 좋겠다.
  ○ 학생들이 좀 더 적극적으로 참여했으면 좋겠다.
  ○ 진행 방법에 있어 조금은 미숙한 면이 있었지만 다모임을 통해 경험을 축적하여 발전하길
  ○ 앞으로의 방향은 틀은 잡혀있되 발언하는 분위기는 조금 더 자유롭게 발언할 수 있는 분위기가 만들어졌으면 좋겠습니다.
  ○ 논의 주제로 학생들이 필요성을 느끼는 것뿐만 아니라 선생님들이 논의가 필요하다 생각하는 것도 반영해보면 어떨까요?

한 번의 다모임을 실행하는 과정에는 많은 시간과 노력이 필요하다. 하지만 그 한 번의 다모임을 통해 얻을 수 있는 것들은 들인 시간과 노력이 아깝지 않다 생각될 정도로 값지다. 회의를 통해 민주적인 의사결정 과정에 참여하면서 스스로 결정하여 실천하는 민주 시민으로서의 자질을 배우고 있다. 또, 배려와 협력의 자세를 익히고, 서로 존중하는 문화, 함께하는 문화를 만들어간다.

학생자치회와 다모임을 통하여 학생들은 자율과 참여를 체험하고, 존중과 협력의 학교문화를 익히고, 권리와 책임을 배우며 민주시민에 한걸음 더 다가가고 있다.

존중의 약속

최근 다모임에서는 학교생활규정 개정을 위하여 그린마일리지라고 하는 상벌점제 유지 여부를 두고 찬반 토론을 진행하였다.

"그린마일리지는 선생님들이 볼 때만 주어지는 점수이기 때문에 차별이 있을 수 있다."
"상점 규칙보다 벌점 규칙이 더 많다"

학생들은 상벌점제가 공정한 학교생활규정이라고 생각하지 않았고, 상벌점제에 대하여 부정적인 감정을 가지고 있는 학생들이 많았다.

학생들 대부분이 그린 마일리지를 폐지하자는 데에 의견을 모았지만, 그린마일리지를 폐지하면 학교생활규칙을 어떻게 지킬 것인지에 대해 지적하는 학생도 있었다. 만약 상벌점제를 폐지한다면 학교생활규칙을 지키기 위해서 어떻게 하는 것이 좋을지에 대한 의견을 나누다가 서로 지켜야 할 내용을 우리만의 약속으로 만들어 실천하기로 했다.

교사는 학생을 어떻게 존중할 것인지, 학생은 교사를 어떻게 존중할 것인지, 나는 다른 친구들을 어떻게 존중할 것인지, 나는 우리 학교를 어떻게 존중할 것인지 4가지로 분류하여 각각 지켜야 할 약속을 반별로 3~5가지 정하도록 하였다.

각 반별로 선정된 의견은 취합하여 다모임을 통해 우리에게 가장 중요한 약속은 무엇인지, 가장 지켜야 할 약속은 무엇인지 토의하여 3가지씩 선정하고, 선정된 약속을 꼭 지키도록 합의하였다. 그렇게 우리의 공동체 생활협약인 존중의 약속이 만들어졌다. 선정된 존중의 약속은 모두가 함께 일관되게 실천할 수 있도록 각 반과 눈에 띄는 곳에 부착하였다.

교내의 약속이나 협약을 제정할 때는 교육 3주체(학생, 교사, 학부모)의 의견을 수렴하여 제정하기로 했다. 하지만 이번 존중의 약속은 최근 '코로나19'로 인한 사회적 거리 두기로 학부모 의견은 수렴하지 못하고 학생, 교사만 참여하여 만들게 되었다. '존중의 약속'을 제정하는 데 학부모님의 의견을 듣지 못한 것이 못내 아쉽다. 하지만 학생들이 타율적인 규범에서 벗어나 민주적인 의사결정 방법으로 약속을 정하고, 그 약속을 지키는 주체적인 인격체로 성장하는 모습을 바라보는 것만으로도 흡족했다.

고성중 존중의 나무

우린 혼자가 아니야

학생자치는 교사 혼자서 이룰 수 있는 것이 아니다. 학생자치를 하기 위해 혼자 준비하고 실천해나가는 과정이 버겁고 힘들기만 했다. 다른 선생님들에게 폐를 끼친다는 생각에 도움을 구하기는커녕 무슨 일이든 홀로 처리하려고 했다. 학생들에게는 공동체 의식을 강조하고 있었지만 정작 나는 미련하게 혼자 걷고 있었다. 단언컨대 학생자치는 절대 교사 혼자 이룰 수 없다.

학생자치를 맡으면서 나 또한 달라졌다. 함께하는 학생자치문화 조성을 위해서 선생님들에게 조언과 도움을 구하고, 의견을 나누는 과정 속에서 스스로 발돋움하기 위해 노력하고 있다.

학생도 교사도 혼자가 아니다. 우리는 같은 길을 걸어가는 교육공동체이다. 학생의 미래 핵심 역할을 키우는 학습의 장으로, 교직원이 보람과 긍지를 느끼는 교육의 장으로, 학부모와 지역사회가 신뢰하는 행복한 학교를 만들기 위해 학교, 학부모, 지역사회가 공동의 노력을 기울여야 한다.

나는 학교가 배려, 소통, 공감과 같은 삶의 의미가 가득한 따뜻한 공간이 되길 바란다. 학생과 함께하는 평화로운 공동체가 되도록 안전하고 평화로운 교실을 만들어 주는 것이 교사의 역할은 아닐까?

민주적이고 행복한 학교문화가 우리 학교에 뿌리내려 그 문화가 다음 학년으로 이어져 보람된 결실을 맺을 수 있도록 우리는 하루하루 변화된 삶으로 전진해 나아간다.

6장

꿈꾸는 학교문화 혁신

박은욱 오산초등학교

당신의 인생이 왜 힘들지 않아야 한다고 생각하십니까?

- 박신양(러시아 시인 푸시킨의 시 인용)

언제부터인가 우리는
'행복이란 힘들지 않은 인생이다.'는 착각을 하며 살아왔다.
하지만, 누가 과연 100% 행복한 삶을 살고 있는가?
인생 속에는 즐거울 때와 힘들 때가 함께 공존해 있다.
'나의 힘든 시간을 사랑하지 않으면
나의 인생 자체를 사랑하지 않는다.'는 뜻과 같다.

교사 생활을 하며 좋은 스승이 되기 위해
커다란 굴곡과 고생도 함께하지만
우리는 그런 교사로서의 힘든 삶까지
사랑하는 법을 알아야 하지 않을까?

학교 가기 즐거운 선생님

학교문화 혁신? 라떼는 말이야

2006년 보성에서 기간제 교사를 할 때의 일이다. 교감선생님께서 교직원 회의 시간에 다음과 같은 말씀을 하셨다.

교감   우리 학교 혁신 사례가 무엇일까요?
선생님들 "......"

처음 '혁신'이라는 단어를 들었을 때, 아무런 생각이 떠오르지 않았다. 그 당시 기간제 교사인 내 머릿속에는 'Innovation'이라는 혁신을 의미하는 단어만 계속 맴돌았다.

'학교 혁신은 무엇일까?'

그땐 아무런 생각 없이 지내오다 학교 현장에서 또는 사석에서 선생님들의 혁신에 대한 생각들을 보고 듣게 되었다. 교육과정이 개정되는 것처럼, 교육 정책과 중점이 바뀌는 것처럼, 학교의 문화도 나선형으로 변화, 발전해나가고 있음을 알게 되었다.

혁신에 대해 구전설화처럼 전해져오는 우스갯소리가 있다.

'혁신을 하지 않는 것이 혁신이다.'

혁신을 부정하는 과도한 표현쯤으로 생각해볼 수 있지만, 학교가 지금껏 학생들을 잘 가르쳐왔듯이 꾸준히 무언가를 만들고 생산하는 것보다 그동안 지켜온 교직문화와 학교문화를 더욱 내실화하자는 의미에서 나온 말로 생각된다.

혁신이란 용어를 만난 지 15년이 지났지만, 학교 혁신은 여전히 진행 중이며 교육 패러다임의 범위와 확장성은 다양해지고 있다. 지역마다 차이점이 있겠지만, 학교 혁신을 위해 교육공동체의 참여와 협력, 학생 중심의 공간 혁신, 미래역량 교육 등을 시도하는 학교들이 점점 늘어나고 있는 추세다. 하지만, 세월이 흘러도 선생님들에게 학교 혁신을 위해 새로운 환경을 구성하고 도전하는 것은 큰 부담감으로 다가온다. 그렇다면 학교 문화 혁신에 대해 실행 주체들의 충분한 공감대가 먼저 형성되어야 하지 않을까?

소신껏 이야기하자면 혁신이란 단어의 쓰임은 오랜 세월을 거치며 '욕심'이란 옷을 입은 느낌이다.

'마치 쓰나미가 밀려오듯 내가 일하는 교실 문턱까지 와서 빨리 문을 열어달라고

쿵쿵 두드리고 있듯이.'

혁신은 새로운 교육을 만들어 내고자 하는 사람들이 바뀔 때마다 다른 옷을 입었다. 2010년 초 전남교육에서의 역점 과제였던 '독서·토론'이란 용어는 사라져 버렸고, '무지개학교'란 용어는 전남혁신학교로 대체되었다. 옷만 바꿔 입은 것이 아닌 꼭 필요한 문제점을 찾아 새롭게 태어나길 간절히 바란다. 특히, 학교 현장의 평범한 교사의 입장에서 교육정책을 만드시는 분들에게 전하고 싶은 말이 있다.

"혁신학교의 성공 사례들을 일반화하고 싶으시다면, 학교 현장에 변화의 적정량을 생각하며 여유 있는 시간과 교육 주체들의 참여와 공감대를 이끌어 내는 과정을 먼저 생각해 주길 바랍니다."

얼마 전 보배섬 혁신 담당 장학사로부터 받은 메일의 문구가 기억에 남는다. 장학사가 생각하는 혁신의 의미가 보배섬 혁신 지원교사들에게 간절히 전달되길 바라는 것 같았다.

"학교혁신은 새로운 것을 만들어내기 전에 낡은 것을 찾아내는 것이 시작입니다. 기본적이고 중요하지만 훼손된 것, 없애야 할 것, 개선해야 할 것, 대체해야 할 것을 함께 이야기하는 것. 학교는 교육하는 곳이고 교사는 전문가로서 역량을 키워야 하는 것이 우리의 본질입니다."

학교의 주인 찾기

학교의 주인은 분명 존재한다. 하지만, 학교 구성원에 따라 주인 의식에 대한 생각은 다르다. '학교의 주인은 누구인가요?'라고 묻는다면 학생들은

"교장선생님이요, 교감선생님이요, 실장님이요, 선생님이요, 저희요."

교사들은 일시 침묵 후

"학생입니다. 교육공동체입니다."

하지만 마음으론 '관리자? 학생? 그래도 교육공동체가 답이겠지?' 학교의 주인에 대한 확실한 공감대를 형성하기란 쉽지 않다.

보배섬 선생님들은 발령을 받고 길게는 4년, 짧게는 1년 안에 전출을 가 버린다. 그 짧은 시간 동안 새로운 학교에 주인 의식과 정을 갖기란 대단히 어려운 일이다. 선생님들은 학교의 일이 교육공동체 모두의 일이라고 인지는 하고 있지만, 다양한 이유로 선뜻 나서길 꺼린다. 학생들 역시 마찬가지다. 주인 의식은 교육 없이 만들어지기 어렵기 때문이다. 결국 학교 관리자의 입에서 먼저 주인 의식에 대해 말이 나올 수밖에 없는 상황이다.

일례를 들면, 학생들은 학교 안에 떨어져 있는 쓰레기를 보며 줍겠다는 생각을 잘 하지 않는다. '누군가 줍겠지, 내가 버리지도 않았는데.'라고 생각하며 지나가는 것을 수차례 보아왔다. 교사들 또한 쓰레기에 관심을 갖기 어렵다. 쓰레기를 줍는 일은 학교의 다른 교육공동체 누군가의 일로 생

각하며 역할의 선을 긋기 때문이다. 결국 교직원 회의 시간을 빌어 교장선생님 또는 교감선생님께서 쓰레기 문제를 먼저 꺼낸다.

개인 간의 주인 의식의 차이는 분명 존재한다. 문제 제기는 학생자치회, 교직원들이 먼저 할 수 있지만 그렇다고 나서지는 않는다. 학교 안에는 교육공동체가 해결해야 할 문제들이 산적해 있다. 하지만 현재의 학교 현장에서는 그 문제를 제기하고 해결할 리더는 학생이나 교사들이 아닌 학교 관리자에 가깝다. 교장, 교감선생님의 짐을 덜어드리고, 학생들에게 주인의식을 심어주는 주도적인 교원의 역할이 필요한 때이다. 물론 과거에 비하면 교원들의 업무량이 늘어났으며, 학생들과의 교육과정 운영만으로도 시간이 부족한 실정이다. 그러다 보니 쓰레기 문제에 대한 관심까지 기대하기 어려운 학교 현장이 많다는 것은 인정한다.

"쓰레기를 왜 우리 교사들이 치웁니까? 환경담당 여사님이 있지 않습니까?"

라고 물어본다면 이렇게 대답할 것이다.

"학교의 주인은 누구입니까?"
"어떻게 선을 긋고 학교 일을 할 수 있습니까?"
"문제의식을 가진 사람이 주인 아니겠습니까?"

자의든 타의든 다음과 같은 문제를 발견하고 학교를 위해 무슨 일을 할 수 있는지 고민 후 실천해보았다.

학교의 문제 발견 군	학교의 주인 되기
○운동장 트랙 주변 동물의 배변	5일간 퇴근 후 저녁 1시간 동안 반려동물 출입 금지 안내 * 대상: 애완견 데리고 운동장 산책하는 지역 주민
○운동장 스탠드 주변 담배꽁초	1주일 간 퇴근 후 흡연예방 지도로 불시 교내 단속
○학교 출입로 자동차 불법 주정차	장애인 구역 포함, 불법 주정차 발견 즉시 학교 주차시설 안내
○주말(평일) 간 학교 주변 쓰레기	월요일(수요일) 20분 일찍 출근 학교 내 쓰레기 담배꽁초 줍기

'웃기는 소리', '터무니없는 소리', '네가 뭔데? 다른 선생님들까지 힘들게 하지 마라.' 돌아오는 부메랑에 맞을 수도 있지만, 교사로서 하루에 5~20분 정도는 학교의 사각지대를 살펴볼 수 있는 주인이 되고 싶었다. 누군가가 시켜서가 아닌 스스로 생각하고 행동하는 문화를 만들고 싶다.

학교의 이미지를 바꾸는 힘

"선생님, 우째 우리 학교는 뭣을 안 한다요?"
"선생님, 우리 학교 아이들은 겁나 쪼끔 해서 체력이 떨어지는 것 같아요."
"선생님 바쁘시지라? 아이들이 방과 후 강사 선생님이 무섭다고 하든디요?"
"선생님, 학교 어디 어디가 좀 위험해 보이던데요?"

학교의 이미지를 가장 쉽게 확인하는 방법은 학부모와의 대화를 통해서다. 대부분의 학부모는 '자신의 아이가 다니는 학교가 좋은 학교인가?' 관심도 많지만 의구심을 품고 살핀다. 보배섬에서 근무한 첫해, 섬 지역 학부모님들의 직설적인 화법은 지금 생각해보면 조금 무섭기까지 하다. 몇몇 학부모님은 자신의 표정을 여과 없이 드러내놓고 이야기하는데, 옆자리의 동료 교사들이 상처받는 모습을 보며 함께 안타까운 마음이 들었다.

동료 교사들에게 두 가지 질문을 드려본다.

첫째, 어떻게 하면 교사들이 학부모들로부터 민원성 항의 전화보다 격려와 감사의 말씀을 더 들을 수 있을까?

둘째, 어떻게 하면 선생님과 학교를 믿게 할 것인가?'

학교의 이미지는 쉽게 바꿀 수 있는 것이 아니다. 학교의 주변에는 수많은 소문과 비교 대상인 타 학교들이 있다. 수많은 소문의 출처는 불분명하여 교사끼리, 학부모끼리, 학생끼리, 그리고 다시 교사와 학부모, 학부모와 관리자, 학생과 학부모 등 다양하게 얽혀있다. 소문의 실타래를 풀어 다시 학교의 이미지를 바로잡는다는 것은 상당히 시간과 노력이 필요한 일이다. 지금 근무하고 있는 보배섬 학교에서 학부모들의 마음을 사로잡는데 약 1년 정도 시간이 걸렸고, 학교에는 큰 변화의 바람이 불었다.

학교의 이미지를 쇄신하는데 가장 큰 원동력이 되는 세 가지는 교사들의 긍정적인 사고, 학부모와의 소통 기회 확대, 관리자와 교직원들의 관심이었다.

먼저, 교사들의 긍정적 사고와 관련된 일례를 들어 본다. 학부모가 불만을 가지고 학교에 직접 연락을 할 때는 마음속 준비가 필요하다.

"아따 선생님, 우리 창수가 홍철이랑 싸워서 맞고 왔는디요?"

그럴 때는 당황하지 말고 세심하게 확인이 필요하다. 학교에서 '언제, 어디에서, 어떻게 일어난 일인지? 다친 학생은 없는지? 우발적인 상황이었는지? 지속적으로 일어난 일이었는지?'를 꼼꼼하게 살펴야 할 필요가 있다. 사실, 교사가 먼저 학교 안전에 대한 문제를 파악하고 학부모께 연락을 먼저 드리는 것이 최우선이지만, 방과 후 프로그램이나 하굣길에 발생한 사안까지 파악하는 것은 어려운 일이다. 하지만, 교사의 긍정적 사고와 자세는 위기를 기회로 만들 수 있다. 비록 좋지 않은 상황에서도 학부모에게 전해지는 교사의 따뜻한 목소리, 그리고 학부모의 입장을 충분히 공감하고 배려하는 모습은 교사에 대한 신뢰를 갖게 해 줄 것이다.

두 번째 원동력은 학부모와의 소통 기회를 다양하게 마련하는 것이다. 요즘 말을 안 해서 그렇지, 학부모님들 역시 코로나19로 인해 학교에 대한 궁금점이나 하고 싶은 말이 많을 것이다. 그럼에도 불구하고 학교 운영에 대한 불만과 민원성 항의가 없는 이유는 전부터 쌓아온 학교에 대한 믿음 때문이라고 생각한다. 코로나19 이전 학교는 다양한 소통 창구로서 학부모와의 한자리 모임, 책 잔치와 SW 교육 체험의 날 학부모 프로그램 마련, 대외 체육 및 예술 행사 참여, 학부모회 주관 학부모 연수 운영, 반대표 학부모 네트워크 구성으로 지역사회 참여 운동회와 한마음 바자회 지원 등 다양한 루트로 학부모와의 만남을 가져오며 신뢰를 형성했다.

세 번째 원동력은 관리자와 교직원들의 관심이다. 학부모와 학생이 참여하는 행사에 관리자와 담당교사들이 참여하는 것은 상당히 어려운 일이다. 개인적 일정을 미루며 토요일까지 시간을 내어 학교스포츠클럽 배구 대회, 지역 청소년 축구 대회, 지역사회 축제, 학교 동문회 행사 등에 참여하여 지역사회와 교류하는 모습은 교직원들이 학교 교육에 관심을 갖고 노력한다는 것을 어필할 수 있기에 많은 학부모로부터 큰 호응과 박수를 이끌어 낼 수 있었다.

학교는 세상 제일 많이 틀리는 곳

진도로 처음 발령받아 들어와 4학년 14명의 학급 담임으로 근무할 때 일이다. 간단한 질문에도 선뜻 나서지 못했고 발표할 마음도 없어 보였다. '이 친구들에게 필요한 것은 무엇일까?' 학생으로서 필요한 자세와 교사로서의 역할이 무엇인지 스스로 생각해 보고 고민했다.

학생들에게는 먼저, '학교는 틀리는 곳이다'라는 말을 담임교사로서 1년간 강조하였다.

"너희들이 성인이 되어 세상을 나가기 전까지 틀릴 수 있는 기회는 초등학교, 중학교, 고등학교 때까지다. 발표할 때 틀리는 것을 두려워하지 말고 기회가 되면 자신의 의견을 잘 내놓을 수 있도록 하자. 틀린다고 해서 너희들을 무시하지 않을 것이며, 내가 가르쳤던 내용이거나 너희들이 잘못 알고 있던 내용들에 대해서도 탓하지 않을 것이다."

처음엔 울먹이며 대답하던 학생들도 몇몇 있었지만, 하나둘 용기 내어 발표하는 모습에 재촉하는 교사보다 여유롭게 기다려주는 교사가 되기로 마음먹었다. 학생들은 정답만을 말하려는 경향이 있다. 하지만 그보다 먼저 의견을 자연스럽게 말하고 토론하는 문화가 선행되어야 한다. 그러기 위해 내가 실천할 일은 '기다려주는 배려'와 '바라봐 주는 존중'이었다.

첫째, '기다려주는 배려'는 친구가 발표할 때 끼어들지 않고 기다려주는 것을 말한다. 설령 발표자가 답을 이야기하지 못하더라도 스스로 "좀 더 생각해 보겠습니다."라는 말이 나오기 전까지 그 친구의 생각하는 시간을 방해하지 않도록 학생들에게 부탁했다. 옆 친구가 정답을 알려주거나 힌트를 주는 것은 발표하는 학생의 생각하는 시간을 뺏는 것이기에 자신의 지식을 뽐내는 것은 지양하도록 했다.

둘째, '바라봐 주는 존중'은 발표하는 학생이 자리에서 일어나면 모든 학생들은 그 친구를 바라보게 하고, 발표하는 학생 역시 모든 학생들이 자신을 보고 있다 생각되면 발표하도록 했다. 가장 쉬운 행동이면서도 가장 어려운 실천이다. 처음에는 연습이 필요하지만, 익숙해지면 필기를 하던 학생들 역시 연필을 놓고 발표하는 학생을 바라봐 주었다. 아무 이유 없이 이런 규칙을 만들면 학생들은 그 당위성에 대해 의심을 하겠지만, 그 이유를 인성 지도와 연계하여 다음과 같이 설명해 주었다.

"너희들이 이야기를 하고 있는데 누군가 바라봐 주지 않았을 때 어떤 느낌이 들었니? 너희들도 발표할 때가 있지 않니? 다른 사람이 발표할 때 바라봐 주지 않으면, 어떻게 자신이 발표할 때 똑같이 존중받을 수 있겠니? 서로 경청하는 것이 참 중요하단다."

그 학생들은 이제 6학년이 되었다. 한 학교에서 몇 년을 근무하면 좋은 점이 있다. 내가 가르쳤던 학생들 가까이에서 성장 과정을 지속적으로 관찰할 수 있다는 것이다. 지나가는 말이지만 "6학년 아이들이 너무 마음에 든다."라는 현재 담임선생님의 말 한마디에 또 앞으로 나아갈 용기를 얻게 된다.

교사의 업무는 편의보단 목적을 생각할 때 가치 있다

보배섬에서 교무부장으로 2년째 지내며 업무에 대한 생각이 많이 변했다. 나와 다른 생각을 가진 교직원들의 의견도 받아들일 수 있는 아량과 본인의 업무로 힘들어하는 선생님들을 도울 수 있는 여유도 생겼다. 학교 행사의 목적과 학교 비전과의 연관성, 교육적 가치를 따져볼 수도 있게 되었다. 각자의 업무에서 최선을 다할 때 학교가 힘차게 움직인다는 것을 깨달았다.

모든 교사의 업무 스타일은 다르다. 교사 상호 간에도 눈에 보이지 않는 업무에 대한 철학이 있다. 업무를 빠르고 추진력 있게 하는 사람이 있는가 하면 꼼꼼히 천천히 하는 사람도 있다. 목적과 방침을 교사 본인이 행사와 계획의 성격에 맞게 새로 설정하는 사람이 있는가 하면 똑같은 목적, 방침과 날짜만 다르게 하는 사람도 있다. 심지어, 일을 만들어하는 선생님도 계신다. 실로 다양하다. 하지만, 가장 우려하는 업무 스타일은 교사 본인의 생각이 없는 업무이다. 수단을 악용하면 요행이 된다. 전년도의 계획을 참고하더라도 참고와 개선을 위한 자료로 활용해야 하는데, 그것을 전부로 생각하는 교사들이 있다.

교사의 업무는 아이들을 가르치는 일에서 끝나지 않는다. 업무분장이라고 하는 짐 하나씩 또는 여러 개의 짐을 어깨에 올려놓는다. 그 중압감을 쉽게 표현하자면,

'퇴근은 했지만, 머리는 학교에 두고 온 느낌이라고 할까?'
'자전거 페달인 줄 알고 열심히 밟았는데 다람쥐 통 안이라고 할까?'

영원히 끝나지 않을 것 같은 업무의 뫼비우스 띠가 내 머릿속에서 떠나지 않음을 느낄 때 스트레스로 가득 차게 된다. 젊은 교사들의 평범한 일상 중 내가 직접 겪었던 설상가상의 상황을 제시해 보겠다.

아침에 눈을 떴다. 꿈은 꾼 것 같지만 기억에 남지 않는다. 전날 잠을 불편한 자세로 잤는지 몸이 뻐근한 채 운전하여 학교에 도착한다. 출근 시간이 8시 40분이라 40분에 정확히 도착했지만 무언가 찝찝한 기분이 든다. 혹시나 관리자분들과 마주칠까 교무실을 지나쳐 바로 교실로 간다. 교실로 들어가기 전부터 우리 반으로 추측되는 곳에서 큰 소란이 있는 것 같다. 아이들끼리 고성이 오가는 싸움을 하고 있다. 뭔가 이상해서 눈을 돌렸는데 관리자분께서 나를 보고 계신다. 아름답지 않은 시작이다. 그날따라 비가 와서 그런지 학생들의 수업 참여 모습이 활발해 보이지 않는다. 쉬는 시간 잠시 숨 좀 돌릴까 하는데 교사 휴게실이 없다. 마땅히 갈 데가 없어 교무실에 갔는데, 오늘까지 나갈 공문에 대해 질문을 하신다. 그때 아직 수립하지 않은 계획에 대해 관리자의 호출이 있다. 점심 식사 시간 우리 반 아이들이 떠들어 다른 반 선생님이 고함을 치신다. 방과후수업에 학생들을 보낸 후 교실에서 업무를 하려고 한다. 그때 긴급히 협의할 사항이 있다며 교무실로 오라고 한다. 회의가 끝나자 아무 일도 못한 채 집에 갈 시간이 되었다. 하던 일을 좀 하고 집으로 가는 동안 차가 막힌다. 휴대폰으로 전화가 와 받았는데 학부모님께서 우리 아이가 학교에서 맞고 왔다며 소리를 지르신다.

업무할 시간은 학생들을 지도하고 수업이 끝난 후 잠시 쉴 수 있는 쉬는 시간 10분이나 방과 후 잠깐의 시간이 주어진다. 하지만 그 또한 이런저런 이유로 여유가 없다. 자투리 시간을 잘 쓰는 교사와 그렇지 않은 교사의 삶의 질은 다를 수밖에 없는 구조이다. 그 많은 공문은 누가 처리하며, 그 많은 계획은 누가 실행할 것인가? 이런 이유로 업무를 편하게 하고 싶은 마음이 간절하기만 하다.

작년의 계획에서 부분 수정을 하고, 그 전년도 학교 행사에서 보완해야 할 점이 눈에 보여도 그 필요성을 느끼지 못하고 그대로 답습하는 것이 학교 현장의 퇴행적인 모습이다. 쉽게 말해 고인 물이다. 물은 고이면 썩게 되는데 학교가 멈추면 아이들에게 그 피해가 간다. 관리자의 눈에는 그게 잘 보인다는 것이 문제이다. 교사 스스로가 바쁜 학교 일상과 업무로 그 눈을 가리기 때문이다. 관리자들에게 지적을 당하면 부끄러운 감정이 들고 학교에 가기 싫어지는 이유이기도 하다. 그러니 교사의 자존감을 지키기 위해선 더더욱 자신의 업무는 책임감 있게 해야 한다. 교사의 업무는 편의보단 목적을 생각할 때 가치 있기 때문이다.

스트레스와의 이별

보배섬에 3년을 살며 달라진 점이 있다면 건강을 되찾은 점이다. 3년 전 진도로 내려오기 전은 신규교사 시절이라 스트레스를 해소하는 방법을 몰랐다. 잦은 술자리나 친구와의 만남 때문에 아침 출근이 버거웠고, 학교의 사소한 업무에도 스트레스를 받았다. 30대라는 젊은 나이에 통풍, 비염, 부종, 탈모 등 크고 작은 병을 얻게 됐다. 좋지 않은 건강 상태로 진도에 내려온 후 3년이 지난 지금은 눈에 띄게 건강한 새사람이 됐다. 그 이유를 곰곰이 생각해 보면 보배섬에서의 생활이 나에게 스트레스를 주지 않았기 때문이다. 광주가 집인 나에게 진도 섬 생활은 기대 이상이었다.

첫 번째 이유는 휴식과 자유 시간이다.

"여보, 언제 들어와요? 빨리 와서 애기 좀 봐줘요."
"학교 일이 아직 안 끝났어요. 곧 들어갈게요."

라떼 시절 예전의 선배 교사들은 퇴근 후 육아와 학교 일을 동시에 어떻게 했는지 존경스러울 뿐이다. '주말부부는 전생에 공덕을 쌓아야 한다.'는 우스갯소리가 있다. 자신만의 자유시간이 주어지기 때문에 나온 말이다. 육아와 가정으로부터 한 발자국 떨어져 지내는 강제 주말부부는 마음속 가족을 향한 그리움을 느끼게 하는 대신 충분한 휴식을 보장함으로써 신체 건강과 바이오리듬을 개선하게끔 해 주었다.

둘째로 업무시간의 자율성이다. 출퇴근할 수 없는 거리에서의 관사 생활은 언제든 학교에 나와 부족한 학교 업무를 처리할 시간을 보장해 줬다. 업무가 많고 적든 준비할 시간이 있다는 것은 행복한 것이었다.

세 번째 이유는 관사에 사는 동료 교사와의 만남이었다. 보배섬에서 누릴 수 있는 친환경 지역 요리와 천혜의 환경 속에서 이루어지는 만남은 내 영혼을 풍성하게 해줬다.

"오늘은 어디로 갈까요?"
"송가인 생가에 들렸다가 세방낙조에서 해넘이 봐요."

"오늘은 낙지비빔밥 어때요?"

"쏠비치 야경도 보러 가요."

섬 생활을 하며 가장 큰 어려움이 바로 외로움인데, 같은 환경의 동료 교사와 함께 대화하며 스트레스를 푸는 기회는 지리적 환경이 만들어낸 섬 생활이 아니고선 접하기 쉽지 않은 힐링 타임이었다.

회의와 만남의 한 끗 차이

"아니, 오늘 또 모입니까? 학생들 지도할 시간도 부족한데."

선생님들의 볼멘 목소리를 들을 때마다 교무부장으로서 학교 일정을 어떻게 조정하는 것이 좋았을까? 반성을 하게 된다. 미래의 학교는 소통과 협력의 문화를 강조하고 있지만, 대부분의 교사들은 '회의와 협의'라는 용어를 불편하게 생각하기 때문이다. 기초학력 지도할 시간마저 부족한 실정인데, 회의나 잦은 모임은 학생 지도에 방해가 될 수도 있다. 학교 중요 사안과 협의 안건에 대해 교육공동체의 의견을 묻고자 할 때 과연 어떻게 할 것인가? 몇 가지 원칙을 세우고 운영해 보았다.

첫 번째 원칙은 긴급한 학교 관련 안건 외엔 모이지 않는 것이었다. 정기적인 회의는 갖되 그 횟수와 규모를 회의 성격에 맞게 세분화했다. 예를 들면, 교직원 모두 참석하는 월례회를 통해 월 1회 학교의 중요 사안에 대해 되돌아보고 논의할 수 있다. 또, 격주로 관리자와 보직교사, 행정실장을 대상으로 한 팀장급 회의를 할 수 있다. 단, 회의나 협의에서 지켜야 할 것은 안내와 전달, 지시를 위한 자리가 아닌 '토론과 논의'가 바탕이 되어야 한다는 것이었다.

두 번째 원칙은 긴급 사안을 최소화하는 것이었다. 미리 일어날 일을 예상하고 준비함으로써 학교 운영이 강요받거나 무리하게 진행되는 일이 없도록 사전에 관심을 가졌다. 학교 운영과 직결된 긴급 사안에 대해서만 회의를 진행하고, 업무에 큰 지장이 없다면 SNS, 메신저를 통한 의견 수렴 또는 직접 교직원들을 찾아뵙고 의견을 청취했다. 교직원들의 일할 시간을 보장해 드리기 위함이었다.

세 번째 원칙은 수업 시간이 아닌 시간을 활용하여 교직원들 간에 티타임을 자주 갖는 것이다. 교무실을 편안한 카페처럼 만남의 장소로 만들기 위해 커피 테이블과 커피 머신도 비치했다. 교무실 옆 이용하지 않는 방송실 내부를 학생자치회와 선생님의 휴게실로 꾸며 놓기도 했다. 커피 한 잔의 여유와 함께 교사 간 더 잦은 만남의 시간이 눈에 보이지 않는 협력과 소통의 시작이었다.

학교에 정주기

보배섬 교사들 중에는 진골이라고 불리는 분들이 있다. 마치 신라시대의 골품제에 나오는 귀족 진골을 떠올리게 하는 이 말은 그 뜻이 실로 재미가 있다. 보배섬의 진골은 바로 '진도에 뼈를 묻은 교사들'을 말한다. 고향은 타지역이지만 과거 진도로 발령을 받아 진도가 고향인 여성 또는 남성을 만나 사는 사람들. 진도를 사랑하기로 한 교사들. 진골 교사들은 진도에 정을 주고 사는 사람들이며, 진도 교육을 지키는 수호자들인 셈이다.

그런데, 역으로 말하면 진골 교사들의 수는 극히 드물다. 보배섬에 사는 교사 대부분이 타지역에 기반을 둔 사람들이기 때문이다. 특히, 목포에 거주지를 둔 교사들은 6개월 또는 1년 만에 다시 목포로 들어가기 위해 진도를 선택하는 경우가 많았다. 과연 그 동료 교사들에게 보배섬과 학교에 정을 붙일 수 있는 기회를 만들어 주는 것이 가능한 것일까? 이것이 인사 제도의 맹점이라면? 지역적 특수성이라 어쩔 수가 없다면? 거점 지역이 아니라 점수를 따는 섬 지역이라서 그렇다면? 학교에 정을 붙이는 것이 애초에 불가능한 미션일지도 모르겠다.

학기 말이 되면 학생들 입에서 '선생님 내년에 계세요?'라고 물어보았을 때 자신 있게 답을 주는 교사가 몇이나 될까! 보배섬의 아이들은 우리 선생님이 진도에 살고 있지 않으면 이미 곧 떠날 선생님으로 인지하고 있는 실정이다. 그래도 1년이란 짧은 시간 동안이지만 충실히 제자리에서 역할을 다 해주시는 훌륭한 선생님들을 보고 있자면 어쩌면 이 일이 가능할지도 모르겠다는 마음이 들었다. 그렇게 나 또한 보배섬에서 3년이란 세월을 보냈다. 학교가 달라질 수 있다는 것을 믿고 진도를 지켜나갔다.

보배섬에서 보낸 시간은 비록 짧은 시간이지만, 혁신의 기치 아래 더 이상 신규교사의 발령지가 아닌 경쟁력 있고 역량 있는 선생님들과 교육지원청의 아낌없는 지원을 바탕으로 성장하고 발전하고 있다. 이미 결혼한 몸이라 보배섬 학교와 사랑에 빠진 진골은 될 수 없겠지만, 6두품 정도는 되어야 하지 않을까? 그만큼 보배섬과 학교에 정이 많이 붙었다. 언제가 될지 모르지만 교직 생활 중 또다시 이곳을 찾게 되길 소망한다.

학교 오기 신나는 학부모

학교 오는 학부모? 라떼는 말이야

보배섬 학부모님들의 큰 특징이자 장점이 있다. 바로 학교 오는 것을 꺼려 하지 않는다는 것이다. 생업 때문이 아니라면, 학교의 행사에 잘 참석하시고 관심도 대단하다. 섬마을 학부모라고 무시했다가는 큰 코 다칠 수 있다. 학교를 신뢰한다는 것은 학교의 비전과 선생님들을 신뢰한다는 것인데, 학부모가 학교를 바라보는 시선이 사랑스러우면, 그보다 더 좋을 상황은 없다.

학부모가 학교에 자주 오는 것은 학교와 학부모 입장에서 심히 부담스러울 수 있다. 학교에 자주 오는 학부모들을 '라떼시절'에는 치맛바람 또는 촌지 문화라 일컬었다. 이제는 어떠한가? 투명하고 청렴한 학교 현장에서 학부모님들에게 학교에 대한 신뢰를 줄 수만 있다면 학부모님들과 지역 사회의 참여를 더 이끌어낼 수 있다고 믿는다. 그 이유는 직접 보배섬의 한 학교에서 근무하며 경험한 일이기 때문이다.

첫 근무해에 학부모들은 상담활동과 학교교육과정 설명회, 학부모와 함께하는 행사에 참여하여 학교에 대한 냉소적이고 불편했던 경험들을 털어놓았었다. '학생들이 학교 방과 후 프로그램을 재미없어한다, 오케스트라부 운영이 너무 강압적이라 학생들이 싫어한다, 현장체험학습의 운영 요일이 평일이라 다음 날 학생들이 힘들다, 군 학생 체육행사에서의 학교 순위가 낮아 창피하다, 학교 숙제가 너무 적다.' 등 평소 학부모들의 고민거리를 함께 나누고자 했다. 사소한 문제라 치부하고 넘기게 되면 학부모와의 유대 관계에 금이 생길 수 있다.

즉시 해결할 수 있는 사안들을 신속히 해결하고자 했다. 먼저, 오케스트라부의 강사들과 학생들의 관계를 회복하기 위해 강사 교육을 실시하였고, 즐거움이 있는 오케스트라부가 되기 위해 일회성 대회 참여나 행사 지원을 없애고자 했다. 그리고 학부모님들과의 한자리 모임을 통해 오케스트라부의 비전과 학교 특색교육으로서의 가치를 다시 한번 강조하였다.

장기적인 관점에서 해결할 사안들에 대해서는 정확한 수요 조사와 설문 분석을 병행했다. 다음 학년도 방과 후 프로그램에 학생, 학부모들이 선호하는 배구부를 신설하였고, 아침 활동으로 자율적인 걷기 활동과 축구부 자율동아리를 개설했다. 특히, 1년간 노력을 통해 군 청소년 축구 대회에 참여하여 수년 만의 첫 골 맛을 학부모들에게 선사했고 준우승까지 하는 쾌거를 이루었다. 또, 현장체험학습 후 다음 날 학생들이 힘들어한다는 의견을 듣고 연간 학사일정의 수학여행, 야영수련활동, 현장체험학습 일정을 주말과 공휴일 하루 전으로 편성하였다.

이제는 학부모들의 요구가 있기 전에 학교가 먼저 한발 앞서 과제들을 발굴하고 해결하는 교육 행정을 실천하는 여유도 갖게 됐다. 학교가 학부모들에게 무언가를 바라는 것이 있다면, 묵묵히 자신의 자리에서 최선을 다하는 선생님과 배움이 일어나는 학교를 믿어 달라는 것이다. 이제부터 다루게 될 주제는 학교에서 일어나는 보배섬 학부모들의 이야기이다.

섬마을 잠자는 학부모를 깨우다

2018학년도 3월, 진도로 발령을 받고 4학년 학부모님들의 첫인상에서 느낄 수 있었던 것은 '목마름(갈증)'이었다. 그분들의 가장 큰 고민은 자녀들의 학력과 교우 관계였다. 게다가 자녀와의 관계가 원만하지 않아 개선 방법을 궁금해하는 학부모도 있었다. 그 고민들은 어느 정도 예상할 수 있는 고민거리들이었기 크게 놀랍지는 않았다. 대신 학부모님들에게는 교사로서 학생들을 위해 할 수 있는 것들을 차근차근 말씀드렸다.

먼저, 학력 부분은 소위 '공부를 잘하는 학생'과 '공부에 자신감이 없으며 학습 동기 역시 부족한 학생' 두 부류로 나누어 조심스레 접근했다.

학부모 상담 주간에 일찍 학교로 찾아오는 학부모는 자녀가 공부를 더 잘하길 원하는 분들이었다. 자녀들은 이미 학원을 다니고 있거나 방과 후 프로그램을 선택하지 않고 개별 과외활동을 하고 있으며 가정적으로도 안정적이었다. 학습 면에 있어서 아무 문제가 없을 것 같은 학생들을 천천히 살펴보았다. 학업 스트레스와 부담감이 강했으며 학원을 그만 다니고 싶은 마음이 굴뚝같았고, 부모와의 대화가 공격적이거나 단절된 느낌이 강했다. 학부모님들은 '학원을 다녀야만 진도읍에 있는 다른 학생들과 비교해 뒤떨어지지 않을 것이다.'는 위기의식이 있었다. 강제적으로 학원을 다니고 공부를 하는 것은 장기적으로 역효과가 나타날 수 있기 때문에, 자율적으로 학생들이 공부할 수 있는 환경을 만들어 주어야만 했다. 적절한 내·외적 보상과 부모와의 가벼운 대화를 통해 학생들의 힘든 점을 들어주고 잔소리를 줄여달라고 부탁드렸다.

기초학력이 낮거나 학습 동기가 부족한 학생들의 경우, 부모님의 관심과 기대치가 낮았다. 주로 부모님이 선생님에게 전화를 하는 경우보다는 교사가 학부모에게 먼저 전화를 걸어, 문제의 심각성을 공론화하는 경우가 더 많았다. 어떤 의미에선 성공적인 보배섬 교사 생활을 위한 큰 숙제를 안겨주는 학생들이었다.

학기 초 수학 시간, 과정 중심 평가를 실시하며 지필 평가를 볼 때였다. 갑자기 학수가 울기 시작하더니 말릴 틈도 없이 시험지를 찢어버렸다. 문제를 풀고 싶었지만, 2학년 때 제대로 배우지 못한 구구단 때문에 연산을 할 수 없었던 모양이다. 나는 교사 생활 처음 겪어보는 상황에 어쩔 줄 몰라 크게 화만 냈다. 나 자신이 부끄러워졌던 순간이었다. 이 일로 학수 부모님과 통화를 했다. 한데 부모님의 반응은 날 더욱 당황스럽게 만들었다. 말을 듣지 않으면 때리라는 말씀이었다. 체벌이 사라진지 언제인데, 교사에게 때려서 가르치라고 하시는 건지. 무척 난감했다.

아무튼 같은 반 13명 학생들에게 학수를 위한 이해와 배려를 부탁했다. 친구들 간 사용 언어도 명령이나 지시가 아닌 권유와 요청의 언어를 사용하길 학급규칙으로 정했다. 또, 수학 시간에는 함께 공부할 수 있는 친절한 파트너를 두었다. 발표를 잘했든 못했든 학수가 자신의 이야기를 하려고 손을 들면, 발표의 우선권을 주었고 성공의 기회를 더 맛보게 했다. 누군가는 발표의 우선권을 역차별이라고 생각할 수도 있겠지만, 그동안 발표의 기회를 충분히 받지 못했던 학수에게 미안한 마음이 들었기 때문이다. 더불어 정답에 가까운 답을 하지 못해 계속 서 있는 학수를 위해 선심 쓰듯 정답을 옆에서 이야기해 주는 학생들에 대한 경고이기도 했다. 발표가 어려운 것이 아니며 자신의 의견을 이야기하는 것이 두려운 것이 아님을 알게 하였다. 친구들 역시 너를 탓하는 친구들이 아닌 평생토록 보배섬을 지키는 동반자라는 것을 학수에게 알게 해주었다. 얼마 지나지 않아 학수 주위에 친구들이 모여들었고, 선생님이 아니어도 선생님의 역할을 해주는 학생들이 늘었다. 그렇게 아이들은 기초학력이 부족한 학생들에게 한 명 한 명 부족한 점을 채워주는 선생님들로 다시 태어나고 있었다.

다음으로 교우관계 개선을 위해 인성교육 전문 인력 양성과정에서 배운 LCSI[46] 성격 검사와 인성교육 놀이를 활용하였다. 검사를 통해 학생들의 성격과 행동 특성, 대인관계 등을 파악하였고 그에 알맞은 인성교육 놀이를 학급 특색활동 시간에 진행하였다. 1년이 지난 후, 자신감이 부족했던 학생은 교실 내에서 발언권이 생겼고, 명령과 지시를 하던 학생은 "~해 줄래?"와 같이 요청과 권유의 문장을 사용하게 됐다.

학부모에게는 잦은 상담을 통해 당부의 말씀을 드렸다. 부모의 바람 때문에 학생들의 자유를 강요당하지 않도록 말이다. 서로의 다름을 인정하고, 내 아이의 새로운 모습을 발견하도록 더욱더 많은 이야기를 나누시길 부탁드렸다.

---

46) LCSI: Lim's Character Style Inventory.

학부모 총회에서 학부모 네트워크까지

"학부모회장에 출마하실 학부모님 계십니까?"

2018학년도 3월, 학부모 총회에서 내가 했던 말이다. 순간 시청각실의 분위기가 얼어붙었다. 잠시 서로의 눈치를 보다 누군가 말을 이었다.

"아따, ○○엄마 하슈. 아그들한테 열심히드는데. 잘하것구만."

서로 등을 떠밀듯이 옥신각신하며 학부모들은 혹시나 일어날 사태로 인해 1년간 귀찮은 일이 생길까 봐 서로가 극구 사양했다.

"아니 무슨 소리 하세요? 절대 저 안 합니다. 시키지 마세요."

절대 안 하시겠다는 학부모님을 설득하는 일도 일이고, 어색해진 회의 분위기를 다시 살리는 것도 일이었다. 예정된 학부모 총회 시간을 넘길 수밖에 없었다.

"어머님, 학부모회장이 되시면 정말 귀찮은 일 없이 제가 열심히 돕겠습니다."
"선생님, 진짜 저 아무것도 안 할 거예요."

어찌어찌 학부모회장을 뽑았지만 산 넘어 산이었다. 부회장과 감사를 뽑아야만 했다. 결국, 자율적 선출이 아닌 반강제적인 과정을 거쳤다. 지금 생각해보면 창피한 일처리였다. 물론 자리에 참석하신 전체 학부모의 선거를 통해 임원들을 뽑았지만, 그 과정에서 교사는 학부모의 눈치를 보았고, 학부모는 억울해하는 웃지 못할 해프닝을 벌였다.

2019학년도에도 비슷한 전개였다. 주먹구구식으로 학부모회가 꾸려졌다. 그러나 3월이 지나고 4월이 되자, 이전 연도와는 다른 변화가 일어났다. 2019년 4월 22일, 학부모회 발대식 때 학부모회장님께서 먼저 의견을 내놓으셨다.

"학부모 교육 내용을 다른 학부모들 의견을 듣고 결정하려고 하는데, 학교에서 안내장을 발송해 주면 좋겠어요."

뜻밖이었다. 학부모회장으로서 책임감을 가지시는 것 같아 어떻게든 돕고 싶었다.

"혹시, 안내장을 학교장 이름이 아닌 학부모회장으로 나가면 어떨까요?"

혹시나 하는 마음에 평소의 의견을 내었다.

"그럼, 그러시던가요. 아 그리고, 반대표 학부모님들하고 네트워크 구성하려고, 지난번에 연락해서 카페에서 만났어요."
"아니, 벌써 만나셨어요? 어떻게 만나신 거예요?"
"지난번에 해남에서 학부모회장 네트워크 학부모 연수도 듣고 해서, 우리 학교 학부모 반대표 모임 한 번 하면 다음 학교 행사에서 연락하기 편할 것 같아서요."

학부모회장을 대상으로 진행하는 지역별 학부모회장 네트워크 연수를 듣고 실천에 옮기신 것이었다. 이후, 학부모회장은 반대표 학부모회와 함께 운동회, 한마음 바자회, 학부모 교육에서 실제 큰 역할을 수행하였다. 운동회 때는 지역 주민을 위한 음식부스를 운영하였고, 한마음 바자회 때는 학생들을 위한 바자회 부스와 음식 부스를 운영해 주셨다. 또, 학부모 교육에서는 학부모 참석을 독려해 참여율을 크게 높이기도 했다.

이러한 발전 속에는 정책 상 큰 변화가 있었는데, 바로 전남 학부모회 조례가 지정된 것이 큰 역할을 했다. 학교별로 학부모회 규정이 생겼기 때문이다. 더불어, 2020학년도에서는 학부모회 구성 과정이 크게 변화되었는데, 그 선출 과정이 학교 운영위원회를 선출하는 과정과 크게 다르지 않다.

학부모 자치가 제대로 운영되는 모습을 보기 위해서는 2020학년도가 중요했지만, 안타깝게도 코로나19로 인해 학부모회의 활동이 정체되고 말았다. 학교 행사가 축소되거나 취소되었기 때문이다. 예전만큼 학부모회의 활발한 활동 모습은 볼 순 없지만, 코로나19로 인해 학교와의 소통이 어려워진 시점에도 학부모 네트워크는 학교와의 소통의 창구로서 크게 기여하고 있다.

학부모 기능위원회 활용하기

학부모회에는 학부모 총회와 대의원회, 반대표 학부모회 이외에도 학교의 행사를 지원하는 세 가지의 학부모 기능 위원회가 있다. 예술·독서위원회, 에코 봉사위원회, 체육봉사위원회가 바로 그것이다.

학교에는 재능기부와 봉사를 하고 싶어 하시는 학부모들로부터 문의가 자주 들어온다. 그런 분들을 위해 학부모회 산하에 세 가지 기능 위원회를 두고 학교 행사의 성격에 따라 각 위원회에서 도움을 주는 역할을 한다.

학부모 기능 위원회의 성격은 학교의 목표와 중점 또는 학교 특색교육과 연관성 있게 설계해야 학교와 학부모가 한곳을 함께 바라보며 나아갈 수 있다.

예술·독서 위원회에서는 학부모가 돌아가며 책 읽어주는 아침 활동과 독서 행사, 문화예술체험행사로서 강강술래 축제, 오케스트라 대회를 지원한다. 체육봉사위원회에서는 축구 재능 기부, 육상 및 배구·축구 대회 지원, 운동회 행사를 지원한다. 에코 봉사위원회는 친환경 생태텃밭 조성 지원, 김장체험활동 등을 지원한다. 기능별 학부모회가 실질적으로 학부모회를 이끌어가는 손과 발인 셈이다.

가장 기억에 남는 행사는 에코 봉사위원회의 김장체험활동이다. 9월 초 배추를 심기 위해 봄여름 수확 후 어지럽혀진 텃밭을 에코 봉사위원회 학부모님들께서 학생들이 농작물을 심기 편하도록 환경을 조성해 주셨다. 그리고 12월 배추를 수확한 후에는 배추를 자르고, 소금에 절이고, 양념을 하는데 학생들과 함께 김장을 하는 일련의 과정에서 매일같이 나와 큰 손길과 응원을 주셨다. 이렇게 전교생과 교직원, 에코 봉사위원회의 손을 거쳐 탄생한 김장 김치를 각 가정과 지역 경로당에 나눔으로써 진정한 함께하는 봉사의 가치를 느낄 수 있었다.

학부모가 즐거운 학교 행사

"아이고 안녕하세요? 어머님, 희철이 4학년 담임입니다."

학부모 상담을 하다 보면 대면 없이 전화로만 상담을 하는 학부모님들이 의외로 많다. 진도는 섬이지만 농업에 종사하시는 분들이 꽤 있으시다. 또, 다문화가정 중에서도 생업으로 바쁜 학부모님들이 많은 편이다. 경제적으로 여유가 있는 어업, 양식업을 하시는 분들과 서비스업, 자영업을 하시는 분들은 학교의 행사에 자주 참석하시는 편이다. 반면에 3년 동안 얼굴을 한 번도 못 본 학부모들도 전체 1/3에 이른다. 비단 보배섬 학부모에만 해당되는 내용이 아닐 것이다. 형편 상 학교에 못 오시는 학부모님, 생업에 따라 참석이 어려우신 학부모님, 학교에 오는 것이 부담스러운 학부모님.

"어떻게 하면 학교 가기 즐거운 학부모가 될 수 있을까?"

이런 고민에 대한 명쾌한 해답을 제시할 순 없지만, 관련 사례가 있어 이야기해 본다. 학교 행사를 치르고 학부모님들이 한 번 더 해달라는 학교 행사는 거의 없었지만, 소개하는 사례는 학부모들로부터 한 번 더 했으면 좋겠다는 의견을 들었다.

2019학년도에는 봉사와 기부에 대한 마음을 학생들과 나누고자 한마음 바자회를 학교 최초로 실시했다. 학생들이 주체가 되어 다모임 자치활동을 활용하여 한마음 바자회의 시간, 장소, 운영 방법, 기부 대상 등을 스스로 결정했다. 그 과정에서 학부모회와 학부모 네트워크의 도움을 받아 학부모 담당 기부 부스와 음식 부스를 지원받기도 했다. 교원들 역시 교원들이 기부한 물건으로 교직원 부스를 운영하였고, 마치 하나의 큰 오일장이 학교 강당에 그대로 옮겨 놓은 듯 와자지껄 분주한 그림이 그려졌다. 학년별 부스 6개, 교직원 부스와 학부모 부스에서 모은 성금은 학생들의 의견대로 장애인복지 및 노인복지센터에 한 겨울을 이겨낼 수 있는 따뜻한 이불로 전달되었다.

비록 1시간의 짧은 시간이었지만 학교 운동회 못지않게 많은 사람들이 모여 즐겁게 학교교육과정을 즐겼다. 이는 학부모가 참여할 수 있는 프로그램을 다양하게 만들어 나가야 한다는 시사점을 던져주었다. 학교에 한 번도 안 온 학부모는 있어도 한 번만 오는 학부모는 없기 때문이다.

다자녀가정 학부모의 이유 있는 방문

우리 학교에는 유치원, 2학년, 4학년 쌍둥이, 6학년에 재학 중인 학생 5남매의 다자녀 가정 학부모님이 계신다. 특이한 점은 이 학부모님의 자녀가 5남매가 아닌 10남매라는 점이다. 재학 중인 학생들의 형, 누나들 역시 우리 학교를 졸업했다. 실로 학교의 터줏대감 격이다.

10년 이상을 계속 한 학교의 학부모로 있다는 것은 학교 역사의 산증인이며, 학교로서는 큰 자산이다. 학교의 행사에 적극 참여와 지원을 해주시는 선봉장이시며, 학부모님들의 목소리를 전해주는 대변인 역할까지 하신다. 현재는 학교 운영위원으로 중요한 사안에 대해 참여하여 의견을 내놓으시며 학교 발전에 큰 공헌을 해주고 계신다.

5남매가 재학 중이기 때문에 학교에 자주 오시기도 하시지만, 다양한 학년에 자녀들이 있기 때문에 각 학년의 정보를 가장 빨리 알고 계신다. 더불어, 학교 운영의 흐름과 변화를 재빨리 감지하고 학부모의 입장에서 학교 분위기, 학생들의 상태 등을 파악하고 계신다.

일례로 학교 운동장을 걷다 골프공이 떨어져 있는 것을 본 적이 있었는데 그 출처를 알 수가 없었다. 누가 흘린 것인지 아니면 어떤 학생이 가지고 놀다가 실수로 빠뜨린 것인지 몰랐다. 때마침 전화가 걸려왔다.

"안녕하세요? 선생님. 학교 옆 검은색 지붕 집에서 요즘 간이 골프장을 만들어서 치고 있는데, 골프공이 학교까지 날아가 위험하지 않을까 염려되어 전화드렸어요. 얼마 전에 학교 운동장에서 골프공을 본 적도 있고요."

바로 그날 학부모님의 도움으로 그 검은색 지붕 집을 찾아가서 조치를 취하고 해결할 수 있었다.

또, 학교 운영위원뿐만 아니라 학부모 기능 위원회 중 에코 봉사위원회 회장을 맡으셔서 학교의 텃밭 조성을 위한 작업이나 김장체험학습을 위해 큰 노력을 해주셨다. 학부모님을 학교의 편으로 만들 수 있다면 그것은 학교의 홍보와 이미지에도 큰 효과를 볼 수 있다. 학교가 학생들의 교육을 위해 노력한다는 것을 보여 줄 수 있으며, 이렇게 코로나19로 정상적인 운영이 불가한 상황에서 학교가 아무것도 하지 않는다고 생각하는 학부모님들에게 학교는 눈에 보이지 않는 역할을 수행하고 있다는 것을 알려 줄 매개자가 될 수 있다.

대부분의 보배섬 학부모님들은 자녀들이 다니는 학교의 졸업생이자 선배이다. 따라서 학교에 대한 관심과 애정이 누구보다도 클 수밖에 없다. '학교에 잠깐 있다 가는 이방인 교사로 기억될 것인가? 더 오래 머물러 주셨으면 하는 교사가 될 것인가?'는 그 학부모님들 눈에는 다 보인다.

특수가정 학부모 대하기

복도에서 용대가 입술에 피가 난 채 울고 있어 왜 우느냐고 물었더니,

"앞에 서 있는 상렬이 어깨를 마사지해 주고 있었는데, 상렬이가 아프다고 하지 말
라며 돌다가 팔꿈치로 쳤어요."

팔꿈치로 친구를 때린 상렬이는 무척 난감해하고 있었다. 자신은 원한
적이 없는데 마사지를 해주니 급히 움직이다 자기도 모르게 용대를 다치
게 했다는 것이었다. 고의로 발생한 상황이 아니라 서로 흔쾌히 화해를 했
다지만, 문제는 입술에 피가 나는 용대에 대한 학교의 대처였다. 용대는
조부모님께서 키우고 있는 실정이라 상당히 조심스러웠다. 더군다나 방과
후수업 시간에 담임선생님이 조퇴 한 상황이라 그 학생이 하교하기 전 상
황 정리가 필요했다. 담임선생님께 상황을 말씀드리고자 연락을 시도했지
만 받지 않아서 교무부장으로서 할머님께 전화를 드렸다. 할머니께서는

"아이구, 친구들끼리 커가면서 그랄 수 있지라. 걱정 마셔요, 선상님. 쪼까 입술 다
친 것은 금방 낫어유."
"예, 약도 바르고 했지만, 할머님, 할아버지께서 걱정하실까 제가 담임선생님은 아
니지만 연락드렸습니다."
"아이구 감사합니다."
"저야말로 이해해 주셔서 감사드립니다."

'군이 연락 안 드려도 될 것 같은데?', '할머님께서 화내시면 어떻게 하지?' 불편한 상상만 하고 전화를 드리지 않았다면 알 수 없는 결말이었을 것이다.

섬 지역에는 조부모 가정, 다문화가정, 한 부모 가정이 많다. 부모가 아이만 놔두고 돈 벌기 위해 타지로 나간 경우, 해외 결혼한 경우, 가정불화로 이혼 한 경우 등 그 이유는 다양하다. 이러한 가정에는 더욱더 학교의 세심한 배려와 이해가 요구되기 때문에 관심이 갈 수밖에 없다.

가끔 장학금 관련 공문이 올 때가 있다. 교무부장 첫해에 장학금 관련 업무를 처리했는데 한 사설 재단으로부터 도움이 필요한 특수가정 대상 학생 장학금 신청을 받는다는 공문을 받았다. 신청 방법이 까다롭고 복잡해 보여 임의대로 판단해 문서 처리해버렸다. 눈먼 시간이 흘러 일주일 후 교장선생님께서 혹시 장학금을 신청했느냐고 물어보셨다.

"하지 않았습니다."

"우리 학교에 장학금 대상이 되는 학생이 없습니까?"

"……."

"왜 이런 중요한 것을 신청하지 않습니까?"

다행스럽게도 기한이 남아 한 특수가정에 70만 원의 장학금을 신청할 수 있었다.

그 순간에는 "귀찮아 보여서 할 수 없었습니다."라고 답을 드릴 수 없었다. '난 왜 이리 무심한 걸까? 내가 생각이 짧았구나! 난 아직 많이 부족한 것 같아. 다음에 잘해야지.'

그 후로 상금, 장학금 관련된 내용의 공문을 꼼꼼히 읽는 버릇이 생겼다. 그분들의 가정을 따뜻한 마음으로 이해하지 못했던 자신이 부끄러웠다. 업무의 마무리는 디테일에서 차이가 난다는 교장선생님의 가르침을 가슴 깊이 새겨본다.

선생님, 내년에도 계세요?

지금 진도의 초등학교에서는 인사이동이 잦은 편이다. 특히, 지금 근무하고 있는 학교에서도 2~3년간, 매해 약 70~80%의 교원이 바뀌고 있다. 많은 선생님들은 왜 1년 만에 학교를 옮기는가? 아니, 왜 옮길 수밖에 없는가? 일신상의 이유로 또는 인사 제도의 이유로 진도의 초등학교에서는 문제 아닌 문제점이 되어가고 있다. 한 초등학교에 교사로서 근무할 수 있는 기간이 보통 4년이다. 그런데, 1년 만에 다른 학교 또는 다른 지역으로 다수의 교원이 한 번에 교체된다면 교육 역량 결집에 대한 손실은 학생, 학부모에게 고스란히 넘어갈 수밖에 없는 실정이다. 학교의 입장에서도 1년의 학교 적응을 마친 교사가 계속해서 바뀐다면 중장기적인 학교 발전을 도모하기에는 제약이 많을 것이다.

보배섬 2년 차 10월 즈음, 축구 대회 응원에 참여한 한 학부모님으로부터 묵직한 질문이 들어왔다.

"선생님 내년에도 계세요?"

'어떻게 하지? 내 마음을 들킨 것 같아.'

1살짜리 아이를 부모님께 맡기고 광주에서 진도로 내려온 터였다. 하루가 다르게 자라는 아이를 위해서라도 하루빨리 도맡아 키우려는 마음뿐이었다.

"글쎄요. 아직 결정하지 못했습니다."
"선생님 계셔서 학교가 많이 달라졌어요. 선생님 가시면 안 됩니다."

그 순간에는 형식적인 질문, 지나가는 대답으로 생각했다. 이런저런 학교 이야기도 하며 대수롭지 않게 받아들였다. 그 순간을 모면했다고 표현하는 게 맞을 것 같다. 대회가 끝나고 관사에서 쉬고 있는데 고민이 됐다.

'나처럼 가족과 떨어져 지내는 선생님들이 진도에 많다고 들었는데, 이건 나만의 문제가 아니구나! 학부모님들도 선생님이 학교를 떠나는 것이 큰 고민거리구나!'

진도라는 지역적 거리감은 타지역에 거주지가 있는 교원들에게 언제나 큰 부담거리가 될 수밖에 없다.

갈등이 시작되었다. 진도에서 2년 정도 근무를 하면 광주 근교 지인 함평군을 지원할 수 있을 것이다. 그날 이후로 가족과 학교의 선택에서 쉽사리 결정할 수 없었다. 가슴속에서 계속 그 학부모의 말씀이 맴돌았기 때문이다.

축구 대회가 있고 바로 2주 후 청소년 배구 대회가 개최되었다. 또다시 많은 학부모님들께서 응원을 위해 참여하셨다.

"선생님 내년에 계십니까?"

이번에는 다른 학부모로부터 뜻밖의 질문을 받았다. 그 학부모는 담임을 맡았던 적이 없는 다른 학년 학생의 학부모였다.

"어머님, 잘 모르겠습니다. 제게 어린 자녀가 있고 부모님께서 돌봐주고 계시는데, 이제는 아이와 함께 살아야 하지 않을까 싶습니다."
"아이고 선생님, 데리고 오세요. 제가 봐드릴게요. 애가 몇 살인데요?"
"하하하"

아이를 봐주신다는 그 학부모의 재치 있는 말씀, 그냥 웃어넘기기에는 그 마음이 너무나 감사했다. 한편으로는 교사로서 보람을 느끼는 순간이었다.

'내가 필요한 학교는 많지만, 나를 필요로 하는 학교는 지금 이 순간에는 이 학교 밖에 없다.'고 생각했다.

인사 내신 신청 1주일 전 부모님 그리고 가족들과 상의를 하고 그 보람을 찾아 일 년 더 소중한 시간을 보배섬에서 보내기로 했다. 지금은 코로나19와 함께 힘든 시간을 보내고 있지만, 힘든 시간 역시 나의 교직 생활과 인생의 일부분이기 때문에 그 모습마저 사랑하는 법을 배우고 있다고 생각한다.

걸림돌을 디딤돌로,
지역에서 미래를 꿈꾸다

너 하고 싶은 거 다 해

이성호

그동안 진도에서 하신 선생님들 활동을 들으니 가슴이 벅차네요.

문지라

저는 동료 선생님들께서 주위 시선이나 제약, 한계 때문에 아이들을 위한 교육 활동들이 좌절되는 것을 보고 매우 안타까웠어요. 선생님들이 가지고 있는 교육적 상상력이 인정된다면 삶에 뿌리를 두고 있는 아이들에게는 큰 자양분이 되거든요. 그래서 저는 선생님들의 상상력을 가둬두지 않고 '너 하고 싶은 거 다 해'라고 말하고 싶어요.

최민지

저는 진도의 소리, 진도의 예술을 찾아 유학을 오는 보배섬을 만드는 데 일조하고 싶어요. 우선 음악으로 가정에서 학교에서 생채기 난 아이들의 마음이 조금이라도 치유하고, 즐기는 기회가 있었으면 좋겠어요. 그래서 가족과 함께, 공동체와 함께하는 음악 프로그램은 어떨까 궁리하고 있어요. 물론 마을 교육공동체와 함께 해야겠지만 이런 것들이 학생들의 감성을 자극할 수 있지 않을까 생각해요.

이성호

저는 진도의 문화 콘텐츠를 영상으로 제작하고 싶어요. 진도에는 아름다운 문화 관광자원이 있지만 아이들은 그것에 대해 깊이 이해하기는 힘이 들지요. 아이들도 쉽게 접근하고 선생님들도 수업에 활용하기 편하게 만들고 싶어요. 덧붙여 진도 청소년 영화를 만들어 보는 게 꿈이에요. 교사가 주도적으로 영화를 제작하고 학생들이 동원되는 수준이 아니라 학생들과 교사가 함께 어우러져 시나리오와 제작을 함께하는 거지요. 요즘 아이들이 좋아하는 영상 콘텐츠 제작에 교육적 방향을 함께 제시하는 형태에요. 물론 예산 지원이나 인프라 구성 등 할 일은 많지만⋯⋯. 꿈과 비전을 잃어버린 아이들을 위한 프로젝트가 될 수 있을 거란 생각이 들어요.

박은옥

선생님들도 그들의 일상을 살아가는 사람들이기 때문에 학교도 안정감을 주는 곳이어야 한다고 생각해요. 선생님의 삶을 바라보는 양식이 아이들에게도 그대로 전해지기 때문이지요. 그래서 선생님들께서 즐겁게 일상을 살아가도록 웃음 프로젝트를 진행하고 싶어요. 지지와 지원이 필요한 선생님들을 위해서요.

정수현

물론 괴롭고 힘든 일도 있었지만 진도에서 근무하면서 많은 것들을 경험하고 배웠어요. 그리고 저의 소중한 경험들을 다시 아이들을 위해 되돌려주고 싶다는 생각이 들었어요. 교육 기부나 봉사, 아니면 제가 할 수 있는 방법으로요. 꾸준히 연구하면서 제 전문성을 신장시키고 싶어요. 그리고 지역 실천 탐구를 통한 학교혁신 방안 등을 선생님들과 고민하고 실천하고 싶어요.

이성호

진도에서 선생님들이 꿈꾸는 모든 교육 활동이 이루어지길 바랍니다. 또 학생, 학부모, 지역 사회과 더불어 함께 발맞춰 가며 미래로 도약하는, 보배로운 진도가 되는 행복한 꿈을 꿔보겠습니다.

지역에서 함께 미래를 꿈꾸다

보배샘들은 '잘' 나지 않았다.

다만

지역에 뿌리내리고 있는

아이들에 대한 사랑으로

동료 교사들의 든든한 연대와

학부모님들의 응원과 지지로

끊임없이 자신을 채찍질하며

지역에서 꿈꾸고 있다.

이러한 보배로운 교사 생활이

모범적 '밈(meme)'으로,

지역 곳곳에서

교육적 열정으로 활동하는

여러 선생님들에게 끝없는 '응원'이 되고,

미래 교육을 향한 작은 '불씨'가 되길 기원한다.

참고한 책과 사이트

강기수·김정호(2013), 초등학교공간에 관한 비판적 논의, 교육사상연구 제27권 제1호, pp1~27.

강방용, 홍기천(2018), 창의적 체험활동 교과 융합수업 방안-'노란리본' 도서를 중심으로, 정보교육학회 9(1), pp237-242.

경기도교육청(2017), 2017학년도 함께 만들어 가는 학생중심 학교 교육과정.

고영상(2000), 어원탐색을 통한 교육학 탐구 대상의 구조화, 평생교육연구 6(1).

교육부(2015), 2015 개정 교육과정 총론.

교육부(2020), 과학·수학·정보·융합 교육 종합계획(20~24').

교육부 외(2020), 『인공지능 교육 길라잡이』, 경성문화사.

김갑수, 박영기(2017), 초등학생의 인공지능 교육을 위한 교수 학습 모델 개발 및 적용, 정보교육학회, 21(1), pp137-147.

김남중(2012), 『연이동 원령전』, 상상의 힘.

김상호(2015), 『관찰한다는 것』, 너머학교.

김응곤(2018), 소프트웨어 교육을 위한 드론조작용 블록형 프로그램, 한국전자통신학회 13(4), pp875-880.

권희림, 문은경, 박인우(2015), 국내 블렌디드 러닝의 효과에 관한 메타분석, 교육정보미디어연구, 21(3), pp333-359.

김예슬(2016), 국내 학교에서의 에듀테크 활용 현황 및 실태 분석, 고려대학교 교육대학원 석사학위 논문.

김 일 외(2019), 『프로젝트 수업으로 배움에 답을 하다』, 맘에드림.

김진경 외(2014), 『유령에게 말 걸기』, 문학 동네.

김현희(2017), 『왜 학교에는 이상한 선생이 많은가?』, 생각 비행.

김형숙(2015). 소프트웨어교육을 위한 초등학교 교사들의 정보교육인식 및 개선 방안. 서울교육대학교 교육대학원. 석사학위논문.

김희진, 이현구(2011), 효과적인 블렌디드 러닝 수업운영 방식 연구, 영어교과교육, 10(2), pp85-114.

남정권(2011), 『블렌디드 수업 설계 전략』, ㈜한국학술정보.

류창기(2017), 『삶이 있는 수업: 수업혁신, 배움을 넘어 삶으로』, 한솔 수북.

문선이(2001), 『양파의 왕따일기』, 파랑새 어린이.

박노해(2014), 『다른 길』, 느린 걸음.

서경혜(2015), 『집단전문성 개발을 위한 한 접근, 교사학습공동체』, 학지사.

서상목, 안문혜(2010), 『사랑 그리고 나눔』, 북코리아.

서용선(2019). 민주시민수업을 둘러싼 마을교육공동체 담론의 결합: 사회과 마을수업의 가능성. 한국사회과수업학회 학술대회지, 1-13.

서울시마을공동체종합지원센터(2015), 여섯 갈래의 마을학교로 가는길: 2015 마을과학교 상생프로젝트 모니터링 및 사례연구 보고서.

신영복(2016), 『처음처럼』, 돌베개.

안안순(2020), 학생중심 참여디자인을 토한 학교 휴공간의 교육적 효용성 연구·광주광역시 재구성화 학교를 대상으로, 한국교원대학교 교육정책전문대학원.

오연호(2018), 『우리도 사랑할 수 있을까』, 오마이북.

윤성혜, 장지은, 임현진, 임지영, 『미래교육 인사이트』, 지식과 감정.

이대현(2020), 블렌디드 러닝 기반의 교수학습 자료 추천 플랫폼에 관한 연구. 한성대학교 대학원 박사학위 논문.

이소율(2020). 예비교사의 SW교육 교수효능감 향상을 위한 백워드 설계 기반 교육 프로그램의 개발 및 적용. 한국교원대학교 대학원 박사학위 논문.

전라남도(2017). 전남 시군 장래인구 추계. 전라남도청.

전라남도교육청(2019), 학생자치활동 안내자료, 전라남도교육청.

정연홍(2016), 교사의 심리적 소진 측정도구 개발 연구, 한국교원대학교 대학원 박사학위 논문.

정종구(2010), 실시간 원격화상시스템을 이용한 원격수업의 상호작용유형과 학습만족도에 관한 연구, 서강대학교 교육대학원 석사학위 논문.

진도교육지원청(2020). 2020. 진도혁신교육지원단 협의 자료. 진도교육지원청.

최영미(2017), 『시를 읽는 오후』, 해냄.

최재붕(2019), 『포노 사피엔스』, 쌤엔파커스.

한윤섭(2012), 『우리동네 전설은』, 창비.

홍선주 외(2019), 지능정보사회 교사 역량 제고를 위한 연수 프로그램 개발(II) : 프로그램 현장 적용. 한국교육과정평가원. 연구보고서 RRI2019-4.

기시미 이치로 외(2016), 『미움받을 용기 2』, 인플루셴셜

데일 카네기, 최염순(옮긴이)(2004), 『카네기 스피치&커뮤니케이션』, 씨앗을 뿌리는 사람.

로레인 수투츠만 암스투츠, 쥬디 H, 뮬렛(2018), 『학교현장을 위한 회복적 학생생활교육』, 대장간.

미카엘 에스코피에(2016). 『화성에서 온 담임 선생님』, 지학사 아르볼.

앙투안 드 생택쥐페리, 황현산(역)(2015) 『어린왕자』, 열린책들.

앤절라 더크워스(2016), 『GRIT(그릿)』, 비즈니스북스.

사토 마나부(2018), 『교사교육 개혁의 그랜드 디자인』, 에듀니티.

토드 로즈(2018), 『평균의 종말』, 21세기북스.

iNACOL(2015), Blending Learning: The Evolution of Online and Face-to-Face Education from 2008-2015. Promising Practices in Blended and Online Learning Series, The International Association for K-12 Online Learning.

국립 국어원 https://www.korean.go.kr

솔루션(인터넷 두산백과).

https://terms.naver.com/entry.nhn?docId=1221271&cid=40942&categoryId=32830

에듀넷 티클리어

https://dtbook.edunet.net/viewCntl/dtIntro?in_div=nedu

진도 군청 누리집 https://www.jindo.go.kr

프리즘 라이브 스튜디오

http://prismlive.com/ko_kr/pcapp/

카미봇으로 배우는 인공지능(AI) 코딩,

https://cafe.naver.com/kamibotai

회복적정의 평화배움연구소 에듀피스 http://edupeace.net

삶의 행복을 꿈꾸는 교육은 어디에서 오는가?

교육혁명을 앞당기는 배움책 이야기 혁신교육의 철학과 잉걸진 미래를 만나다!

한국교육연구네트워크 총서

01 핀란드 교육혁명
한국교육연구네트워크 엮음 | 320쪽 | 값 15,000원

02 일제고사를 넘어서
한국교육연구네트워크 엮음 | 284쪽 | 값 13,000원

03 새로운 사회를 여는 교육혁명
한국교육연구네트워크 엮음 | 380쪽 | 값 17,000원

04 교장제도 혁명
한국교육연구네트워크 엮음 | 268쪽 | 값 14,000원

05 새로운 사회를 여는 교육자치 혁명
한국교육연구네트워크 엮음 | 312쪽 | 값 15,000원

06 혁신학교에 대한 교육학적 성찰
한국교육연구네트워크 엮음 | 308쪽 | 값 15,000원

07 진보주의 교육의 세계적 동향
한국교육연구네트워크 엮음 | 324쪽 | 값 17,000원
2018 세종도서 학술부문

08 더 나은 세상을 위한 학교혁명
한국교육연구네트워크 엮음 | 404쪽 | 값 21,000원
2018 세종도서 교양부문

09 비판적 실천을 위한 교육학
이윤미 외 지음 | 448쪽 | 값 23,000원
2019 세종도서 학술부문

10 마을교육공동체운동: 세계적 동향과 전망
심성보 외 지음 | 376쪽 | 값 18,000원

11 학교 민주시민교육의 세계적 동향과 과제
심성보 외 지음 | 308쪽 | 값 16,000원

12 학교를 민주주의의 정원으로 가꿀 수 있을까?
성열관 외 지음 | 272쪽 | 값 16,000원

한국교육연구네트워크 번역 총서

01 프레이리와 교육
존 엘리아스 지음 | 한국교육연구네트워크 옮김
276쪽 | 값 14,000원

02 교육은 사회를 바꿀 수 있을까?
마이클 애플 지음 | 강희룡·김선우·박원순·이형빈 옮김
356쪽 | 값 16,000원

03 비판적 페다고지는 세상을 변화시킬 수 있는가?
Seewha Cho 지음 | 심성보·조시화 옮김 | 280쪽 | 값 14,000원

04 마이클 애플의 민주학교
마이클 애플·제임스 빈 엮음 | 강희룡 옮김 | 276쪽 | 값 14,000원

05 21세기 교육과 민주주의
넬 나딩스 지음 | 심성보 옮김 | 392쪽 | 값 18,000원

06 세계교육개혁: 민영화 우선인가 공적 투자 강화인가?
린다 달링-해먼드 외 지음 | 심성보 외 옮김 | 408쪽 | 값 21,000원

07 콩도르세, 공교육에 관한 다섯 논문
니콜라 드 콩도르세 지음 | 이주환 옮김 | 300쪽 | 값 16,000원
2019세종도서학술부문

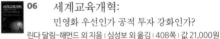
08 학교를 변론하다
얀 마스켈라인·마틴 시몬스 지음 | 윤선인 옮김
252쪽 | 값 15,000원

혁신학교
성열관·이순철 지음 | 224쪽 | 값 12,000원

행복한 혁신학교 만들기
초등교육과정연구모임 지음 | 264쪽 | 값 13,000원

서울형 혁신학교 이야기
이부영 지음 | 320쪽 | 값 15,000원

혁신교육, 철학을 만나다
브렌트 데이비스·데니스 수마라 지음
현인철·서용선 옮김 | 304쪽 | 값 15,000원

대한민국 교사, 어떻게 가르칠 것인가?
윤성관 지음 | 320쪽 | 값 15,000원

비고츠키 선집 시리즈 발달과 협력의 교육학 어떻게 읽을 것인가?

 생각과 말
레프 세묘노비치 비고츠키 지음
배희철·김용호·D. 켈로그 옮김 | 690쪽 | 값 33,000원

 도구와 기호
비고츠키·루리야 지음 | 비고츠키 연구회 옮김
336쪽 | 값 16,000원

 어린이 자기행동숙달의 역사와 발달 I
L.S. 비고츠키 지음 | 비고츠키 연구회 옮김
564쪽 | 28,000원

 어린이 자기행동숙달의 역사와 발달 II
L.S. 비고츠키 지음 | 비고츠키 연구회 옮김
552쪽 | 값 28,000원

 어린이의 상상과 창조
L.S. 비고츠키 지음 | 비고츠키 연구회 옮김
280쪽 | 값 15,000원

 비고츠키와 인지 발달의 비밀
A.R. 루리야 지음 | 배희철 옮김 | 280쪽 | 값 15,000원

 수업과 수업 사이
비고츠키 연구회 지음 | 196쪽 | 값 12,000원

 비고츠키의 발달교육이란 무엇인가?
비고츠키교육학실천연구모임 지음 | 412쪽 | 값 21,000원

 비고츠키 철학으로 본 핀란드 교육과정
배희철 지음 | 456쪽 | 값 23,000원

 성장과 분화
L.S. 비고츠키 지음 | 비고츠키 연구회 옮김
308쪽 | 값 15,000원

 연령과 위기
L.S. 비고츠키 지음 | 비고츠키 연구회 옮김
336쪽 | 값 17,000원

 의식과 숙달
L.S 비고츠키 지음 | 비고츠키 연구회 옮김
348쪽 | 값 17,000원

 분열과 사랑
L.S. 비고츠키 지음 | 비고츠키 연구회 옮김
260쪽 | 값 16,000원

 성애와 갈등
L.S. 비고츠키 지음 | 비고츠키 연구회 옮김
268쪽 | 값 17,000원

 관계의 교육학, 비고츠키
진보교육연구소 비고츠키교육학실천연구모임 지음
300쪽 | 값 15,000원

 비고츠키 생각과 말 쉽게 읽기
진보교육연구소 비고츠키교육학실천연구모임 지음
316쪽 | 값 15,000원

 교사와 부모를 위한 비고츠키 교육학
카르포프 지음 | 실천교사번역팀 옮김 | 308쪽 | 값 15,000원

 아이들을 어떻게 가르칠 것인가
사토 마나부 지음 | 박찬영 옮김 | 232쪽 | 값 13,000원

 모두를 위한 국제이해교육
한국국제이해교육학회 지음 | 364쪽 | 값 16,000원

 경쟁을 넘어 발달 교육으로
현광일 지음 | 288쪽 | 값 14,000원

 혁신교육 존 듀이에게 묻다
서용선 지음 | 292쪽 | 값 14,000원

 다시 읽는 조선 교육사
이만규 지음 | 750쪽 | 값 33,000원

 대한민국 교육혁명
교육혁명공동행동 연구위원회 지음 | 224쪽 | 값 12,000원

 독일 교육, 왜 강한가?
박성희 지음 | 324쪽 | 값 15,000원

 핀란드 교육의 기적
한넬레 니에미 외 엮음 | 장수명 외 옮김 | 456쪽 | 값 23,000원

 한국 교육의 현실과 전망
심성보 지음 | 724쪽 | 값 35,000원

● 4·16, 질문이 있는 교실 마주이야기 통합수업으로 혁신교육과정을 재구성하다!

통하는 공부
김태호·김형우·이경석·심우근·허진만 지음
324쪽 | 값 15,000원

내일 수업 어떻게 하지?
아이함께 지음 | 300쪽 | 값 15,000원
2015 세종도서 교양부문

인간 회복의 교육
성래운 지음 | 260쪽 | 값 13,000원

교과서 너머 교육과정 마주하기
이윤미 외 지음 | 368쪽 | 값 17,000원

수업 고수들
수업·교육과정·평가를 말하다
박현숙 외 지음 | 368쪽 | 값 17,000원

도덕 수업, 책으로 묻고 윤리로 답하다
울산도덕교사모임 지음 | 320쪽 | 값 15,000원

체육 교사, 수업을 말하다
전용진 지음 | 304쪽 | 값 15,000원

교실을 위한 프레이리
아이러 쇼어 엮음 | 사람대사람 옮김 | 412쪽 | 값 18,000원

마을교육공동체란 무엇인가?
서용선 외 지음 | 360쪽 | 값 17,000원

교사, 학교를 바꾸다
정진화 지음 | 372쪽 | 값 17,000원

함께 배움
학생 주도 배움 중심 수업 이렇게 한다
니시카와 준 지음 | 백경석 옮김 | 280쪽 | 값 15,000원

공교육은 왜?
홍섭근 지음 | 352쪽 | 값 16,000원

자기혁신과 공동의 성장을 위한
교사들의 필리버스터
윤양수·원종희·장군·조경삼 지음 | 280쪽 | 값 14,000원

함께 배움 이렇게 시작한다
니시카와 준 지음 | 백경석 옮김 | 196쪽 | 값 12,000원

함께 배움 교사의 말하기
니시카와 준 지음 | 백경석 옮김 | 188쪽 | 값 12,000원

교육과정 통합, 어떻게 할 것인가?
성열관 외 지음 | 192쪽 | 값 13,000원

미래교육의 열쇠, 창의적 문화교육
심광현·노명우·강정석 지음 | 368쪽 | 값 16,000원

주제통합수업, 아이들을 수업의 주인공으로!
이윤미 외 지음 | 392쪽 | 값 17,000원

수업과 교육의 지평을 확장하는 수업 비평
윤양수 지음 | 316쪽 | 값 15,000원
2014 문화체육관광부 우수교양도서

교사, 선생이 되다
김태은 외 지음 | 260쪽 | 값 13,000원

교사의 전문성, 어떻게 만들어지나
국제교원노조연맹 보고서 | 김석규 옮김 392쪽 | 값 17,000원

수업의 정치
윤양수·원종희·장군 지음 | 280쪽 | 값 14,000원

학교협동조합,
현장체험학습과 마을교육공동체를 잇다
주수원 외 지음 | 296쪽 | 값 15,000원

거꾸로 교실,
잠자는 아이들을 깨우는 수업의 비밀
이민경 지음 | 280쪽 | 값 14,000원

교사는 무엇으로 사는가
정은균 지음 | 292쪽 | 값 15,000원

마음의 힘을 기르는 감성수업
조선미 외 지음 | 300쪽 | 값 15,000원

작은 학교 아이들
지경준 엮음 | 376쪽 | 값 17,000원

아이들의 배움은 어떻게 깊어지는가
이시이 준지 지음 | 방지현·이창희 옮김 | 200쪽 | 값 11,000원

대한민국 입시혁명
참교육연구소 입시연구팀 지음 | 220쪽 | 값 12,000원

교사를 세우는 교육과정
박승열 지음 | 312쪽 | 값 15,000원

전국 17명 교육감들과 나눈 교육 대담
최창의 대담·기록 | 272쪽 | 값 15,000원

들뢰즈와 가타리를 통해 유아교육 읽기
리세롯 마리엣 올슨 지음 | 이연선 외 옮김 | 328쪽 | 값 17,000원

학교 혁신의 길, 아이들에게 묻다
남궁상운 외 지음 | 272쪽 | 값 15,000원

프레이리의 사상과 실천
사람대사람 지음 | 352쪽 | 값 18,000원
2018 세종도서 학술부문

혁신학교, 한국 교육의 미래를 열다
송순재 외 지음 | 608쪽 | 값 30,000원

페다고지를 위하여
프레네의 『페다고지 불변요소』 읽기
박찬영 지음 | 296쪽 | 값 15,000원

노자와 탈현대 문명
홍승표 지음 | 284쪽 | 값 15,000원

선생님, 민주시민교육이 뭐예요?
염경미 지음 | 244쪽 | 값 15,000원

어쩌다 혁신학교
유우석 외 지음 | 380쪽 | 값 17,000원

미래, 교육을 묻다
정광필 지음 | 232쪽 | 값 15,000원

대학, 협동조합으로 교육하라
박주희 외 지음 | 252쪽 | 값 15,000원

입시, 어떻게 바꿀 것인가?
노기원 지음 | 306쪽 | 값 15,000원

촛불시대, 혁신교육을 말하다
이용관 지음 | 240쪽 | 값 15,000원

라운드 스터디
이시이 데루마사 외 엮음 | 224쪽 | 값 15,000원

미래교육을 디자인하는 학교교육과정
박승열 외 지음 | 348쪽 | 값 18,000원

흥미진진한 아일랜드 전환학년 이야기
제리 제퍼스 지음 | 최상덕·김호원 옮김 | 508쪽 | 값 27,000원

폭력 교실에 맞서는 용기
따돌림사회연구모임 학급운영팀 지음 | 272쪽 | 값 15,000원

그래도 혁신학교
박은혜 외 지음 | 248쪽 | 값 15,000원

학교는 어떤 공동체인가?
성열관 외 지음 | 228쪽 | 값 15,000원

학교 민주주의의 불한당들
정은균 지음 | 276쪽 | 값 14,000원

교육과정, 수업, 평가의 일체화
리사 카터 지음 | 박승열 외 옮김 | 196쪽 | 값 13,000원

학교를 개선하는 교장
지속가능한 학교 혁신을 위한 실천 전략
마이클 풀란 지음 | 서동연·정효준 옮김 | 216쪽 | 값 13,000원

공자뎐, 논어는 이것이다
유문상 지음 | 392쪽 | 값 18,000원

교사와 부모를 위한
발달교육이란 무엇인가?
현광일 지음 | 380쪽 | 값 18,000원

교사, 이오덕에게 길을 묻다
이무완 지음 | 328쪽 | 값 15,000원

낙오자 없는 스웨덴 교육
레이프 스트란드베리 지음 | 변광수 옮김 | 208쪽 | 값 13,000원

끝나지 않은 마지막 수업
장석웅 지음 | 328쪽 | 값 20,000원

경기꿈의학교
진흥섭 외 지음 | 360쪽 | 값 17,000원

학교를 말한다
이성우 지음 | 292쪽 | 값 15,000원

행복도시 세종, 혁신교육으로 디자인하다
곽순일 외 지음 | 392쪽 | 값 18,000원

나는 거꾸로 교실 거꾸로 교사
류광모·임정훈 지음 | 212쪽 | 값 13,000원

교실 속으로 간 이해중심 교육과정
온정덕 외 지음 | 224쪽 | 값 13,000원

교실, 평화를 말하다
따돌림사회연구모임 초등우정팀 지음 | 268쪽 | 값 15,000원

학교자율운영 2.0
김용 지음 | 240쪽 | 값 15,000원

학교자치를 부탁해
유우석 외 지음 | 252쪽 | 값 15,000원

국제이해교육 페다고지
강순원 외 지음 | 256쪽 | 값 15,000원

교사 전쟁
다나 골드스타인 지음 | 유성상 외 옮김 | 468쪽 | 값 23,000원

 선생님, 페미니즘이 뭐예요?
염경미 지음 | 280쪽 | 값 15,000원

 시민, 학교에 가다
최형규 지음 | 260쪽 | 값 15,000원

 평화의 교육과정 섬김의 리더십
이준원·이형빈 지음 | 292쪽 | 값 16,000원

 학교를 살리는 회복적 생활교육
김민자·이순영·정선영 지음 | 256쪽 | 값 15,000원

 수포자의 시대
김성수·이형빈 지음 | 252쪽 | 값 15,000원

 교사를 위한 교육학 강의
이형빈 지음 | 336쪽 | 값 17,000원

 혁신학교와 실천적 교육과정
신은희 지음 | 236쪽 | 값 15,000원

 새로운학교 학생을 날게 하다
새로운학교네트워크 총서 02 | 408쪽 | 값 20,000원

 삶의 시간을 잇는 문화예술교육
고영직 지음 | 292쪽 | 값 16,000원

 세월호가 묻고 교육이 답하다
경기도교육연구원 지음 | 214쪽 | 값 13,000원

 혐오, 교실에 들어오다
이혜정 외 지음 | 232쪽 | 값 15,000원

 미래교육, 어떻게 만들어갈 것인가?
송기상·김성천 지음 | 300쪽 | 값 16,000원
2019 세종도서 교양부문

 **혁신교육지구와 마을교육공동체는
어떻게 만들어지는가?**
김태정 지음 | 376쪽 | 값 18,000원

 교육에 대한 오해
우문영 지음 | 224쪽 | 값 15,000원

 **선생님, 특성화고 자기소개서 어떻게
써요?**
이지영 지음 | 322쪽 | 값 17,000원

 혁신교육지구 현장을 가다
이용운 외 지음 | 348쪽 | 값 18,000원

 학생과 교사, 수업을 묻다
전용진 지음 | 344쪽 | 값 18,000원

 배움의 독립선언, 평생학습
정민승 지음 | 240쪽 | 값 15,000원

 혁신학교의 꽃, 교육과정 다시 그리기
안재일 지음 | 344쪽 | 값 18,000원

● **살림터 참교육 문예 시리즈** 영혼이 있는 삶을 가르치는 온 선생님을 만나다!

 꽃보다 귀한 우리 아이는
조재도 지음 | 244쪽 | 값 12,000원

 선생님이 먼저 때렸는데요
강병철 지음 | 248쪽 | 값 12,000원

 성깔 있는 나무들
최은숙 지음 | 244쪽 | 값 12,000원

 서울 여자, 시골 선생님 되다
조경선 지음 | 252쪽 | 값 12,000원

 아이들에게 세상을 배웠네
명혜정 지음 | 240쪽 | 값 12,000원

 행복한 창의 교육
최창의 지음 | 328쪽 | 값 15,000원

 밥상에서 세상으로
김흥숙 지음 | 280쪽 | 값 13,000원

 북유럽 교육 기행
정애경 외 14인 지음 | 288쪽 | 값 14,000원

 우물쭈물하다 끝난 교사 이야기
유기창 지음 | 380쪽 | 값 17,000원

 시험 시간에 웃은 건 처음이에요
조규선 지음 | 252쪽 | 값 15,000원

참된 삶과 교육에 관한
생각 줍기